大平正芳とその政治　再論

大平政治が今日の改革に示唆するもの

公益財団法人
大平正芳記念財団

1979年３月21日撮影

はじめに

本書は、ウシオ電機・名誉相談役でＮＩＲＡ総合研究開発機構（ＮＩＲＡ総研）の元・会長でもある牛尾治朗《うしおじろう》氏が、生前交流の深かった大平正芳について、「大平正芳研究（今、大平有りせば）」として構想されていたものを発展させ、纏《まと》めさせていただいたものです。牛尾氏は、安岡正篤《まさひろ》師の門人と知られていますが、大平にとっては、若き友人であり、読書仲間であり、政治に限らず様々な分野で語り合った仲間でありました。今から三年前となりますが、「『大平正芳が今此処にありせば』という追憶ではなく、新しい時代を見据えて何か伝えるものがあるのではないか」と考えられ、このような構想を打ち出されたものと思料いたしております。

本書は、牛尾氏の意を受け、大平の通産大臣と総理大臣の時代の二度に亘《わた》って秘書官を務めていただいた福川伸次氏に編纂の音頭《おんど》をとっていただいております。福川氏は大平の亡きあと、私たちと財団を支えていただいている方でもあります。その福川氏の縁から、元・大平番として取材経験豊富な日本経済新聞社論説フェローの芹川洋一氏にご協力いただき、ＮＩＲＡ総研に関わっておられる宇野重規氏、翁百合氏、谷口将紀氏、柳川範之氏の座談会をはじめ、岸田文雄総理大臣を筆頭に林芳正外務大臣、木原誠二内閣官房副長官、宏池会《こうちかい》の議員の方々にも華を沿えていただきました。

巻頭には、御厨《みくりや》貴先生に、近代政治史における宏池会の位置づけ、大平の果たした役割を率直に執筆していただきました。その中で「大平は未来に向けて種蒔《ま》きをし、『九つの政策研究グループ』を作って長期的な政策を打ち出し、それが今になって評価され始めている。大平は『聞く・読む・書く』人間であり、古典はもとより新刊、海外の書籍に接し、血肉になる言葉や知識をたくわえ、きちんとしたアウトプットを行った政治家であった」と書いていただき、感慨に堪えません。

大平正芳記念財団は大平の没後、日本経済団体連合会のご協力で設立されたものであります。われわれは大平正芳の思想と政治家としての事績を普及するため、微力を尽くしております。同財団では、大平正芳が提唱した「環太平洋連帯構想」に関する優れた著書に対し、「大平正芳記念賞」を授与し、本年を以て第三八回を数えます。また、同構想に関する学術研究に対しても、「環太平洋学術研究助成費」を授与し、こちらも第三六回となります。更に、こうした顕彰活動とは別に、大平正芳の著作一五冊、全著作集七巻及び渡邉昭夫氏編による書籍三冊を発行するとともに、大平が新聞等に発表した原稿や書き留めていた論文・エッセイなどを『硯滴考《けんてきこう》』という冊子に纏めて配布いたしております。財団とは別となりますが、大平の三男である大平明は東京電力に入社し、その後、ＮＩＲＡ総研の前身である総合研究開発機構に出向した経験もあり、これも何かのご縁かと考えております。

大平の没後、四十年以上を経た今日も、こうして『大平正芳とその政治　再論』を皆様のご協力をいただいて発刊できたことは、在天の大平も、大変喜んでいるものと存じます。

本書が、当初の趣旨に沿い、「新しい時代を見据えて考える」ことに役立つことを祈念いたしております。

公益財団法人 大平正芳記念財団

理事長　大平知範

理事　大平　裕

発刊に寄せて

この度、宏池会の第三代会長であり、総理大臣になられました大平正芳先生の書籍が企画され、その功績が改めて掘り起こされることは大変意義深いものと思っております。

大平総理は在任期間が短かったのですが、大変中身の濃いお仕事をされております。「激動の70年代」と言われるように、当時は米ソ対立、石油危機、貿易摩擦、米国・欧州経済の停滞化、財政再建など大変な時代に内政、外交の舵取りをなさいました。今、類似性のある諸問題が多くおきています。国際社会の秩序が、根幹から揺るがされるような状況になってきております。まさに時代は大きな転換期を迎えようとしています。大平総理の政策、政治姿勢を見直しつつ、厳しさを増す国際情勢に必死に挑戦を続け、国際秩序を築き上げていかなければなりません。

大平総理は、米ソ冷戦の時代から地球社会の時代へ、経済中心の時代から文化重視の時代へ、との時代認識を明らかにし、長期ビジョンとなる「九つの政策研究会」を提唱されました。設立時の挨拶においては、「一政権を超えて長期的視野に立ち、国民の立場に立ち、長期にわたる国づくり、社会づくりの大きな方向をお示しいただきたい」と指示をされ、未来への方向性を提示しようと試みたものでした。

このうちの「田園都市構想」「環太平洋連帯構想」「総合安全保障」などを踏まえ、我々も現在のさまざまな環境を鑑み、持続可能な社会を築き上げるための「新しい資本主義」を提唱し、その実現に向けて取り組んでおります。

インド・太平洋の位置づけが重視されるなか、「環太平洋パートナーシップ（TPP）」や「東アジア地域包括的経済連携（RCEP）」を日本が中心的役割を果たし、また米国は「インド太平洋経済枠組み（IPEF）」を立ち上げ、環太平洋を重要な地域として位置づけています。また、日米豪印では気候変動や宇宙、サイバーなどを含む六分野での「QUAD」の取り組みなどもあり、まさに大平総理が提唱されたように、環太平洋を巡っての連携が一段と強まることになっています。

これらは、対中国という観点が軸となってもいますが、二〇二二年は大平総理が外務大臣時代に成し遂げた日中国交正常化から五十周年にあたります。尖閣諸島、台湾海峡をめぐって、中国とは緊張関係が続いておりますが、国交正常化を成し終えた大平外務大臣（当時）は、将来の日中関係を心配され、「相互に是々非々ではっきりし合うのが信頼関係構築の基本である」と述べられています。

この節目の年に、日米関係を強化し、インド太平洋での協力関係を構築するなかで、中国とは是々非々での関係を築き上げていくことが、今後の日本外交にとって最重要課題になるものと考えています。

日本の国益を守ること、世界のグローバルな課題に貢献すること、私も外務大臣を長く務めましたが、外交においてはバランスを考えていかなければなりません。その際に、大平総理が思索を深めておられました「楕円《だえん》の哲学」ですとか、「永遠の今」ですとか、様々な厳しい対立の中で、一つのバランスを考えていく、そういった深い知の重みを改めて感じるところです。

現在、我が国をとりまく安全保障関係は厳しさを増しております。このような現実を見据え、国際秩序を根底からゆるがすものに対し、法の支配という普遍的な価値を共有する国々との結束を大事にしていきます。その上で国民の生活を守り、次の時代の国際秩序を作り上げていかねばなりません。

不透明な時代において大平正芳総理を含め、先人の皆様方の深い理念と手法に思いをめぐらしながら、その功績を未来に向けて活かしていかなければいけないと思います。

この本が大平総理の功績を改めて思い起こすこととなり、合わせて未来への道標の一助になることを願ってやみません。

内閣総理大臣　岸田文雄

大平正芳とその政治　再論　目次

序章　なぜ令和の今、大平正芳なのか

御厨 貴

現代とつながっている政治家

大平正芳という政治家について考えるにあたり、私がまず思い浮かべたのは「永遠の今」という言葉である。

その意味するところについて、大平は一九七〇年四月の講演で、次のように語っている。

戦時中、田辺元博士の『歴史的現実』という小冊子が出版された。これは先生が、信濃教育会で行った講演の速記であったと記憶するが、先生がこの中で試みられたことは、「時間の構造」という問題の解明であった。

普通、時間というものは、水の流れのように、過去から現在へ、現在から未来へと、直線的に進行するもののように理解されている。ところが、先生によると時間というものは、いつも現在であって、その永遠の現在こそは、常に未来を志向する力と過去に執着する引力との二つの相反した方向に働く力の緊張した相剋とバランスの中にあるといわれるのである。

私はこの本を読んで深い感銘を覚えたばかりでなく、その後における私のものの見方や、考え方に大きい指針を与えられたように思う。先ず現在こそはわれわれにとって、無限の選択の可能性の中で選ばれた唯一のものであり、かけがえのないものである。したがってわれわれは、この現在に真剣に取り組む以外に生きる手だてはない。しかもその現在は、未来と過去との相反した方向に働く力の相剋の上にあるのだから、過去的な引力を無視して未来をのみ志向することは、いわゆる革命となり、未来に目を蔽い、過去にのみ執着することは、いわゆる反動となる。その何れもが正しい歴史的実践とはいえないというのが先生の教えられたことであるように思う。

（『旦暮芥考《たんぼあくたこう》』所収「歴史的現実」）

この「永遠の今」という時間意識に自分を置いた大平は、「大平総理の九つの政策研究会」を設置し、自らの政権での達成を意図しない、長期的展望に立った政策の数々を遺した。そして二〇二一年、機が熟したかのように、大平と同じ宏池会の岸田文雄内閣が成立し、その政策のいくつかを継承したのである。つまり大平は、歴史の一項目として理解すれば足りる「過去の政治家」ではなく、令和に生きるわれわれに影響を及ぼす、「現代とつながっている政治家」なのである。

この一筋縄ではいかない人物を読み解くことが本書の目的となるが、序章ではまず、大平正芳という人間とその政治観を、大局的に概観してみたい。

御厨 貴氏

佐藤以後を主導した五人の男たち

戦後日本の政治において、一九七〇年代から八〇年代の二十年間は、デモクラシーの多様性が最も保証されていた時間であった。

五五年体制、保革伯仲《はくちゅう》という状況の中、佐藤栄作総理の下に五人の政治家が頭角をあらわした。「三角大福中《さんかくだいふくちゅう》」と呼ばれた、三木武夫、田中角栄、大平正芳、福田赳夫《たけお》、中曾根康弘である。佐藤首相の功績として、次代を担う人材を五人も遺したということは、特筆すべきである。佐藤は、彼ら五人が総理になることを予言したが、まさにその通り、一九七〇年代から八〇年代の政治は彼らが主導するものとなったのである。

「三角大福中」の五人とも、実に個性的な政治家だった。「コンピューター付きブルドーザー」と言われた豪腕の田中、臨機応変な処世に長《た》けた「バルカン政治家」の三木、大蔵省をバックにエリートたちの期待を担った福田、若い頃には「青年将校」と言われ、憲法改正を悲願とした中曾根、そして吉田茂、池田勇人《はやと》という戦後保守本流を継承した大平と、それぞれ非常に特徴的な政治姿勢を持っていたのである。

私の感覚としてはこの五人の中では、大平に対する議論が最も行われてこなかったように思う。池田、前尾繁三郎を継ぐ三代目の宏池会会長である大平は、今回改めて考えてみると、「戦後保守政治の一番の策士」に見えたとしても不思議ではない。

大平はいろいろな事情の下に、田中と結んだ。これは政治史上では「大角連合」などと派閥同士のつながりのように言われているが、大平と田中の個人としての結びつきのほうが色濃いものであった。

もともと田中は、池田に見込まれて大蔵大臣となったのだから、池田派にいてもおかしくなかったが、利口な彼は、池田派と佐藤派を行き来し、そして最終的に、人材多数の池田派ではなく、取り崩し可能と判断した佐藤派に腰を落ち着け、派閥を簒奪《さんだつ》したのである。大平が保守本流の中で地歩を固めるためには、田中と組むことは政治の方向性として抵抗感が薄く、かつ有益な選択でもあったろう。

ところが、田中の異能ぶりは大平の想像を超えていた。口八丁手八丁、危ない橋もすれすれで渡ってみせるといった才覚を見せつけられ、大平は自然と一歩引いた存在にならざるを得なかった。「あーうー」という言われ方にもあらわれている通り、大平の表現力では田中の迫力にはかなわなかった。何でも田中の説得力には負けるから、田中に抵抗するには、会わないほうがよいと側近にもらしていたとのエピソードがあるくらいだ。池田政治のスローガンである「寛容と忍耐」の実践者であった大平は、人間としてもそのような性格の人物であった。田中のみならず、三木、福田、中曾根との比較においても、大平はその面で損をして苦しんだ。親分である佐藤がつけた低い評価にもそれはあらわれていた。大平という政治家を考える時に、このことは避けて通れない一面であろう。

「聞く、読む、書く」を兼ね備えた政治家

池田の政治は、秘書官政治であった。前尾、大平、宮澤喜一など宏池会の幹部たちが神輿《みこし》を担

ぎ、池田がその上に乗っている形の政権であった。

宏池会の二代目会長となった前尾も、その例に従って担がれようとしたが、それでうまくいく時代は過ぎ去っていた。いわゆる「指揮官先頭」でなければ人心はつかめなかった。そこに気づかなかったところに前尾の悲劇があり、それを理解していた大平に道が開けた。

一九七〇年、前尾を見限った田中六助ら大平側近の反乱により、大平が派閥の会長となる、「大平クーデター」と呼ばれる事件が起きた。佐藤派に取り入って簒奪した田中を、「権力の亡者」とする声があったが、この時の大平は派閥のトップを追放してそれになり変わった形であったから、田中以上に激しい権力志向と見られた。大平としては、そう思われることは本意ではなかっただろうと私は考える。しかし、前尾が頭では宏池会として政権争いに参加できなくなる状況だったということだろう。当時から、その辺りの事情はあまり理解されていない。また、ともに「クーデター」のような経緯で派閥の長となった二人が手を握ったことは、そのイメージをさらに強めたと言えるだろう。ここにも、大平の苦労があったのではないだろうか。

宏池会三代目会長となった大平は、その地位を重く受け止めた。大平は宏池会に自分の考え方を浸透させようと動き出した。この、自分の色で染め抜いていこうとする意図は、彼が書いたものなどを見ているとよくわかる。そしてこの染料である「自分の色」が、他の派閥の長には真似のできない大平の真骨頂的色彩を帯びていた。

大平という政治家の第一の特色は、「よくものを聞く人」ということである。政治家としても個人としても、彼は人の話を聞くのが好きだったとよく言われる。特に知識人の話は非常に興味を持って聞き、それを教養として蓄積していった。

そして、第二の特色は、巷間でもよく言われている、「一味違う読書人」ということである。単なる読書人ということだけであれば、旧制高校出の政治家には多くいる。前尾もその一人で、漢籍を好んで読んでいたことが知られている。大平も、古典などには親しんでいたが、彼が普通の読書人と違ったのは、多くの新刊書に自ら目を通していたことである。当時土曜日は「半ドン」で、大平は午後から書店に行くのがルーティンになっていた。虎ノ門書房などによく行っていたようだが、平積みされている新刊の顔ぶれを見ながら、世情を推し量っていたのである。この国の流行の言説は何か、外国の本はどのようなものが訳されているのかをつかみ、その内容を世の中の空気とともに呼吸していたのである。

その上で第三の特色は、「自ら書く人」だったことである。自分の信条や思想を文章に仮託して表現する人であった。聞いたり読んだりした知識をインプットするだけでなく、昇華した知恵としてアウトプットすることで、人に伝える術《すべ》としていたのである。

この「三つの色」で大平は宏池会を染めようとした。現在でも宏池会というと「政策本位の知的集団」というイメージがあるが、この辺りは大平の薫陶を受けてのものだろう。「聞く、読む、書く」この三つを兼ね備えた政治家は、私の思い当たるところ大平以外にはいない。

大平はこのように、血肉になる言葉や知識を蓄え、きちんとしたアウトプットもしていた。これまでの政治家にはない独特のスタイルを持っていた。

しかしながら、「聞く、読む、書く」のような謹厳実直な姿だけでは、メディア受けはしなかった。マイクに向かえば「あーうー」が多く、いわゆるパフォーマンス的な言動がない。「鈍《どん》牛《ぎゅう》」とも言われたように、メディアから伝えられる大平の印象はどこかもどかしいものになりがちであった。

だが、佐藤誠三郎の話では、実際の大平は、向かい合っての対話ではすらすら言葉が出ていたという。一般向けに話す時には、丁寧かつ誤解を与えない説明となるよう慎重に言葉を選ぶから、「あー」とか「うー」が多くなり、表現下手のように見られたのである。大平自身も、そのことは自覚していたが、それでも生煮えのような表現でごまかすことはなかった。

人間観と政治観を示した圧巻の対談

このように大平は、歴代の総理大臣の中で非常にユニークなキャラクターの持ち主であるが、その人間観と政治観が、「政治家が聖書を読むとき」という対談の中で語られている。相手はカトリックの高松教区司教・田中英吉氏で、「カトリックグラフ」一九七二年四月号に掲載されたものである。

大平は、「私は若いとき聖書の勉強をさせていただいた」と言って、聖書に対する関心のありかを語り始める。

……つまり、こういう感じですねえ。あのキリストを中心にした人間関係……多くは弟子、政治家、王様、王女、それに漁夫や百姓もおれば、盗賊や遊女もいる……そういう絢爛たる人間の横のつながりから、私は非常に教えられるんです。

それで私、現代もそのままだと思うんですね。とくに、あの弟子たちがそれぞれの立場でキリストに対してとった姿勢に興味があるんです。

（中略）

キリストの周辺に多くの人が集まったとき、彼らはキリストを中心にした神の国で自分たちがどういう役割りをもつかを考えているんですね。

キリストの周りに集まっていた人間は実に多様である。そのさまざまな人々が、千差万別の「横のつながり」を持っている。大平はそこに注目し、政治的、哲学的な視点も加味して、人間の原初形態を読み取っている。

さらに大平が言うには、

キリストが孤独な立場になり、世間から棄てられて最後に十字架にかけられる過程では、キリストを裏切ったりして去っていく人が出てくる。無知といえば無知ですが、この世界が神の国に変わるんだと俗っぽい夢を抱いていた人が失望したわけですね。（しばし絶句のあと確信に満ちた表情で）だけど、あのキリストの中に神を見てた人はおったんです。神の国はそんな甘いもんじゃなく、キリストの形相の中に、キリストの死のもとにあるんだと見てた人は、みなまっとうな道を歩いてるでしょう。

簡単に神の国などできないのだ、そのためには相当の苦しみがあるのだと断言するに至る感懐《かんかい》は、自身の人生遍歴を重ねてでないと言えない言葉であろう。

そして、

聖書を読むたびに、人間っていつも同じなんだなあ、と思ってね（笑い）。

（中略）

宇宙の起源からいうと、二千年という歴史、ある意味で短い歴史ですな。

という言葉に至る。

ここに彼の政治観が見事に正直に出ている。

一九七二年のこの対談の時点、日本はまさに高度成長期である。完全に復興して物質的には豊かになった。それをどう見るかが次のフレーズに展開される。

われわれが欧米諸国に追いつこうと息せききって丘の頂上に上ってみたら、どっこい、その周辺に幸せはなかったというわけですね。

（中略）

もう物質的な成長を追い求めるのは利口なやり方じゃない。GNP万能主義はもう止めにしようじゃないか、われわれは静かな環境と清い水、それにうまい空気と豊かな緑が欲しい、というような、ね。

これからはこれなのだと言っているのである。公害があっても、人間は幸せなのだという風潮だった当時に、このようなものの見方をし、透徹した議論をしていたのだ。

そして彼は、

資本主義や共産主義について議論する時代は終わったんです。

とはっきり言うとともに、「これからは日本もよくなるか」と問われて、

日本をよくする——なんて簡単にいいますが、人間社会は聖人の集団じゃないですからね。

ま、いろんな人間がおって、勝手気ままな劇をやっているから、一口でよくしようとはいえませんよ。また、決してよくはならない。

（中略）

日本は立派なものにはなりません。なったら大変ですよ（笑い）。そこで私たちは何をなすべきであるか、ですがね。

「立派な日本」でないところで、どのようにやっていくかが、われわれが考えていかなければならない政治なのだと言う。ここに、大平の考える政治と政治家としての器量が浮き彫りになっている。ここまで思い切った見解を現代の政治家が述べたら、おそらく何らかの問題にされるだろう。カトリック信徒が読む記事であることを前提に、しかしその他の人の目に触れることも計算しつつ、これほどまでに赤裸々に政治観を述べる大平は非常に印象的である。

権力に対する抑制的な姿勢

今一つ触れておくべきと考えられるのは、「新権力論」というエッセイである。この中で大平は、マキアベリーを念頭に置きつつ、「権力というものがなぜ必要なのか」について自分の考えを述べている。

権力というものを考える場合にも、権力自体の構造や機能を掘り下げるだけではなくて、それを必要とするより高次のものを予定しておるものだという消息を心得てかかる必要があるように思われる。権力というものが、それ自体孤立してあるものではなく、権力が奉仕する何かの目的がなければならないはずだ。権力はそれが奉仕する目的に必要な限りその存在が許されるものであり、その目的に必要な限度において許されるものだということだ。

一九七一年三月、前尾に代わって宏池会会長となった頃に、「日本経済新聞」に発表したものである。権力というものは、当座の目的と一体で、その達成のために行使される、また、必要な限度において許されるものだとする、非常に抑制的な姿勢を見せている。続けて、

どんなにお粗末でも権力のための権力を考えておる権力はいない。その場合でも、権力の主体は往々にして「安定」というような高次の目的に籍口することを忘れてはいない。

要するに、「安定」なり「イデオロギー」なり、何らかの目的達成に奉仕するものでなければならないと強調している。

さらには、

権力が考えなければならないのは、自らのイデオロギーに同調と理解を求めることよりは、こういう無関心な厚い層をいかに自らの存在に有益なもの、ないしは少なくとも無害なものにする工夫を通じて、自らの基礎をかためることではあるまいか。

これはまさに、大平が前尾から権力を奪い取ったと言われたことについて、なぜ前尾ではなく自分が前に出なければならないかを語っている。権力を持ってそれを行使するというのは、どのぐらい大変な行為かを明確にしているのである。

このような主張も、大平という人物を見る上で、非常に興味深い観点だと考えられる。

ここまで、「永遠の今」について記した一九七〇年の「歴史的現実」、権力に対する姿勢を述べた一九七一年の「新権力論」、人間観と政治観を語った一九七二年の「政治家が聖書を読むとき」の三編を取り上げてきた。ここで私が注目するのは、ちょうどこの時期に、大平が自らの政治観を明確に世間に向けて発表したということである。

一九七〇年代となり、一九一〇年生まれの大平は還暦を超えた。いよいよ彼が、宏池会会長となって政権奪取に向かうという時に発表された文章であるがゆえに、非常に象徴的な意味を持っている。

「三角大福中」のせめぎあいの中で、隅のほうに押し込められがちだった大平が考えていたことが、これらに素直に顔を出しているいる。それは同時に、権力の座に梯子《はしご》をかける決意表明になっている。

「九つの研究会」の有意性

大平を考える際に、落とすことのできぬもう一つの特色は、「大平総理の政策研究会」である。大平は、一九七〇年代の初め頃から、その後の政治への展望を個人的に記し、来るべき時を期して温めていた。そして政権を担ってほどなくの一九七九年前半に、長期的・総合的な政策立案のための「九つの研究会」を設置した。田園都市構想、総合安全保障、環太平洋連帯、文化の時代などを、多くの気鋭の知識人を招いて議論のテーブルに載せた。

この「九つの研究会」に注目する人が多いのは、大平が、自分の内閣の期間内で決行可能な、いわゆる小さな政策を求めなかったこと。要するに、日本の政治にとって八〇年代以降の指針となる、哲学的、社会学的な観点から検討された、大きく長い目を持った政策を研究したことである。

総理大臣となる前から決意して自ら反すうしながら着々と進め、総理となって敢然と着手した政策研究というのは、他の総理の下で見たことはない。私は、大平政治の特色として、この政策研究が最も大きなものだと考えている。

この「九つの政策研究会」が上げた成果は、一九八〇年、大平が亡くなって間もない頃に、

『大平総理の政策研究会報告書』として八〇〇ページを超える大冊にまとめられている。

しかしこれまでは、残念ながら正当に評価されてこなかった。

岸田内閣が、この中のいくつかの政策を取り上げ、実現に向けて乗り出したことは、先述の通りである。

大平、田中、福田の情報感覚の違い

また、大平の政治を考える上で、田中、福田との情報に対する感覚の違いを指摘しておきたい。

必要な情報をどのように収集するかについて、田中の場合は、とにかく「量」を求める。フローとストックで言えば、全てフローである。ストックするという概念は彼にはない。どんどんため込んでいくのではなく、流れている中で彼が適宜、拾っていく作業である。情報は常に新しくなくてはいけないし、だから流れていなくてはいけない。ストックすることに何の意味もないというのが田中角栄の発想である。だから、田中角栄は、金もそういうふうにして使ったのだという説もある。

では、福田赳夫はどうか。福田は、流れている中から摑《つか》み上げればいいというふうには考えていない。それは彼にとって情報ではない。フローであれストックであれ、福田が好むのは、人の手を渡ってきて一旦ろ過されたものである。自分の耳に入る前に、もう既に一旦こなされているものを、バランスをとりながら入れていくのが、官僚出身の福田の情報に対する接し方である。うまいやり方だと思う。

そして大平はどうかと言えば、これは間違いなくフローではなくてストックである。聞いた話から、あるいは読書から得るものが多い彼は、それを自らこなしていく。つまり、自ら読書をしながら、人の話を聞きながら、いくつもの壺に、自分のやろうとする、あるいは、これから大事になるであろうことをストックしていく。それをいずれかき混ぜながら出していくということを前提に大平はそれをやっていた。

だから、大平にとってそれは、いわゆる情報と言われるものとは違った。人間として自分が知らなければいけない知識や見聞など、血肉としておくべきだという実感が得られるものを、常に大事にする態度であった。「永遠の今」というキャッチフレーズにも、当座使えるかどうかではなく、今後の流れを考える中で必要なものと思えるかということがあらわれているように思う。

このようなところにも、この三人の違いがでていて面白い。

世田谷区瀬田の本宅にあらわれるユニークさ

また、大平に関するもう一つのトピックとして、「政治家の住まい」についての感覚の特殊性がある。

私は、『権力の館を歩く』という本を、二〇一〇年七月に毎日新聞社から出した。総理大臣の私邸など、いわゆる「居場所」を取材しながら、いかなる住まい方や日常が、彼らの政治家としての「たたずまい」を形成したのかを研究したものである。

それを執筆している最中に、政治家がどこに住むかということには、最も権力が行使されている地域に近い、いわば中心に住むか、それから離れた周辺の地に住むかという問題があることに気づいた。

そのような観点で歴代総理の様子を見ていくと、たとえば吉田や鳩山一郎、岸信介《のぶすけ》のような戦後まもなく権力を握った人たちは、「中心」に住んでいた。

吉田は、港区白金《しろかね》の外務大臣公邸（旧朝香宮邸、現在、東京都庭園美術館）に住んでおり、大磯に別邸を持っていた。

鳩山も、文京区音羽に私邸があり、軽井沢に別邸を持っていた。

岸も、渋谷区南平台《なんぺいだい》に私邸があって、熱海に別邸を持っていた。御殿場《ごてんば》に本宅を移したのは、総理退任後のことだ。

このように、中心と周辺を振り子のように往来しながら物事を決めていくのが、彼らの政治家としてのスタイルだった。

その後の総理たちはどうだったかというと、大平が仕えた池田は新宿区信濃町に本宅があり、箱根に別邸を構えている。大平もこの二つを行ったり来たりしていたはずである。佐藤は世田谷区代沢に本宅、別邸を鎌倉や軽井沢に持っていた。中曾根も、世田谷区上北沢の長嶋茂雄からレンタルした本宅と、軽井沢や有名な「日の出山荘」を行き来していた。田中は、「目白御殿」の他に、やはり軽井沢に別荘を持っている。福田だけはちょっと変わっていて、世田谷区野沢の自宅だけで、別邸は持っていなかった。

こうして見るとやはり、中心にある本邸と周辺の別邸を往来している例が多い。

その中で大平は、かなり興味深いスタイルを発揮した。

権力の座が近くなってから、彼は「中心」を変えたのである。文京区千駄木にあった本宅を、世田谷の瀬田に移した。政治経済の中心から、かえって遠くに持っていったのである。三木のように、遠くから近くへと移動した例はあるが、大平のような行動は珍しい。

瀬田に本宅があるというのは、新聞記者泣かせであった。首都高速を用賀で降りるのだが、そこまでが非常に混んでいる。渋滞でなかなかたどり着けない。他の政府要人は皆近くに住んでいるのに、なぜ大平は瀬田のような遠くて不便な場所に住むのかと、愚痴を言う者が多かったという。

大平も、実は軽井沢に別邸を持っていた。しかし、それは持っていただけで使っていた形跡はない。別荘に行って休むということはしなかった。

大平にとって瀬田の本宅は、実は同時に別荘でもあった。彼は、都心から離れた地に、そのようなコンセプトで住み、読書をしたり、物事を考えたりしながら、通勤してきていたのである。

このようなスタイルを敢えて取っていたのは、大平だけである。特殊な例であることが分かるであろう。

大平は、多くの総理経験者のような、中心と周辺を往来する、つまり空間を変えることには、意味を見出していなかった。彼にとって意味があったのは、毎日ある程度一定の時間が取れるかどうかであった。確かに、新聞記者たちにとっては面倒だったであろう。だが、大平にしてみれば、道が混んで時間がかかるとしても、車の中で読書していればよいのであるから、まったく問題はなかった。読書量が増えて、蓄える知識も増えたし、話し相手と同乗していれば、ゆっくり話す時間が増えた。

自らが居場所を移り、空間を変えなくても、毎日往復する距離を多めに取ることによって移動時間を増やし、彼なりの政治姿勢を保つことができたのである。このことも、大平特異のユニークな考え方と言えるだろう。

大平はなぜ総選挙で消費税導入をうたったのか

そこでもう一つ、大平の現実政治への対処の好例として、総選挙で自らに不利な消費税導入を提唱したことを挙げておこう。

大平が一度目の解散を行った時、なぜ選挙戦で、消費税導入をうたったのか、自ら勝算を捨て、四十日抗争とよばれる対立状況を生み出してしまったのか。それもこれまで述べてきた彼の政治観から理解できる。大平は赤字財政を何とかせねばならぬと決意していた。そのためには短期的には自らが損をしてでも、国民にその是正の道を示さねばいけないのではないか、と考えたのだ。しかし、長期政策構想は、無残にも現実に敗れた。その時、大平はおめおめと退陣するのではなく、自らがなすべきことのために、権力政治に没頭し、辛うじて勝利を収めたのである。「自分に総理をやめろというのは、死ねということと同じだ」と、総理返り咲きを迫る福田に言ったとされる言葉は、まさに長期構想と当座の権力闘争を往復する大平にとって、激しい自らの心からの絶望的な叫びに他ならなかった。

政治家が最もなすべき仕事

以上、大平正芳という政治家の横顔とその特色を歴史の中から抽出し、解説してきた。また、岸田政権の登場により、大平が長期展望とともに遺した複数の政策にスポットライトが当てられ、現代の政治家によって修正を加えて実行に移されていること、つまり、彼が時間を超えて、政策という形で現代とつながっていることを述べてきた。

大平はなぜ、現代に甦るような政策を遺すことが出来たのか。大平内閣は五百五十四日間という短い政権であった。病に倒れることなく、もっと長い時間やれればという憾《うら》みもあるだろう。しかし私が思うに、恐らくあの激しい派閥抗争の中では、いずれにせよそう長い政権は望めなかっただろう。それゆえに、自分で仕上げることはできないが、日本の未来のためにやるべきことを明示しておかなければというのが、大平の政治家としての態度であった。歴史は、「永遠の今」に生き続ける人間たちの意思が積み重なって描かれるものである。政治家として未来への道が見えた大平は、後に続く者たちのために案内図を遺したのである。政治家はそのような仕事をしなければならないはずだ。

二千八百二十四日という在位日数歴代最長の二回目の安倍晋三政権では、長期構想は出てこなかった。それは当然と言えるだろう。なぜなら、短期の構想の積み上げが継続されて長期政権となっているからである。だからかえって新しい政策の話は出せなくなるのだ。やろうとしても関係方面から、「いやいや総理、今と逆のことを言わないでくださいよ」となってしまうのである。しかし、総理とは本来、他の閣僚や官僚たちよりも、長い目で見る役目を負っているのだと私は考える。そういう役目を果たすのが、真の内閣総理大臣だ。

ゆえに岸田総理は、令和最初の宏池会内閣として、そのような姿勢で政権運営をしてほしい。長期政権を狙うというのではなく、長期にこの日本がやっていかなくてはならないことを考えてほしい。短命で終わっていいと言っているのではない。

最初の宏池会内閣であった池田政権は、所得倍増論という政策を打ち出した。一見単純で即物的な政策だが、この政策がターゲットにした時間は十年後である。

実際はそんなにかからずに達成できてしまったが、遠くにある目標に対して奮闘努力したのである。大平政権はここでも述べてきたように、消費税を始めとして現代につながる政策を複数遺した。

理念や理論は語るが、実行力が目立つ政治家が少ないというイメージで、しばしば「お公家《くげ》集団」と言われる宏池会だが、今日明日のことばかり考えていないで、先のことを考えられる政治家や政治集団が、今ぜひ必要だ。そういう政党は現在、日本には残念ながら存在しない。

岸田政権が、大平政権の遺産を継いで、日本の新たな未来を拓《ひら》くことを期待したいと思う。

第一章　座談会1　大平政治の思想と手法――その根底にあるもの

宇野重規（東京大学社会科学研究所教授、ＮＩＲＡ総合研究開発機構理事）
翁　百合（日本総合研究所理事長、ＮＩＲＡ総合研究開発機構理事）
谷口将紀（東京大学大学院法学政治学研究科教授、ＮＩＲＡ総合研究開発機構理事長）
福川伸次（日本産業パートナーズ代表取締役会長）
柳川範之（東京大学大学院経済学研究科教授、ＮＩＲＡ総合研究開発機構理事）
【司会】芹川洋一（日本経済新聞社論説フェロー）

政治家・大平正芳の横顔

芹川：第一章では、大平正芳の政治思想や手法について議論をしていただき、その根底にあるものを見定めていきたいと思います。

司会を仰せつかりました私は、日本経済新聞で大平首相のいわゆる総理番記者を一九七九年三月から翌年六月の急逝までつとめた者です。

芹川洋一氏

大平は現在の自民党では最古の派閥、宏池会の発足メンバーですが、昨二〇二一年十月にその領袖である岸田文雄が内閣総理大臣となり、新たな政治ビジョンを発表しました。そこには、大平が準備したものの果たすことができなかった政策や構想が盛り込まれており、当時の大平政治にも改めてスポットライトが当てられています。

こうした背景を踏まえて、出席の皆様に闊達《かったつ》な議論をいただければと存じます。よろしくお願いいたします。

与野党問わず高い評価

谷口：私にとって大平正芳は、大学の授業で扱いにくい存在というのが真っ先に来るイメージです。

戦後政治史の多くは、「編年体」で展開します。「一九六〇年に所得倍増計画が作られた」というような、それぞれの時期に行われた政策や直面した状況を時系列で述べ、その歴史的評価をしていきます。

それに大平内閣を当てはめると、在任期間がおよそ一年半と短く、講義に長時間を割けない。また、任期中に第二次オイルショックに見舞われたことや、自民党内での派閥抗争の激しさが悪目立ちしたせいか、内閣支持率も決して高くない。有り体に言ってしまえばポジティブに解説すべき出来事が少ないのです。

谷口将紀氏

しかし一方では、宏池会出身の岸田総理が、大平の政策を自らの政治に活かすのは当然として、国民民主党の玉木雄一郎代表も、大平と同じ香川二区からの選出ということもあって、後継者を名乗っている。立憲民主党の枝野幸男前代表も、自らを「宏池会的スタンスの政治家」と称し、現在の政界で大平の評価は与野党問わず高い。

このようなギャップを、せいぜい一コマの授業の中で埋めるのに知恵を絞らなければならず、「扱いにくい人」となるわけです。

転換期を担った哲人宰相

宇野：一九六七年生まれの私の記憶にある最初の政治的光景は、一九七六年のロッキード事件でしょうか。子供ながらに「政治の世界とは恐ろしい所らしい」と感じました。

政治的に決して早熟ではなかった私ですが、一九八〇年六月十二日の朝、大平首相死去の速報に驚いたことをよく覚えています。私の誕生日が六月十三日なのでより印象が鮮明なのかもしれませんが、たまたま早起きしてテレビをつけた瞬間に、現職総理の急死を知って衝撃を受けました。何か大変なことが起きたと感じました。

もちろんまだ中学生ですから、その時には大平首相の死が、いかなる意味を持つのかなどとは考えませんでしたが、やがて、政治学の道に進み、戦後保守政治を学ぶうちに、その死がもたらした重大な影響も分かってきました。

池田勇人政権が掲げた「所得倍増」をスローガンに、高度経済成長を実現した日本ですが、一九七〇年代後半には大きな曲がり角に来ていました。高度経済成長以降の日本社会や、そのための政治のあり方が問い直されていたのです。そのような問題意識を最も明確に持っていた政治家が大平正芳ではないでしょうか。問題は、そこで日本が本当にうまく曲が

宇野重規氏

り角を曲がれたかです。

そう考えるとき、日本の大きな転換を構想した大平が、その構想も虚しく非業の死を遂げてしまったことの意味は大きいと思います。それが後の日本にどう影響したのかを、今こそ本気で再検討しなければならないと感じています。

大平はその風貌や語り口から「鈍牛《どんぎゅう》宰相」と揶揄《やゆ》されましたが、私は「哲人宰相」だったと考えています。本人の著書を読むとそれが分かります。綿密な思考の末に生まれた思想が、よく練られた文章できっちり書かれています。話すと「アーウー」とばかり言っていると揶揄されましたが、彼の話からその「アーウー」を除くと実は非常に理知的な内容を語っていたと言われます。戦後政治の中でも水際立った教養人であった政治家であり、大平と石橋湛山《たんざん》が双璧だったと私は思います。

石橋湛山は経済ジャーナリスト出身で、経済の自由を追究したエコノミストです。それを基盤に言論の自由や国際政治へと視野を広げていきました。

これに対して大平は東京商科大学、現在の一橋大学で経済思想史を学んでいます。上田辰之助ゼミで研究したトマス・アクィナスやキリスト教徒である自身の信念を軸に、哲学的思考を持った政治家となった。まさに哲人政治家として捉えるべき人というのが、私の大平正芳観です。

著作に見る知識人の凄み

柳川：私も大平首相の在任中は、まだ世の中をしっかり見られるような年齢ではありませんでした。それでも、独特の少しゆっくりとした語り口が印象に残っています。

私は法と経済学の研究者ですが、経済政策の議論をしていて、大平の書き物に接し、非常に参考になるので、引き込まれていろいろと読むようになりました。

ご著書、論文、時々の随筆など、しっかりとした文体の中に、いずれも溢れる教養と未来への構想力が垣間見えるものばかりで、外見から受ける印象とは全く違った、知識人としての凄みのようなものを感じます。

柳川範之氏

歴史の皮肉というか、そのような長期展望を持ちながら、一年半余りという短い在任期間で非業の死を遂げられてしまった。「たられば」は言ってもむなしいのですが、それでも「大平政権長命なれば」ということを考えさせられてしまう。

やはり大平の死という事件は、あの時の、そして現在に続くその後にも大きな影響を与えたことは間違いない。

大平が蒔いておいた重要な種を、現代の私たちが芽吹かせて次代へと引き継がなければならないのではないでしょうか。

頼りがいのあるリーダー

翁：私は大平内閣の頃は大学生でした。大平は人物としては地味に見える方ですが、打ち出していた政策が長期的な構想に基づいているとともに、教養の深さが感じられて、頼りがいのあるリーダーだなという印象がありました。

大学を出て日銀に入行しましたが、第二次石油ショックの際の大平総理の舵取りが見事だったと、上司や先輩から話を聞いた思い出もあります。

翁 百合氏

私の義父は大平内閣で官房副長官を務めた翁久次郎《おきなきゅうじろう》です。本日おいでの福川伸次さんと一緒にお仕事させていただいていました。その経緯から、義父は大平を大変敬愛していまして、より身近な話をいろいろ聞きました。ほんの少しの時間があると書店に行って、何冊も買い込む時の嬉しそうな顔が本当に印象的だったとか、人柄がにじみ出るような話です。

そのようにして集められた本は、今、香川県立図書館に大平文庫として納められているそうですね。その蔵書だけでも八五〇〇冊以上と、読書から教養を積み上げて思想を形成していたことがよく分かります。

大平正芳記念賞という大平正芳記念財団主催の賞がありますが、この趣旨も「環太平洋の発展に寄与する学術研究を振興する」ということで、実に大平の思いを引き継いでいる気がしています。

現在私は、柳川さんとともに岸田内閣の「新しい資本主義実現会議」に出て議論を重ねています。過去にも、小渕内閣時の「二十一世紀日本の構想懇談会」、小泉内閣で竹中平蔵さんがリードした「日本二十一世紀ビジョン」などにも出た経験がありますが、いつでも必ず大平が当時設置した「九つの研究会」の話が出ます。この令和の日本の未来図を構築するにあたっても、大平政治が見直されるというのはやはり、大平の構想力・先進性がどれほどのものだったかを如実に表していると思います。

こうして語ってきますと、やはり大平の寿命を縮めた、当時の党内抗争を残念に思いますね。長く温めてきた構想をついに遂行できなかったことは、ご本人の無念はいかなるものだったかと思います。

芹川：私が大平総理番の頃、毎週と言っていいぐらい土曜日の午後に書店に行かれていました。虎ノ門書房が多かった。

当時はまだ週休二日制ではなく、土曜日は昼までの勤務、俗に「半ドン」と言っていましたが、我々は総理が本屋に行っちゃうと「半ドン」にならない。どういう本を買ったかを取材しなければならない。

本屋では実に楽しそうにしておられたので、我々もまあ、仕方ないなという気持ちになったものですけれども。

尊敬していた三人の政治家

福川：大平は「本屋に行くと世相が分かる」とよく言っていました。

国民が今どういうことに関心があるのかを、本屋の展示を通じてつかんでいたのです。「行くたびに発見がある」と言って、本屋に行くのを非常に楽しみにしていました。

福川伸次氏

また、「読書というのは著者の人格に触れることだ」と言って、直接、会えない人の話をじっくり聞くような気持ちで読んでおられたようです。

私は、第二次佐藤内閣ができた一九六八年十一月三十日に大平通産大臣の秘書官になりました。その後、一九七八年の十二月、大平内閣発足の時に総理秘書官になりました。そのような関係で、近くで接する機会を得ました。

雑談中に一度、「尊敬する政治家はどなたですか」と聞いたことがあります。

大平首相の答えは、ケネディ大統領、毛沢東《もうたくとう》主席、チトー大統領でありました。

なぜかその理由までは聞かなかったので、私なりに大平の内心を推し量ってみます。

まず、ケネディ大統領については、キューバ危機のような一触即発だった米ソ対立状況を乗り切り、アメリカの行くべき道筋をつけたことが大きかったのではないでしょうか。

ケネディには「国民は政府が何をしてくれるかを問う前に、国に対して何ができるのかを考えるべきだ」という趣旨の有名な演説がありますが、これなどは大平にとっては、わが意を得たという感じだったのではないか。日米関係を重視する大平の政治姿勢から考えても、ケネディは仰ぎ見るべき存在だったのでしょう。

次に毛沢東ですが、混乱の中国をまとめ上げた政治力もさることながら、大平にとっては、日中国交正常化の時の経験が印象的だったのだと思います。大平は当時、田中内閣の外務大臣。対外交渉の最高責任者でした。

大平はあの訪中の際に交渉に行き詰まり、「もう日本に帰れないかもしれない」という思いを何度もしています。それを何とか乗り切って最後に毛沢東に会った。その時、毛沢東は「もう喧嘩は済みましたか」と問いかけたそうです。暗に「お互い何とかまとめましたね、うまくやっていきましょう」というサインを送ってくれたようで、大平としては肩の荷を下ろしたような強い印象となったのではないでしょうか。

チトー大統領は、大平にとっては、「東西冷戦はいずれ解消する」という自らの見通しを裏付けてくれた人物だったのだと思います。ユーゴスラビアの大統領として、多民族をまとめ上げ、ソ連のスターリンと決別し、衛星国に成り下がるのを免れた度胸と手腕に惚れたのでしょう。大平は首相時代の末期に、チトーの葬儀に参列しています。

これらからも、政治家・大平正芳の横顔が見えてくるような気がします。

その経済政策――高度経済成長終焉と第二次石油ショックの間で

芹川：次に、「大平首相とその時代」を経済面からとらえてみたいと思います。

大平内閣の期間は一九七八年十二月七日から一九八〇年六月十二日までの五百五十四日間でした。高度成長後の日本が針路を模索していた時期です。外からは石油危機に見舞われ、内では東京一極集中の弊害として地方との問題が持ち上がった。当然、生活の変化に伴って、国民の意識も変わる。こういう時代を、経済面からどう認識したらいいのか、その点をうかがいたいと思います。

高度経済成長後の踊り場

柳川：何と言っても、イラン革命を機に起こった第二次オイルショックで、世界も日本も苦しみました。あらゆるコストダウンが図られ、省エネという言葉がはやりました。日本のみでなくグローバルレベルで、経済構想の大転換が早期に必須だった時です。「脱炭素」などが目標とされる現在と、状況は似ていたと言えます。

オイルショックは、世界にエネルギーの構造転換を迫った出来事でした。今は、地球環境の保護、温暖化防止などのために、エネルギー構造の見直しが急務になっている。人類共通の問題であるだけに、ともに世界経済史のポイントになる時期と言えるでしょう。

日本経済としては、高度経済成長後の行き方を決めるまでの、踊り場のような時期に当たり、非常に大きな規模になった経済をどこでどう回していくのかがしっかり問われていました。

そのような状況認識から、大平内閣の「九つの研究会」が中核となって長期構想を打ち立てようとしていたのではないか。私はそんなふうに整理しています。

問題噴出と財政不安

翁：一九七九年の十一月にイラン米大使館人質事件、十二月にはソ連のアフガニスタン侵攻と、政治的にもキナ臭くて難しい時期、「新しい冷戦」のような状況でしたね。

日本経済は、六〇年から七〇年代初めにかけての高度成長で、物的には繁栄しましたけれども、そこからの転換期を迎えていることがはっきりしていた。公害問題、一九七三年の狂乱物価、エネルギー問題など、さまざまな不安が続出しました。

これからの行き先をどうすればいいのか、そのレールを敷かなければいけないと大平は考えたのだと思います。

また、この頃から財政が悪化してきていました。今から見れば小さな金額ですが、赤字国債も発行が常態化しました。大平総理は何としても財政健全化をという意識から、消費税導入を図ったのだと思います。この増税への反対論が強くて、派閥抗争のタネになっていったのですね。

現実的には、第一次石油ショックの時には狂乱物価と騒がれましたけれども、第二次では、インフレ率で先進国では西ドイツと並んで最も低く抑えられた。日本の対応は優れていたと言われています。この時の大平総理の決断について、日銀の人たちから何度か話を聞いたことがあります。田中内閣の時にはコミュニケーションがうまくいかず、利上げなどできず狂乱物価を招いてしまったわけですが、第二次では大平総理と話ができて、うまく対応ができたということです。

一九八〇年の二月に公定歩合を上げたときは、予算の審議中でした。予算審議中の利上げなどもちろん前例がない。与野党伯仲《はくちゅう》、大蔵省も反対、下手をすれば、「予算は一から審議し直しだ」と野党から文句が出かねない状況でした。

しかしそれでもなお、就任間もない前川春雄総裁の話を聞き、熟考して利上げを敢行した。

大平は、長期構想の人というイメージですけれども、こういう短期での対応にも優れたものがあったと思います。大局を見て判断されていたのがよく分かります。消費税だけは、非常に難しかったようですが。

新たな経済ビジョンの形成

福川：大平が総理に就任して最初に行った一九七九年一月の施政方針演説にいくつかの興味深い主張があります。

一つは、「地球社会の時代」という概念の提示です。

米ソ対立は依然激しく、中国は市場開放の是非に揺れ、ヨーロッパはまだペシミズムの底にいた時代でしたが、そんな時に、「地球社会の時代」だと打ち出した。

安全保障を含め、いかに対応するかを念頭において政策を進めたいというところに、大平の政治家としての先見性が出ている。

次に、「環太平洋連帯構想」を打ち出している。

これについては、一九八〇年一月にオーストラリアのフレーザー首相とともに、太平洋経済協力機構の基礎を作った。一九八九年に、これがＡＰＥＣ（アジア太平洋経済協力）に発展します。

もう一つは、「経済中心の時代から文化重視の時代へ」という認識です。石油、石油で荒れ気味だった世相ですが、これからはむしろ精神文化を大事にしていかなければいけないと言うのです。私は、人間の価値を尊重、向上していこうという考え方にいたく感銘を受けたのを覚えています。

そしてこのことが、「田園都市構想」や「家庭基盤の充実」といった新構想につながっていった。

長期展望を構想した大平の面目躍如たるものがありました。

宇野：今のお話にあった施政方針演説ですが、確かにとても印象的です。経済成長に邁進してきた戦後日本、あるいは明治以来百年の近代化が、高度経済成長の終焉を迎えて大きな曲がり角を越えたことを、この演説は強調しています。文明論的視点を持った、非常に格調の高い演説です。

おそらくその背景にあったのは、一九七二年にローマ・クラブが出した『成長の限界』でしょう。「宇宙船地球号」という言葉もありますが、人類社会がある種の限界に直面した段階で、経済成長以後の新たな価値を模索するのだという、大平の問題意識がしっかりと出ています。

さらに一九七四年、香山健一を中心とした大平周辺の知識人たちが、『日本の自殺』（グループ一九八四著、文藝春秋）を出します。経済成長を経た日本人の精神的空洞化、危機を指摘して大きな話題になりました。

高度経済成長以後のビジョン形成が、大平政治の動機となる時代背景だったと思います。

派閥抗争に対峙して

芹川：さてこの辺で、少々生臭い話になるかもしれませんが、大平政治の時代背景と言えば、やはり自民党の派閥抗争は避けて通れません。その観点から見えてくる大平の存在感、立ち位置について語っていただければと思います。

国会にまで持ち込まれた派閥抗争

谷口：「角福《かくふく》戦争」という言葉も残っているように、田中角栄、福田赳夫《たけお》、三木武夫、中曽根康弘、大平らが覇を競った当時は、派閥抗争史の中でも最も激しかった時代でした。

一九七八年から自民党は総裁予備選挙を導入するなどして、クリーンなイメージの醸成を図っていくのですが、功を奏さず、一九七九年の総選挙で大敗しました。追加公認を入れないと過半数が取れず、大平総理の責任が問われました。

「四十日抗争」の始まりです。党内が真っ二つに割れて、首班指名選挙に自民党から大平と福田の二人の候補者が立つという異常事態になってしまう。

派閥抗争がついに国会にまで持ち込まれた醜悪な光景です。

大平は衆議院の決選投票で大平一三八票、福田一二一票（白票一、無効票二五一）でかろうじて勝利しました。

このような状況は明らかに、大平の命を削っていったでしょう。

いまの首相だったら、ここまでえげつない派閥抗争に耐えられるでしょうか。

派閥は新人議員の教育機能として有用だという評価もあるようですが、私としては大平の例を見ると割に合わないような気がして賛成できません。

「四十日抗争」の内面的要因

宇野：この「四十日抗争」の要因を押さえてみたいと思います。

日本の戦後政治史では、吉田茂から池田勇人にうけつがれた流れが保守本流です。軽武装で経済国家を志向し、戦後憲法、戦後秩序を評価する政治姿勢でした。この流れの一つが、一九五七年に宏池会となります。大平はその継承者でした。

自由民主党というのは、この保守本流系である自由党系と、岸信介《のぶすけ》らを中心とした日本民主党が一九五五年に合併してできた政党です。

日本民主党系は、中央集権的な志向が強く、自主憲法の制定を目指すものであり、岸信介、福田赳夫のラインです。一九六二年に党風刷新連盟が、さらにこちらの流れから清和会（清和政策研究会）が一九七九年に生まれます。

この二つのグループの間には、強い緊張感があり、互いに同党内での優位性を争いました。さらに宏池会と清和会の間に、行動力のある田中角栄の派閥があり、これら三つのバランスで政治が動いていました。

「四十日抗争」が起きた一九七九、八〇年あたりの政局では、宏池会と田中派が強い連携関係にあり、宏池会が政策理念やビジョンを担当し、田中派が実戦部隊というか、政治の実務を担っていました。両者の連合が清和会と激しく対立しながら、大平政権を成立させることに成功しました。

言い換えれば大平は、激しい派閥闘争によってその権力を得たと言えます。それがもたらす心理的ストレスが、結局は彼の命を削ることに繋がっていったと思います。

長期構想を有するのが優れた政治家

柳川：派閥抗争の中にいると、足元の政策運営やその調整に注力せざるを得なくなるでしょう。

ですが、大平は、「九つの研究会」など長期構想にかなり積極的だったと思います。このような長期構想を立てることも、派閥抗争の勝ち抜きに重要だと考えていたのでしょうか。

福川：大平としては、総理という立場から日本の将来ビジョンの形成を第一に考えていたと思います。

ただ、保革伯仲でしたから、政治的には先ず、野党との妥結点をどうするのかという問題がありました。加えて党内に派閥抗争があったわけですから、ビジョン実現のためには闘って勝ちを収めなければなりません。その一方で、自己の人生哲学、政治理念が頭をもたげてきますから、どうしても両立を図ろうとして葛藤がある。そういう苦しい状況であったと思います。

芹川：政治家とは権力闘争をする生き物です。政策は権力闘争の道具だと私には見えます。大平は、長期ビジョンはそれとしてきちんと掲げて、当面の個別具体の政策で権力闘争をするというふうに割り切って、使い分けていたと思います。

この長期の大きなビジョンが無いのが普通の政治家です。こういう人は、目先の政策を駆使して勝ち抜こうとする。

大平はそこが普通の政治家とは違ったということではないでしょうか。

「九つの研究会」が示すもの

谷口：佐藤栄作は総裁選を前に、「人間尊重と社会開発」というビジョンを打ち出しました。これは経済優先を貫いてきた池田への対立軸です。田中角栄の「日本列島改造論」もそれと同じようなものです。まず、大義名分を記した旗を立てようということですね。

一方、福田赳夫の場合は、田中内閣の終盤からずっと実質的に「経済面の総理」でしたから、あえて旗印が無くても実績十分だった。

大平の場合は、もともとの発言や行動、書き物などから「哲人政治家」として通っていたので、掲げる政策のイメージも浸透していた。やはり総裁選だからと改めて旗を作る必要はなかったでしょう。

「九つの研究会」については、権力闘争の道具ではなかったと思います。国の未来を願っての純粋な知的希求によっていたのではないか。大平もそれぞれの研究会の冒頭で「じっくり研究してほしい」と言って早急な結論を求めていない。普通の政治家が総裁選の道具として作るものとは異なるところです。

この研究会を見習おうとしたとされる小渕内閣や小泉内閣時の研究会は、こういう目で見るとどうだったのか。現在、岸田内閣で推進されている研究会は果たしてどうなのか、興味深いです。

「やらざるを得ないこと」と「やりたいこと」

宇野：大平の中では、派閥政治と文明論的な長期ビジョン構想とは全く別であり、意識的にきちんと整理していたと思います。

公文俊平《くもんしゅんぺい》氏によれば、大平は当時まだ若かった公文氏、香山健一氏、あるいは佐藤誠三郎氏との会話を非常に楽しみにしていたそうです。そして彼らとのミーティングを、政治家との生臭い政治的な会合と決して一緒にしなかった。知識人とは、政局の話は一切しないという姿勢を貫いていたということです。

研究会の時は、文明論とか、政策論とか、長期ビジョンの話だけをする。大平の中では、政争の道具とは完全に切り分けるという、非常に強い意識があり、それは「九つの研究会」に通底したものであったと思います。

芹川：そのような視点から見ると、現在の岸田内閣の「新しい資本主義」は、長かった安倍政治の否定を目指すものですね。

人事もそうですが、政治的にはやはり前任者をどう上手に否定して、自分の路線を敷いていくかが重要です。岸田はまず、アベノミクスを否定し、軌道修正するということではないかとみています。

うまくいけば、それに比例して自らの政治的権力も強化されていくということでしょうね。

翁：大平は幼少のころからキリスト教に親しみ、古今東西の哲学や歴史にも造詣《ぞうけい》の深い方でした。

語録を読むと、権力の争奪や行使については控え目な姿勢が見えるのですが、党内の抗争については非妥協的に対峙していた印象があります。

権力の面で抑制的で、原則面で非妥協的な態度の両立はかなり困難と思えるのですが、どういうふうに折り合いをつけていたのでしょうね。

福川：権力闘争はやらざるを得ないこととしてやる。「九つの研究会」のような長期構想はやりたいこととしてやる。という区分でしょうね。

大平は自分の出処進退についても大局的に考えていました。四十日抗争の最中、「もし自分が辞めたら後任は福田だ」という趣旨のことを言っていました。あれだけ激しい抗争中でも辞めるとか辞めないとかを超えて、次の局面での最善の手を考えておこうという気持ちがあった。

結局、抗争を非妥協的に戦い抜いたのは、将来何が日本のためになるかということが第一に頭の中にあったからでしょうね。

芹川：加藤紘一氏が話してくれたことがあります。旧官邸の小食堂で食事中に大平が、「加藤、俺がここで辞めたら、後は誰だと思うか」と聞いた。加藤がびっくりしてうつむいて黙っていると、「福田だ」と言われたというんですね。

加藤は、国の運営を第一に考えるとトップの思考はそうなるのかと、尊敬の念を新たにしたそうです。

福田、大平の関係は、アンビバレントそのもので、お互いに嫌いだが認め合うみたいなところがあります。

福田は明らかに大平を下に見ると言うか、自分としては絶対に負けるわけにはいかないと思っていたでしょう。旧制一高、東京帝大のエリートであるからには、東京商大出身の地方出身者ごときにという意識があったと思います。

それに対して大平は、エリート秀才何するものぞですね。そういう中でもお互い、認めざるを得ないところがあったのでしょう。

あの時代には早すぎた政治哲学

芹川：ここからは、大平の政治理念についてお話しいただければと思います。
大平が自らの政治に求めたものは何だったのでしょうか。

利害を調整し社会に調和をもたらす

宇野：大平は、「共生的な政治家」であり、戦後政治史の中でもユニークな光を放っていると思います。

大平は座談会「円熟の時代を考える」の中で、「政治は、いわば世の中の錯綜《さくそう》してる利害を交通整理して、一つの秩序というか、まとまりをもたらす力ですわね」と言っている。また、「万人の政治」というスピーチでは、「皆様は、政治というものを議会という『特殊の世界』の中に押し込んでしまって、政治家というレッテルを貼られた人々の実践や、演出を政治であるかのように心得ておられるように思います。それは誤りだと思います。政治は万人のものであるからです」と説く。

また別のところでは政治というものを、「国民全体の一大オーケストラ」とたとえています。それぞれの立場の違いから生じてくる利害を調整し、社会の調和を求めていくことに重きを置いていることがわかります。

政治の力で民を上から力づくで牽引《けんいん》していくのではなく、多様な人々がそれぞれのパートで活躍し、時に利害が生じる中で、それを調整して秩序立てていくことこそ政治の役割だと考えたのでしょう。

そういう考えの人が、派閥抗争が最高潮の時にリーダーになったのは、不幸だったかもしれません。政治的な腕力で押し切るとか、強引に制度改革へ突っ走るというのは、やはり大平にとって気分のいいものではなかったでしょう。

一九七九年ごろは、サッチャーらによる新自由主義的経済改革が始動した時期でしたし、アフガニスタン問題に象徴されるように、イスラム原理主義も問題化してきていた。このように時代が急激に変化し、不安定化する状況において、抑制的であり調和的な大平の政治スタイルは不利に働いたのかもしれない。それでも四十年を経た今、振り返ってみると、時代を超えて、大平の共生的な政治のスタイルが再評価の対象になりうると思います。

政治としてとてもよい試みであったということだと思います。

寄り添う側面と牽引する側面

谷口：政治学の講義をするときの第一講のテーマが、「政治とは」になります。政治の定義は、政治学者の数だけあるとも言われていて、やり始めたらきりがなくなるのですが、かように政治とは割り切れないものです。どういうふうに割ろうとしても、必ず余りが出る。

大平はこのことを、「楕円の理論」という言葉でうまく説明しています。

簡単に言うと、代表というものは、今そこにいる人に寄り添うという側面と、未来への責任をもって人々を牽引するという側面と両方があって、二つのうちのどちらかが優位にあるのではないということですね。

大平自身も、首相になって初めての記者会見で、「政治があまり甘い幻想をまき散らすことは慎まなければいけない」と発言している。その一方で「政治とは、明日枯れる花に水をやること」とも言う。

まさにこの二つの発言が「楕円の理論」の真骨頂で、政治の割り切れなさをよくよくわかっていたのだなと思います。

六〇点主義の政治

福川：「政治は六〇点取れば十分だ」と大平は言っていました。政治に完璧はない。不満を抱えながらも、何とか合意に漕ぎつけるのが大切だという意味です。

また、国民への説明の重要性も強調していました。

ゆえに国会答弁を大事にしていまして、官僚が作った答弁資料を棒読みして済ませることはありませんでした。

前日に質問が上がってくると、どう答えるのかを自分として準備したいということで、質問表に従って、前夜に我々とポイントを箇条書きにしたメモを作る。いつも十一時くらいまでやって、それでやっと納得して床に就く。翌朝、答弁資料が来ると、いい部分があればそれは取り入れるということでした。

国会で答弁することは、国会議員に答えているように見えるけれども、その後ろに国民がいる、国民に語りかけ説明するのが国会答弁だと言っていました。

新聞記者からの質問にも丁寧に対応していました。次の予定が迫るので、我々はやめさせようとするのですが、大平は、「いや、新聞記者も国民の代表だ。新聞記者の質問には自分は答えるから遮《さえぎ》ることはない」ということをよく言われました。

完璧も迅速も求めず、六〇点主義の民主主義的な政治を、いかに効果的に国民に提供するかを一生懸命考えておられたのではないかと思います。


芹川：番記者時代、当時は今と違って官邸と国会では横についた記者が質問できたのですが、福川さんのお話の通りでした。

時に滔々《とうとう》と長い説明になり、我々記者側が戸惑《とまど》うようなこともありました。

やはり、説明しようという気持ちがあふれていたと思います。一般消費税論議の時も延々とした話になって、なかなか困ったことになったのを記憶しています。

分かるまで説明する

柳川：大平の政治は、調整や調和を旨《むね》とする六割主義の政治ということで、輪郭が見えますね。

もう少し強引なリーダーシップの発揮があってもよかったのではないかと言われますが、それは意見の分かれるところだと思います。

国民への説明という点では、最近の政治を見ていますと、ここを軽視している向きが多くなってきたのではないかと個人的感想を持ちますが、この点についての大平の意識の高さは称賛に価すると思います。

ただ、大平自身も消費税論議の時に経験したように、分かってもらえるまで説明したいという姿勢自体が、牢固《ろうこ》な印象を与えてしまう事態をかえって招いたかもしれないと、うがった見方かも知れませんが、ちょっと感じるところもあります。

今は「分断の時代」などと言われるように、違う思考によって立つ人には、いくら説明しても分かってもらえない状況になっている。アメリカのトランプ現象がその象徴ですね。いわば話の通じない、理解し合おうとしない人々に対していかなる政治があり得るのだろうかと、お話を聞きながら考えてしまいました。

大平政治は少し早すぎた

翁：大平は説明することとともに、聞くということについても大事にしていたということですね。今、岸田総理が「聞く力」と言っていますけれども、大平がヒントになっているのかもしれません。

高度経済成長時代を総括して、文化の時代という未来構想を打ち出していますし、グローバリゼーションに対する意識も高いですね。それが「九つの研究会」になったのですが、大平の真意が広く理解されるには、時代を考えると少し早すぎたかもしれません。

私もこの度、改めて大平の著作を読んでみて、「政治家はリーダーというよりサポート役である」とか、「民心は水のようなもので道を作れば流れていく」などの言葉が印象に残りました。基本的には国民の自助に期待して、それを共助・公助でサポートしようという、菅《すが》義偉《よしひで》が掲げた政策理念「自助・共助・公助」も近いような感じを受けました。

もう一つ、公文俊平氏の話では、大平が、「アダム・スミスの神の見えざる手は、単に利欲だけでなく自然法と結びついた神の摂理。つまり社会的な価値の創造への参加でもある」と言っていたということです。市場主義を尊重しつつも、それを追求することは単に利欲だけでなく、社会価値の創造に結びつくことが理想だということを言っているわけですね。

この考え方は、今の資本主義をどう考えるかについても参考になるなと思いました。

保守政治家としての位置づけ

芹川：さて続いて、大平正芳という政治家が保守政治の中でどのように位置づけられるかを考えたいと思います。宏池会は保守本流を自認するわけですが、その文脈で大平像を語っていただければと思います。

保守本流の継承者

宇野：戦後の保守本流は、軽武装、経済立国を基本線に置き、軍事面での国際貢献や憲法改正に対しては抑制的に振舞いました。戦後秩序を肯定する立場であり、大平はまさしく、その継承者でした。

また、戦前のような強い国家権力を是としないという意味で「小さな政府」志向であり、国家権力は抑制的なほうがいいと考えている。

「小さな政府」という言葉は、中曾根政権における、民営化を旗印にした新自由主義の文脈で捉えられることもありますが、それとは違う考え方でした。

先に、大平は大学時代トマス・アクィナスを学んだと言いましたが、多様な職業団体や地域団体が自立的に動き、政府の役割は限定的な秩序の在り方を理想としていたようです。それは、政治家となってからも変わらず、多様な団体や組織の活動の調整役としての政府というのが理想だったと思います。

田園都市構想を見ても、地域コミュニティが主役で、国はそれをサポートするという議論だったわけです。民営・自己責任化を促進する新自由主義とは一線を画していたと思います。

ただこの頃は、大平的な「小さな政府」と、中曾根的な「小さな政府」との転換点でもありました。このズレは、日本政府の保守本流が変質していく端緒となったのではないかと思っています。

守るために変わる

谷口：宏池会領袖の岸田総理は、リアリズムとリベラリズムが派の伝統だと言います。宏池会が保守本流であるならば、それが日本の保守の在り方ということになります。

しかしながら、国際政治ではリアリズムとリベラリズムは対立する概念です。ここにどう説明をつけるのか、非常に興味があります。

宇野さんの本にある通り、保守主義とは「守るために変わらなくてはいけない」という考え方です。それに因《ちな》めば、大平にとっての保守とは、吉田・池田の伝統を受け継ぎつつ、高度経済成長の終焉に伴って変わらなければいけない部分を直視して、時代状況と社会経済を適合させようとしたところにあったと言えるでしょう。

それは、大平以後、鈴木善幸《ぜんこう》内閣を経て中曾根政権に至り、新自由主義的な考え方に変わっていった。そのパイプ役を求められたのが大平時代ではないでしょうか。

キリスト教思想の影響

柳川：私は、保守本流をクリスチャンである大平総理が受け継いだことに、考えを巡らしてもいいかなという気がしています。時代の空気や政治家のパーソナリティによって、保守という考え方も微妙に変わるかもしれないと思うのです。

大平について考えると、やはり本人がクリスチャンであるということに目が行きます。もちろん、キリスト教の思想を政治に大いに取り入れるということはあり得ないわけですが、政治も思想から成される業《わざ》であるならば、その方向性に影響を及ぼすことは免れないのではないか。

その意味で、吉田・池田路線とは異質なものを入れつつ、上手に継承したということではないかと思います。

政権運営に見る手法

芹川：大平の政治手法としては、「楕円の理論」や「パーシャル連合」が有名です。「信頼と合意の政治」とも言っている。次はこれらをどのように見ているかについて、意見をいただければと思います。

「パーシャル連合」の二面性

谷口：「楕円の理論」は、大平の政治理念の中核です。国や社会は、楕円のような二つの焦点を持つほうがまとまりやすい、という見解に則《のっと》るものです。対立軸があり、それを共存可能にすることで、調和を求めていく。

確かに、一つの価値観に国や社会が染まると、良くない結果を招きやすいことは、我々は歴史に学んでいます。

もう一つの「パーシャル連合」は、一九七七年の福田内閣時代に大平幹事長が呼びかけた、野党との部分連合です。一つひとつの政策ごとに、各野党と連携しながら実現可能性を模索するもので、大平ならではの、丁寧な国会対策、野党対策とも見えます。

しかしその裏には、野党共闘の引きはがしという戦略もあったと私は見ています。個々の政策推進を通じて融和しながら、社公民の結びつきを緩め、ひいては離反させることを狙った、与野党伯仲の野党にくさびを打ち込む一策と言えるのではないか。

大平幹事長時代の国会対策としては目立った成果を上げていませんが、大平内閣のときに大きな収穫があった。一九七九年の都知事選挙です。自公民相乗りで鈴木俊一《しゅんいち》知事を誕生させました。逆に言えば革新都政の終焉をもたらしたのは、このパーシャル連合あればこそだと言えます。

それからもう一つの「信頼と合意の政治」は、大平自身によって、「できるだけこなれた理解を通してやる政治」と言い換えられています。これは今日の政治学流に言うと、熟議民主主義の理論に通じるものがあります。

これについては、減量経営とか省エネといった面では国民の理解をかなり得られました。半袖のスーツは人気が出ませんでしたが。しかしその一方で、一般消費税に関しては厳しい結果になった。ちょっと性急すぎたということでしょう。事後的には、それが故に党内の権力闘争の火に油を注ぐ結果になってしまったのが残念なところです。

農村・漁村型からの脱却を模索

宇野：この時期、自民党と社会党による、「一と二分の一政党制」と言われた時代が終わりを迎え、公明党や民社党、そして新自由クラブのような中道政党が力を付けてきます。大平が「パーシャル連合」を提唱したのにはそういう時代背景がありました。

当時の自民党内には、美濃部亮吉都知事の東京都や黒田了一府知事の大阪府、飛鳥田一雄《あすかたいちお》市長の横浜市など、大都市圏を中心に革新自治体が目立ってきていたことから、都市化の進展とともに保守政治が後退するのではないかという不安がありました。一九六三年に石田博英《ひろひで》が『中央公論』に寄せた「保守政党のビジョン」という論文では、自民党下野と社会党政権の成立が都市化進展とともに起こりえる事態として指摘されています。それ以来の問題意識が色濃くあったわけです。従来の農村・漁村型の政党からいかに脱却するか、その模索の渦中に大平は首相になったと言えます。

「パーシャル連合」を組んで野党を取り込みながら、なんとか政権を運営しつつ、自民党を都市住民にも支持される保守政党に刷新すべく、いわば国民政党化の可能性を模索したわけです。

一方、この頃から都市住民側の意識も変わってきて、保守的側面も芽生えるようになります。高度経済成長とともに豊かさを手にした人々は、その充足した生活を守っていきたいと考えるようになったのです。大平はこの辺りを鋭く感覚していたわけですが、彼の時には実現できず、中曾根政権の時代を待たねばなりませんでした。

理想主義を抱えつつ、現実には野党との利害対立や、党内での派閥抗争を調整しながら進まざるを得なかった。保守化してきた都市住民の受け皿となる新しい保守主義を模索しつつも、ついに日々の争いの中で沈んでしまった。大平の最期は、やはり悲劇と言えると思います。

コンセンサスとボトムアップ

福川：大平の悲劇ということになると、一九八〇年五月十六日の内閣不信任案可決の時を思い出します。

午後五時からの本会議に、福田派と三木派が欠席し、中曾根派がそれに同調するのではないかという土壇場でした。

桜内義雄幹事長が三派の説得に当たりますがうまくいかず、最後の最後で中曾根派だけが本会議に出てきた。結局、自民党の欠席者は七三名、不信任案は賛成二四三、反対一八七で可決されてしまった。一九五三年三月の吉田内閣「バカヤロー解散」以来の事態です。政治史上では「ハプニング解散」と呼んでいます。

傍聴席にいた私は、可決成立とともに議長席裏の閣僚出入り口に駆け付けました。その時の、硬直した厳しい大平の顔が鮮明に記憶に残っています。すぐに閣議を開くという伊東正義官房長官からのメモが来ていたので、「総理、閣議ですから閣議室に」と声をかけました。果たして返事があるかなと思うぐらいの形相でしたが、「そうか、わかった」と一言。本当に、心境察するに余りある状況でした。

解散、総選挙、かつ、史上初の衆参同日選挙となったわけですが、本会議を欠席した議員の公認の是非が大議論になりました。

大平は「戦犯は公認しない」と強く主張しましたが、官房長官や党幹部は、「党分裂を避けるため曲げて公認を」ということで平行線です。この状況を救ったのは、今だから言いますが、安倍晋太郎氏でした。

安倍は福田派でしたが、不信任案可決直前まで本会議場に座っていた。それを森喜朗らが何とか引っ張り出したという経緯がありました。その安倍が、翌日に大平邸にこっそり来て二人で話をした。この場は全く二人だけのことで、誰も立ち会っていませんからどんな話だったのかはわからない。しかしこの後、大平は態度を変え、欠席議員も公認することにした。そういうことがありました。

翁：「戦犯は公認しない」と言った大平の気持ちは理解できるようにも思います。でも、最後は大義に就かれた。

やはり大平は、強引なリーダーシップをとって政治主導でやっていく人ではなく、コミュニケーションを取りながらコンセンサスを求めていく政治家だったのだろうと思います。経済界との関係も、牛尾治朗さんなどキーパーソンとの合意の上で動いていく。「九つの研究会」も官僚、経済人、有識者をうまく組み合わせて作っています。

権力に禁欲的になり、コンセンサスを重視することで、かえってリーダーシップが発揮される具体的事例を見せていただいている気がします。

経済界には大平のファンが多くいらしたそうですね。

柳川：私も大平はコンセンサス重視型の政治家だったと思いますが、それと同時にボトムアップ型のリーダーだったと思います。

ただ、単純なボトムアップではない。「九つの研究会」の構成に見るように、理念や追究すべき方向性をしっかり共有した上でのボトムアップ型なのではないかと思います。

下の人たちが上げてくるものを積み上げて、バランスをとってつなぎ合わせるのではない。ビジョンを共有した信頼関係にある人々がそれを積み上げていく、そういう柱のあるボトムアップ型と言えるのではないでしょうか。

だからこそ本人が亡くなった後でも研究会の趣旨が受け継がれて、その後の政治に大きな影響を与えていったのではないでしょうか。

宇野：環太平洋連帯の構想は、外務省との間に緊張感をはらんでいたのではないかと思います。その意味では、首相外交、官邸外交的志向が見えていたと言えます。海外との政治交渉については、イニシアチブを取りたい姿勢が大平にはありましたね。

中曾根の時代になると、オールマイティな大統領型が本格化しますが、大平の頃からすでにその気配が出てきているような気がします。

大平の九つの政策研究会では、まさにその後の日本を支える人材が育成されました。官庁メンバーも、当時の官庁のトップや幹部ではなく三十代、四十代を集めようとしました。同じく若い世代の知識人と交流によって、次世代を育てようというプロジェクトでもあったのではないかと思われます。

基本線は、コンセンサス型でボトムアップ型であり、それを次世代育成によって発展させようとしたのだと思います。

秘書官に求めたこと

谷口：大平に比べて福田は官僚に依存していたとも聞きますが、私としてはそうではないと思います。

五百旗頭《いおきべ》真《まこと》監修の『評伝 福田赳夫』（岩波書店、二〇二一年）にも詳しく書かれていますが、決して官僚べったりだったわけではない。特に外交においては独自の情報網を持っていて、外務官僚が上げてくる情報を相対的に扱う側面を持っていました。

福田、大平は自他ともに認めるライバルでしたが、リーダーシップについては政策決定過程や情報収集、人脈活用などの点では、コントラストと言えるほどの差はなく、あえて言えばニュアンスの違いぐらいではないかと思います。

福川：省庁から上がってくる情報はもちろん重要ですが、大平は、「省庁から上がってくる情報には偏りがあるから、省庁以外からくる情報をできるだけ君たちは集めてくれ」とよく言われました。海外情報や民間情報を欲しがりましたね。

官庁情報だけだと、「裸の王様になる」と言っていました。だからそうならないように補完するのが秘書官の役目だと言われていました。

より広汎な情報を集めたい。そして、公平な判断をしたいと考えていたように思います。

リーダーとしてのスタイル

芹川：ここからは、リーダーとしての大平についてご意見をお願いいたします。

リーダーに必要な六つの資質

谷口：メリアムというアメリカの政治学者が、リーダーに必要な資質として六つの項目を上げています。

私の独断と偏見で意訳をすると、一つ目が「風を読む力」。二つ目が「人柄」。三つ目が「調整力」。四つ目が「役者としての表現力」。五つ目が政策だったりイデオロギーだったり、そういった「象徴を作り出す力」。六つ目が「意志の強さ」となります。

これになぞらえて大平はどうだったかを考えると、総理総裁までのぼり詰めたのですから、「風を読む力」と「意志の強さ」は一流だったでしょう。「調整力」も、官房長官や大蔵大臣、あるいは外務大臣であったときに見せた調整力は、非凡なものがありました。「人柄」についてはここまでの話で証明済みでしょう。

一方「役者としての表現力」、これはいかんせん「アーウー宰相」でしたので、パフォーマンスが人気を左右する今のような時代でなくてよかったというところでしょうか。

最後の「象徴を作り出す力」、これはポスト高度経済成長の保守政党の政策体系を作り出そうとしていた。「社会主義に対抗し得るような政策体系を作り出そうとしたのが『大平研究会』であり、それこそが大平さんの印象だった」と牛尾治朗氏が言っています。

もしこれが完成し、提唱されていれば、歴史の評価は違うものになっていただろうと思います。

「永遠の今」を生きる力

宇野：『硯滴考』に収録されている「政治家が聖書を読むとき」というカトリックの司教との対談が面白いと思います。イエスが処刑されたとき、イエスが指導者となる国が今すぐにでも実現すると期待していた人は失望しました。しかし、理想の国がそんなすぐできるはずがありません。だから、そのことをわかった上で、イエスの中に神性を見ていた人は、その後もまっとうな生き方をしただろうと大平は言っています。

つまり短期的に世の中で理想が実現すると期待して、そこで自分がいいポジションを占めたいと願うような人間はダメである。そんな簡単な話ではない。そもそも人類の歴史はまだ二千年しかないと言って、対談相手を絶句させています。

これを読んで、大平にとっては二千年の歴史もまだ短いものであったということがわかります。

人間社会はそんなに早急に変わるはずがないという前提の下、それでもはるか遠くを見据えている。大平はそういうタイプの人だと思います。

大平はよく「永遠の今」という言い方をしました。遠い先を見て、人類がどう変わっていくか、人間がどう生きていくかに想いを馳せつつも、永遠の理想を追いかけているばかりで、現実を見ない人はダメだと言う。「永遠の今」というのは、今この瞬間に永遠があらわれているのだから、目の前の仕事を最大限努力してやっていかねばならない。そう思って、利益調整のような仕事もコツコツとやっていたのでしょう。

長期的なビジョンを見据えつつ、現実に対立する人たちと対話を繰り返して丁寧に議論を進めていく。そのような彼のやり方は、あるべき政治家の理想像の一つであろうと思います。彼は、その時代においてはうまくいかなくて悲劇的な終わり方をしたとはいえ、一つのモデルとしては非常に大きい存在です。

同時に先ほど言いましたように、若手の官僚や知識人も育てて次の時代を担わせた。このことをもって、国のリーダーとしての大きな役割を果たしたのではないかと思います。

福川：大平は書を求められるとよく、「着々寸進《ちゃくちゃくすんしん》 洋々万里《ようようばんり》」と認《したた》めていました。また、晩年はしばしば「任怨分謗《にんえんぶんぼう》」とも書いておられました。これは、「思い切った仕事をする際は怨《うら》みを買う。同僚への謗《そし》りを自分も分かち合う」という意味です。また、日本経済新聞の『私の履歴書』には、「人の本当の悦びは他者を責めることにあるのではなく、他者のために何を奉仕するかにあると思います」と記しています。

大平政治に学ぶもの

芹川：本章の最後に、大平はわれわれに何を残したのか、彼から学ぶべきものは何なのかを語っていただければと思います。

経験と教養に裏付けられた政治構想

翁：やはり大平に学ぶべきことは、第一に視野の広さ、構想力の大きさ、時代を先取りしたビジョンを持ち、それを実現しようとする姿勢ではないかと思います。

大臣を歴任して総理となり、いろいろな経験を積み重ねた末に彼のビジョンができあがっている。それに加えて尊敬に値するところは、古今東西を問わず多くの読書を重ね、また学びを重ねて、構想を肉付けしていったというところですね。

およそ半世紀前に大平が構想していたことが、今になって多くの花や実になっている。環太平洋連帯構想はＡＰＥＣという形で結実している。田園都市構想なども、岸田内閣が実現を期している。そういう意味で、大平政治は厳然と今に繋がっていると言えます。

二つ目は、研究会を組成するときに三十、四十代の若い人々をメンバーにした。そして、その人たちが各界で活躍するための道を敷いた。こういう、人を育てたという面も大きなことだと思います。

それから三つ目は、国民に対しても、野党に対しても丁寧であり、コミュニケーションを取ってコンセンサスを求めていったということです。

与野党伯仲と自民党の派閥争いが、その背景にはあったわけですが、ストレスフルな状況の果てに、大平に悲劇が訪れ、それがかえって状況転換の契機ともなる。大平内閣の一年半は、今の日本の姿に大きく影響していると思います。

次代に種を蒔く姿勢

柳川：翁さんも言われましたが、私は大平の「種を蒔く姿勢」が、今日に活かす教訓として一番大きいものだと思います。

「九つの研究会」を組織したけれども、すぐに成果を求めるものではないのだと言い、長い目で議論させようとした。これは、心底思っていなければできないことでしょう。

ここで種蒔きをして、結実するのは自分の政権よりもっと後の時代でもいいと悠然と構えておられる。何でも現世ご利益を求める風潮の現代にあっては、改めて政治家にこういう長期ビジョンを持ってほしいと思います。

経済と文化の両輪で行う政治

宇野：大平が残したものは、むしろ我々への宿題なのかもしれません。

高度経済成長が終わる中で、経済成長に代わる新しい日本のビジョン、あるいは、国として次にめざすべきものと、大平は正面から向き合いました。

明治時代以来、百年以上かけて欧米モデルの近代化を進めてきたけれど、もはやそれだけでは不充分である。日本は自らの歴史を振り返り、新たな自己像、そして国家像を描かなければいけないと大平は考えていました。

この宿題は結局、それから四十年経ちましたけれども未だ提出されていません。新しい国家ビジョンを明確に構想することは、依然として重い宿題として残っていると私は思います。

大平の唱えた田園都市構想を掘り下げてみると、宿題提出のヒントが少し見えてくると思います。この構想のよさはどこにあるかと言うと、都市と地方を二項対立にして考えないところです。都市の持つ経済効率性と、地方の持つ自然の豊かさや精神的ゆとりとを両立させられないかという問題意識で、それを交通やコミュニケーションによって可能にする方策を考えるというわけです。

まさに経済と文化を両輪のようにして、政治が間に入ってうまく調整し、発展させていく。経済と文化の両面から社会を変えていく。このあたりが、我々に非常に大きな教訓を与えてくれていて、なお考えていくべきテーマだと思います。

名誉を求めない政治家

谷口：「九つの政策研究会」を理想として模倣した事例が、その後何回かありました。

その時代きっての有識者を集めたという点では同じなのですが、大平の研究会だけがなぜその後も参照されるのか。

それは先ほどから話に出ている通り、大平政権のためだけではなく、社会主義に対抗し得るような基本的なものの見方、考え方。社会、経済改革の長期的なビジョンを示そうとしたところにあります。その種蒔きのための具体的なアクションだった。

であればこそ、その考え方が中曾根政権以後にも引き継がれて、環太平洋構想のように実現したもの、田園都市構想のようにいまなおアジェンダとして挙げられるものがある。

後続の会議体にはそれが残念ながら無い。そのときどきの総理が自らの政治運営に役立てるために、いささか性急に結論を得ようとしたものという印象があります。

ローマ教皇がシスティーナ礼拝堂に天井画として『最後の審判』を描かせるのか、それとも自分の肖像画を描かせるのかの違いとでも言いましょうか。

もし今、岸田総理が作った「新しい資本主義実現会議」が、この大平研究会を本当に見習ったものであるならば、やはり肖像画を描かせてはいけない。

後世の人が仰ぎ見るような天井画を残すこと。すなわち総理自身のために提言を出させるのではなくて、提言そのものが岸田内閣の成果になると。そういうふうに心得ていただけるといいのではないかと思います。

第二章

座談会2 大平政治の政策展開——現代の課題にどう活かすか

宇野重規（東京大学社会科学研究所教授、ＮＩＲＡ総合研究開発機構理事）
翁　百合（日本総合研究所理事長、ＮＩＲＡ総合研究開発機構理事）
芹川洋一（日本経済新聞社論説フェロー）
谷口将紀（東京大学大学院法学政治学研究科教授、ＮＩＲＡ総合研究開発機構理事長）
柳川範之（東京大学大学院経済学研究科教授、ＮＩＲＡ総合研究開発機構理事）
【司会】福川伸次（日本産業パートナーズ代表取締役会長）

アメリカを支える日本

福川：本日の座談会では、政治家・大平正芳が試みた政策展開を意味づけるとともに、現代にそれをどう活かすかについて意見を出していただきたいと思います。

まずは、外交・安全保障から入ります。

大平は首相就任前から、「東西対立時代が終わり、地球社会の時代になる」という信条を持っていました。

激しい米ソ対立の中でも、将来的には東西の融和を予測していたと思います。もちろん日米関係を最重要視するのは揺るぎない姿勢でしたが、その視野から、世界の行方に対する一家言を持っていたということだと思います。まず、その展望に対する御意見をお願いいたします。

経済大国としての責任

谷口：一九七九年五月二日、大平はカーター大統領とホワイトハウスで会談しています。それを前にして書かれた「大平正芳ノート」に興味深い記述が見られます。

要約すると「国際政治の対立軸は、二十世紀から二十一世紀にかけて大西洋中心の米ソ対立が続くものの、日本と西ドイツが台頭する。そして、二十一世紀から二十二世紀に進むと日米独が中心軸となり、脱イデオロギー化したソ連、中国、さらにはインド、アフリカとの共存も視野に入れて、太平洋を中心に諸国の再編成が行われるのではないか」という内容です。

巨視的な視点を持っていたことがよくわかります。アメリカの覇権はだんだん弱くなるだろうと予測し、それを日独がグローバルプレイヤーとして補う、そうならねばならないという認識だったのでしょう。

また、総理在任中の数々のスピーチの中でも、「経済大国としての国際的責任」などと「責任」という言葉を多用しています。国際社会での日本の立ち位置に対して、大平が抱いていた強い思いを象徴する言葉ではないかと思います。

一九七二年、外務大臣として日中国交正常化を成した大平ですが、今日のような中国の台頭についての展望はここには記していません。どういう認識だったかは興味のあるところです。

環太平洋連帯と新国際秩序

宇野：「ニューズウィーク」東京支局長を務めたクリスチャン・カリルというジャーナリストが、『すべては1979年から始まった』（北川知子訳、草思社、二〇一五年）という本を書いています。イランでのホメイニ革命、ソ連のアフガニスタン侵攻、ヨーロッパではサッチャー政権誕生、中国では鄧小平《とうしょうへい》による経済変革の開始などまさに激変の時代を活写していて、私は随所で言及している本なのですが、そういう時代に日本では大平が主役となっていたのだなと思います。

当時、ベルリンの壁崩壊の十年前だったわけですが、世界の中の対立軸はすでに次のステージへ向かいつつあった。その後、一九九一年末のソ連崩壊を経て米国一強となり、今日の米中新冷戦へと変遷してきたわけですが、大平はその途上で新国際秩序を展望していたと言える。

大平が使った「環太平洋連帯」という言葉は、その後の日本の動きを見る上で非常に象徴的な意味を持っています。

一九七二年、田中角栄とともに日中国交正常化を果たした大平は、まだ本格的な台頭の気配を見せていなかった中国を視野に入れつつ、相対的に低下してきた覇権国アメリカを支えて、新しい国際秩序を作ろうという意欲を持っていた。

その具体的方策としてオーストラリア、ASEAN諸国と連帯して、太平洋という海を囲む一つの秩序モデルを作るという政策を展開した。今日のAPEC（アジア太平洋経済協力）やTPP（環太平洋パートナーシップ）につながる、意義深い世界展望だったと思います。

「開かれたリージョナリズム（地域主義）」というキーワードを出して、連帯する国々だけの内向きの発展を目指すのではなく、世界の発展に寄与するための地域連帯を目指した。世界の中で日本が果たすべき役割と責任を重く認識していた大平の答えがそこにあります。大蔵省出身の大平ですが、専門の経済財政面よりむしろ、この環太平洋連帯こそが大平政治の真骨頂ではないかと思います。

ストロング・アメリカの再建

福川：ベトナム戦争で失敗したアメリカは、その国力の低下が喧伝《けんでん》されていました。

当時の大統領ジミー・カーターは、まだ民主党の大統領候補の一人ぐらいの立場だったときに、三木内閣の蔵相だった大平と会っている。日米欧委員会出席のための来日だったようですが、その時にカーターが「次回はホワイトハウスで会いましょう」という有名な台詞を残した。一九七九年の大平の訪米でそれは実現したわけですが、そういう期せずしての出会いがあって、両者には非常に良いつながりがあった。

そんなカーターのアメリカだからという気持ちがあったかどうかは分かりませんが、大平はアメリカに対して、国際秩序を仕切るパワーを再び取り戻してほしいという意識があった気がします。ベトナム戦争で国力を落とし、国論も統一できていなかったアメリカに自信を回復してほしい。そして、日米で世界の安全保障の軸を作りたいという気持ちですね。

米ソ冷戦が続いていた中で、大平にあった切なる望みだったと思います。

谷口：一九七九年の日米首脳会談について、大平の日記にも記述が残されています。「次回はホワイトハウスで会いましょう」という言葉通り大統領となった既知のカーターと、自分も総理大臣になって再会したわけですが、日記では、総理として会談に臨んだ際の基本姿勢を表明しています。

それは、アメリカに対して、自信喪失を払拭し、世界の期待に応え、信頼性のある抑止力を備えたストロング・アメリカとして立ち直ることを求めるものです。日本としても、今後は自分の都合ばかり考えないでアメリカの力になってあげなければならないという、自国がするべき覚悟についても触れています。

ただその「力になる」ということの中身は、今日のように自衛隊を海外に派遣するなどの安全保障政策面の貢献という意味ではない。自衛力の整備を進める必要はあるにしても、集団的自衛権を念頭に置いて考えるレベルの話ではない。あくまでも、アメリカの力の翳《かげ》りの一端である日米経済摩擦の緩和、解決を目指した輸出自主規制などの経済協力を進めながら、相互理解を深め、より強固な関係を築くのがその肝でした。

日米は「同盟国」

芹川：一九七九年の日米首脳会談の時に、ホワイトハウスでの歓迎式の答辞の中で、大平は、公式の場で初めて日米関係を「同盟国」という言葉で表現しました。

曰く、「われわれにとってかけがえのない友邦であり『同盟国』であるアメリカ合衆国との緊密で実り豊かなパートナーシップを通じて日米両国は、遂行すべき重大な任務を共有しております」というものでした。

この時は問題にはならなかったのですが、その後、鈴木善幸内閣の時に、初めて公式文書の中に「同盟関係」という言葉が使われ、質問を受けた鈴木首相の対応が混乱したこともあって、その解釈問題に発展しました。伊東正義外相が辞任する事態となり、今では「日米『同盟関係』問題」として政治史にも残っていますけれども、「同盟国」の使用は大平のほうが先だった。

この「同盟国」という言葉だけでなく、大平は、「日米は共存共苦である」とも言っています。共に存在して、共に苦しむということです。こちらはアイキャッチもよかったせいか新聞の一面大見出しになりました。私は初めて見たこの言葉に驚いた記憶があります。

どちらも大平の日米関係観がよく出ている言葉だと思います。外因的要素もあってのパフォーマンス的なものだったかもしれませんが、経済のみでなく安全保障的連携も深めていく姿勢があったと見るべきなのでしょう。

福川：私が聞いているところでは、「不沈空母」という言葉も、大平・カーターの首脳会談で出たということです。文字通り、アメリカの安全保障の大きな拠点という意味です。後にこの言葉は、中曾根首相が使って有名になりますが、実は引用だったということです。

柳川：一九七〇年代から揺らぎ始めていた世界経済の環境が、一九八〇年代に入っていよいよ大きなうねりとなっていくことを、大平は見通していたように思います。

ベトナム戦争で傷ついたアメリカを、日米関係強化でサポートしながら、改めて世界覇権の中心にしっかりと据え直さなければいけないと、あえて選んだ強い言葉を使って発言していたのではないかと思います。

翁：アメリカの地位の変化を見抜いていて、そのフォローにまわろうという戦略を持っていたというのは、やはり特筆に値することだと思います。

ソ連のアフガニスタン侵攻、イラン革命など数々の危うい世界情勢の中で、日本の立場を旗幟鮮明《きしせんめい》に示せたことは、カーター大統領に対して、大平個人のみならず国としての信頼感につながっていたと思います。

東京サミットでの苦境

福川：カーター大統領と大平の信頼関係は、直後の東京サミットの時に生きました。一九七九年六月二十八、二十九日に開かれた第五回先進国首脳会議です。

この時は石油問題が大きな議題でした。開催の直前にOPEC総会が石油価格の大幅値上げを決め、主要先進七カ国は緊急に石油消費の節約を迫られていました。

冒頭からフランスのジスカール・デスタン大統領が、「先進国七カ国は一九八五年の輸入量を一九七八年の実績以下に抑えることを取り決めたい」と提案して、それに米・英・独がすぐさま同意します。実は、この四カ国の間では、そういう打合せが事前にできていました。大平はもちろん拒否しましたが、イタリアとカナダもフランス案に同意することとなり、六対一で日本は孤立してしまいました。

日本は当時「新経済七カ年計画」を策定中で、一九八五年には一日当たり七〇〇万バレルを確保しなければなりませんでした。一九七八年の実績以下ということだと五四〇万バレルとなってしまい、日本経済が立ち行かなくなってしまいます。

カーター大統領が大平首相の立場を案じて、「いくらならいいんだ」と問いかけ、大平が「六九〇万バレルならのめる」と答え、カーター大統領は「それを目標にすればいいではないか」と応じた。努力目標も入れることになり、日本の「六三〇万バレルから六九〇万バレルの範囲を超えないようにする」という妥協案に各国が賛成します。カーターはここで大平を援護したわけです。これがなければ、サミットを乗り切れなかったでしょう。

谷口：その頃はちょうど、電電公社の資材調達などが日米経済摩擦の焦点になっていましたが、大平総理の後には自動車問題に移っていく。その後は半導体へという時代でした。

しかし、当時はまだ、日米双方で経済摩擦よりも安全保障面での考慮のほうに、日米関係上のプライオリティが置かれていました。

アメリカ側からは、「安全保障面で負担しているのだから、日本は経済面では譲歩せよ」という圧力があったりしましたけれども、経済的な対立を日米関係全体に波及させないやり方が、東京サミットの、ここぞという時にうまく活きました。

宇野：アフガニスタンに侵攻して世界に脅威を与えていたソ連が、十二年後の一九九一年に崩壊するとは想像もできなかった時代でしたから、「同盟国」「不沈空母」「共存共苦」などの言葉を駆使して、安全保障面での日米協力をアピールしたいという大平の意図は理解できます。

そしてこの頃から、大平とカーターの個人的な信頼関係もあって、経済摩擦問題や石油輸入問題など経済面も含めて協力し合っていこうという日米関係になってきた。

東京サミットで助けてもらった大平は、一九七九年十一月に起きたイランアメリカ大使館人質事件の時には、苦境に立ったカーターを支えるほうにまわっている。

そういうことを考えると、国家間の関係というのは安全保障と経済の両輪があって、それに時の首脳同士の個人的な信頼関係も合わせて捉えるべきだろうと思います。

大平が鮮明にしていた、日米関係最重視、アメリカを支えながら国際秩序を再建するという強い意志がこの時代の日本を支えていたのではないでしょうか。

カーター大統領との信頼関係

谷口：一つの想像ですが、大平が大蔵大臣だったときに、まだ大統領候補にさえなっていないカーターと会ったのが大きかったのではないでしょうか。

当時は共和党のフォード政権でしたから、日本の政治家にとって民主党の政治家と会うことは、あらぬ誤解を招くリスクもあります。カーターとしてもアポイントを入れにくい状況でもあったでしょう。ましてや大平は、近く政権を担うことが確定していると言っていい存在だった。

そんな中で二人は会っている。カーターとしては意気に感じたと思います。

芹川：アメリカの名もない政治家に、大蔵大臣が会うということ自体が異例だったと聞いたことがあります。

タイトな日程の中にこじ入れたため、カーターは一時間ぐらい待っていたらしい。大臣室前のベンチで。しかしともかくも会った。この事実はカーターにとって非常に大きなことです。

谷口：二人のキャラクターには共通の側面があります。

二人とも外交のプロとして出世してきたわけではなかった。

カーターはジョージア州知事時代には、人種差別問題や教育格差問題に熱心だった人物です。ウォーターゲート事件がトラウマになっていたアメリカで、クリーンなイメージを売り物にして現職のフォードを破って大統領になりました。大統領就任後、さらには退任後に外交で活躍しましたが、それまでは外交は素人だった。

対する大平も、大蔵官僚出身で経済には強かった。外務大臣も経験していますが、外交は本職ではありません。

そのような共通点が親近感をもたらして、お互いに馬が合った側面もあったのではないかと想像します。

翁：『大平正芳回想録』にはいろいろな方が文章を寄せていますね。カーターはジョージア州知事時代に会ってもらって嬉しかったと綴っています。他にもキッシンジャーやオーストラリア首相のフレーザーなど多士済済《たしせいせい》です。そしてその多くが、大平の人柄について書いている。カーターだけでなく、多くの人に印象を残すキャラクターだったということでしょう。

外交は国と国のこととはいえ、実際に交渉するのは人と人です。大平という人格が、日本外交にプラスになったことは疑いを入れませんね。

福川：大平はホワイトハウスでの首脳会談の前に、「カーター大統領も非常に苦労している。何とか自信をつけてやって、覇権を回復させてやりたい」と言っていました。「日本はアメリカを最後まで助けるつもりです」と口に出しては言わないまでも、その気持ちは伝わっていたのではないでしょうか。

それが東京サミットでのアメリカの対応にも出ているし、イランでのアメリカ大使館人質事件やソ連のアフガニスタン侵攻の時の、日米の息の合った対応にも出ている。トップ同士の信頼関係はやはり重要です。

カーターは大平の葬儀にも参列しています。

日中関係強化への信念

福川：ここからは話を日中関係に移しましょう。

大平は外務大臣として一九七二年に日中国交正常化にこぎつけたわけですが、一九七九年十二月にも総理として訪中して、華国鋒《かこくほう》首相と二回の首脳会談をしています。

大平の日中関係に関する政策展開についてお話しいただければと思います。

ルールに則って共存する精神

谷口：日中国交正常化の後、一九七八年に日中平和友好条約が結ばれ、鄧小平の来日がありました。この時は福田内閣で大平は自民党の幹事長でした。

大平内閣の時の日中関係は、飛行機ならば、離陸後にシートベルト着用サインが消えて、水平飛行に移った段階と言えると思います。

大平の日中関係への想いは、総理になる前に書いた文章から窺《うかが》えます。

そこでは中国は近くて遠い、遠くて近い国であることを「大晦日と元旦の違い」に譬《たと》えています。たった一日の違いだが、年という根本的な違いがあるということで、うまい譬えだと思います。

その上で、日中両国民の間には共通点よりは相違点のほうが多いから、相互理解は実は想像以上に難しいが、お互い隣国として永久に付き合わなければいけない。だから、日中両方に努力と忍耐が求められる。故に、国際法や国際慣行といったルールに則り、平和と互恵により共存してゆく精神で進まなければならないということを書いています。

国際法や国際秩序を守る、という点は日中関係以外の著作にも見られ、大平外交のキーワードの一つです。

政治生命を賭けるほどの信念

宇野：やはり日中国交正常化を外相として行ったということが、非常に大きな政治的達成だと思います。

もちろん田中首相とのコンビで成し遂げた業《わざ》ではありますが、証言によりますと、交渉役は大平だったということで、それをまとめ上げたのはやはり彼の手腕と信頼される人柄でしょう。ここに大平は日本外交に新局面を開いたと言え、重要な役割を演じきったと言っていいと思います。

しかしこのことは、複雑な意味を持っています。当時、自民党のメインストリームは親台湾です。大陸との関係を強化することは、党内においては風当たりが強い、そして大平がもろにそのプレッシャーに晒《さら》されるということになります。

世界情勢を鑑《かんが》みれば、中国を国際秩序の中に取り込んでいかなければならないというのは当然の判断だったでしょう。しかし、一政治家として考えると、政治生命を賭けるぐらい勇気がいるものですし、しかも矢面に立ってやるというのは、リスクに対して身をもって対応する覚悟を決めていたということでしょう。国内的な利害損得を考えていたらとてもできません。その点、大平には、日中関係強化という個人的信念があったということだと私は理解しています。

中国に対する原罪意識

芹川：諸々の本や記録によると、中国、中国人に対して大平は強い原罪意識を持っていたようです。

彼は大蔵省時代、一九三九年から四〇年まで張家口《ちようかこう》に勤務していました。「北京の北門」と呼ばれ、二〇二二年の北京冬季オリンピック会場にもなった都市です。ちょうど日中戦争がドロ沼化していた時期における経験が、彼の中国観や政治観に作用していたのではないでしょうか。

福川：私も、大平は中国に対する原罪意識を持っていたと思います。

私は、日中国交正常化の目前、大平邸に出入りしていて、大平が広い人脈をフルに使って中国情報を吸収しようとしていたのを見ました。

当時の中国にかなり食い込んでいた公明党、覚書貿易をしていた財界人、国際路線を目指していた全日空、いわゆるピンポン外交の関係者などから情報を得ていました。

このような情報と、大平独特の原罪意識を編み合わせた、情理伴う多面的な外交を展開していたと思います。それで国交正常化に持っていった。その成果を今度は総理として、さらに進展させたいという思いは強くあったでしょう。

一九七九年十二月の訪中の際は西安《せいあん》で大歓迎を受けて、「選挙区を西安に移したい」とジョークを言ったりしています。張家口時代からの原罪意識を抱えた大平が、日本の首相として中国を訪れ大歓迎を受けたことで、友好をさらに発展させたいと深い思いになったに違いありません。

国交正常化の時に中国は戦時賠償を放棄したわけですが、そのことと日中経済協力はセットだと言いたがる経済人が多くいました。しかし、大平はそれを峻別《しゅんべつ》していました。

インフラ整備のための円借款も協議しましたが、あくまでそれは中国の自立発展を助けるのだということで、決して賠償的意味を持つものではないと規定していました。よく考えれば、賠償と協力をセットにしたがる人々よりも逃げ場のない姿勢に自分を置いていたわけで、より厳しい付き合い方をしていたということになるのではないかと思います。

翁：大平は、中国の古典を読むのも好きで、東洋思想に対しての共感と深い理解を持っていました。

そちらの面からも、鄧小平が改革開放政策を取ろうという時に、しっかりサポートしようという気持ちがあったのだと思います。

鄧小平を個人的にも評価されていたそうですね。

福川：大平は鄧小平とは何度か会談しています。鄧小平は政治的に三回失脚して、三回生き返った男です。毛沢東の経済政策に批判的な態度をとって失脚するなど、政治的信念に基づいた行動を、大平は評価していたのでしょう。また、鄧小平の目指している改革路線が、経済を中心にした立て直しだということで、戦後日本を見るような思いもあったかもしれません。ですから、製鉄業を中心とした経済援助を求めたときに、非常に好意的に対応しました。

経済協力と賠償問題の峻別は、両国がこれからどう付き合っていくかの根本にかかわることだと思います。大平が訪中した時の演説では、「日中関係は将来さらに揺るぎないものになる」ということを強調していて、「日本人も中国人も真剣に日中関係の将来を考えなければならない」と言っています。

大平の中国観、張家口時代の体験などについては、今後大いに研究の余地があるのではないかと思います。

柳川：大平の東アジア外交は、単なる親中派、親韓派ではないというところに非常に面白みがあると思います。

歴史の問題については、日本は日本で言い分がある。それは中国も韓国も同じだろう。だから、日本としてはどう考えているのかをきちんと言いますよということで、実際に言うわけです。

意見を言い合った後で、永遠の隣国だからお互い引越しもできないわけで、どう処理していくのかを考える。それが政治じゃないかということなのでしょう。

日中関係についても、認識の違いをなあなあにせず、折り合えないギャップをお互いが互助の精神で埋めあっていこうという発想が見える気がします。

周恩来――鄧小平ラインとの関係

宇野：大平と中国の交渉は、波風なくできていたのではなく、大荒れの中で行われていました。

日中国交正常化交渉では、もうダメかという局面を何度も体験していますし、その後の経済協力の問題や日中航空協定問題などかなりきわどい問題が続出しています。

中華人民共和国と国交を結ぶに当たり、台湾＝中華民国との関係をどうするのかなど、難しい問題が連動して起きてくることは免れず、文化的共感などというロマンだけでは全く通用しない。政治経済両面での国益をめぐるせめぎ合いを、大平は肌身をもって体験したと言えるでしょう。

大平としては、中国が今日のようにまで世界に影響力を強めてくるとは予想していなかったのかもしれません。今では文化的一体感はお互いを知るほど怪しくなり、経済的には優劣が逆転した分野も多くある。しかし、あの時に、日中関係が将来最重要問題になってくるという認識があったからこそ、日中お互いにとって、とにもかくにも現在の関係があるとも言えるでしょう。

首脳同士の関係という点で見ると相性はともかくとして、大平は、周恩来《しゅうおんらい》から鄧小平につながるラインと話すという姿勢を鮮明にしていた。これは、相手側も意識しなかったはずはないと思います。経済的にも、政治的にも、さらには軍事的、安全保障面でも対立を抱えていた両国関係の中で、カウンターパートを一本に絞って関係を作っていこうとした大平の姿は、今日の政権にとって大きな示唆《しさ》を含んでいるのではないかと思います。

東南アジア外交と新戦後秩序

福川：アジア外交と環太平洋連帯構想についてご意見をお願いします。

大平は総理就任前から「太平洋の時代」と指摘していました。当時、地球社会という考え方を提案していましたが、その一環として、「太平洋という平和な海を囲んでの経済の繁栄」を構想していました。

そういう意識が、フレーザー豪首相との会談で環太平洋連帯構想について花開き、現在のＡＰＥＣに繋がっていきました。

ASEAN諸国と共にという構想

柳川：一九七〇年代から環太平洋という意識を持っていたというのは早く、やはり先見性があったと言えます。

当時ＡＳＥＡＮ諸国の発展については、鄧小平の改革が始まっていた中国よりもさらに未知数だったはずです。むしろ将来構想を共有することで発展が促されたと言ってもいいぐらいかもしれません。

過去の人々が考えていた未来像を、その後の世代が評価するというのはフェアな行為ではないのですが、この環太平洋に関する大平の見立ては驚嘆に値すると思います。

そう思う一方で、ＡＳＥＡＮ諸国に対する原罪意識もあったのではないかと思います。太平洋戦争時に大日本帝国が侵攻し戦場にした場所ですから。

先見力と原罪意識という接点が見出しにくいものを自身の政策に活かしているというのは、やはり大平ならではの名人芸なのでしょうか。

「環太平洋」と「アジア太平洋」

谷口：大平の原罪意識の在り方については、今後の大平研究を俟《ま》ちます。

環太平洋連帯構想は一九八九年のAPEC設立につながった重要な政策構想でした。短期的な歴史の流れを見ると、一九七七年に福田ドクトリンが表明されて、これが東南アジアとの関係に窓口を開いた。大平はそれを環太平洋に拡大したという、連続性のある政策構想として捉えていいでしょう。

その連続性を今日まで引き延ばした場合には、残された課題が二つあると思います。一つは、大平は環太平洋連帯のコミュニティ作りについて、経済問題のみならず政治、外交、文化すべての領域を含んだものとなる必要があると言っています。しかしAPECは、「アジア太平洋経済協力」という看板ですから、まだ研究すべき要素が多いということ。

もう一つは、大平の言っていた「環太平洋」が、APECに結実する段階で「アジア太平洋」という言葉に変わったことから見えるものです。

これは単純なラベルの貼り変えではなく、政治的意味を持った行為です。ASEANとの関係もあるでしょうし、中国ファクターもあります。経済面は比較的コンセンサスが取れやすいけれど、そこからさらに政治や文化に進めようとすると、解くべき問題が、いわば一次方程式から二次方程式になってしまう。

今日《こんにち》の世界に大平が残した宿題ということかもしれません。

戦後処理から新秩序作りへ

宇野：当時の東南アジアとの関係は、まだ戦後処理の一環だったのだと思います。東南アジアと本当の意味で和解し戦争を終わらせるということが、戦後日本の宿題でした。そのために岸首相は東南アジア歴訪を二度しましたし、福田首相は福田ドクトリンを表明した。そういう流れの中で登場した大平首相は、戦後処理から一歩進んで、環太平洋連帯という新しい戦後秩序作りを目指した。ここに至って東南アジアとの関係は、双方にとって大きな転換点になったのだと思います。

戦後処理という後ろ向きの姿勢を脱却し、日本が主体となって東南アジアと中国とアメリカの三者を「環太平洋連帯」として結び付ける。この連携を固めることで、新たな秩序の土台ができる。そこから生まれてくる新秩序の中では、日本が正々堂々と存在感を示すことができ、同時に真に戦争を終わらせることができるだろうというのが、大平の意図だったでしょう。

その実践過程の中で、「環太平洋連帯」が「アジア太平洋経済協力」という言葉に言い換えられた。ここには政治的意味があると私も考えます。この二つの言葉の間にはいかなる対立があったのかを、歴史的に検証する必要があると思います。

アメリカの反発を避けながら

芹川：その言い換えは、アメリカの要らぬ警戒心を防ぐためだったと、外務省からの秘書官である佐藤嘉恭《よしやす》・元駐中国大使に聞きました。

アメリカは、「環太平洋連帯」という概念を日本が出したときに大いに警戒した。親米的ではないと米側が見ていた田中角栄と、大平は親しい。その大平政権下の日本は、対米従属をよしとせず、再び独り立ちするための足場をそこに定めようとしているのではないかと考えた。そこで、日本側からアメリカ国防省に非常に丁寧に説明するとともに、この構想を大平からではなく、八〇年一月にオーストラリアを訪問した際、フレーザー豪首相から提案する形にした。そこまで気を遣う必要があったということです。

日本が独自に国際政治的な行動をとることを、アメリカは決して好まなかった。それは、アジアに対しても中国に対しても徹底していたのでしょう。

福川：アジア外交を進展させたいという考えは、当時、各省庁の切なる願いでした。

大平はそれを分かりつつも、「お前ら、出すぎちゃいかんぞ」とよく言っていた。過去の大戦時代の遺恨があるのだから、日本がまた張り切っているように見えるのはいかんと。

その反面、アジア太平洋地域の発展に寄与したいという考えは強くあり、アメリカを刺激しないようにどうするかを考えて、経済中心となったのでしょう。

毅然とした対ソ関係

福川：ＡＰＥＣには今もロシアがソ連を引き継ぎ参加していますが、当時のソ連について大平はどう考えていたと思われるかをお話しいただければと思います。

アフガニスタン侵攻に対する旗幟鮮明な措置

谷口：一九七九年十二月に、ソ連のアフガニスタン侵攻がありました。今般のロシアのウクライナ侵攻とかぶってくる歴史的事実です。

そんな中、大平は一九八〇年四月に最後の外遊に出ました。アメリカからメキシコへ、そしてカナダへという南へ北への移動をして、最後はユーゴスラビアでチトー大統領の国葬に出席しました。

その時の大平のメモには、日米連帯が中軸であり、その上での西欧諸国との協調という記述があります。大平はその通りに、モスクワ五輪への不参加、パキスタンやトルコへの援助強化など、西側諸国と歩調を合わせた措置を行います。ソ連に対しては、来る人を止める形での人的交流希薄化、ココム（ＣＯＣＯＭ・対共産圏輸出統制委員会）規制の強化など、厳しい措置をして、旗幟鮮明な姿を見せています。

ただ、一つ注意しておくべきことがあります。それは、一九八〇年五月以降に書き込まれたと思われる手帳へのメモで、ソ連に関して「防衛力――拒否。問題の解決にはならない。政治的、外交力だ」となっていることです。

今日のわれわれの目で歴史的に見ると、米ソ間に漂っていた一時的デタント傾向がアフガン侵攻で消えて、再び対決姿勢になった。この新冷戦時代にどういう道を踏むのかというビジョンに見えてきます。

その後の、中曾根政権がレーガン政権の強硬姿勢を全面的にバックアップした時ほどの傾斜はありませんが、ギアを一段上げる前段階の日本の対ソ姿勢を示していると思います。

五輪ボイコットへの想い

翁：大平は国際化について、日本の存在のありがたみが増していくことだと言っています。

その意味で、開かれた緩やかな連帯を打ち出した環太平洋諸国へのアプローチは、禁欲的、現実的なリーダーシップを展開することに成功していたと思います。

対ソ連については、アフガニスタン侵攻というまさに非常時の中だったわけですが、オリンピックのボイコットなど毅然とした対応を取りました。大平政権のそういう志向が、レーガン政権と強力なタッグを組んだ中曾根政権に発展していったのではないかと考えます。

福川：一九八〇年五月二十四日、ＪＯＣが最終的にモスクワオリンピックのボイコットを決めました。

アメリカからの強い要請もあってそうせざるを得ず、スポーツ界はもちろん、柔道の山下泰裕《やすひろ》やマラソンの瀬古利彦《せことしひこ》らの金メダルを望んでいた国民の落胆も大きかった。その説明を行った時、大平は一言、「せつないな」ともらしたのが記憶に残っています。

総合安全保障の新しさ

福川：では次に、総合安全保障についてお話しいただきたいと思います。

日米安全保障条約と自衛隊の整備を中心に、経済面や文化面も組み合わせて総合安全保障政策を確立したいと、大平は最初の所信表明演説で提案しました。

この考え方についての評価はいかがでしょうか。

安全保障に対する視野の拡大

谷口：大平が設置した「九つの研究会」の中で、意義が最も大きかったのは「環太平洋連帯」だと言われています。私も否定しませんが、この「総合安全保障」にも、それに劣らぬ意義が見出せると思います。

総合安全保障という言葉の根底にある、狭義の安全保障政策や防衛政策に限らず、視野を拡大して考えていく姿勢は、あの時代においてはまさに慧眼《けいがん》だった。

大平の死後まもなくの一九八〇年十二月、鈴木善幸内閣が総合安全保障関係閣僚会議を設置しました。その後の長期スパンで見れば、政府開発援助の拡大は非常に効果を発揮していますし、二十一世紀に入ってからは「ソフトパワー」という言葉が世界で通用するようになり、現在は経済的安全保障の議論が盛んです。

このような考えを日本の安全保障に導入したということは大きく、大平政治の再評価においては、この部分も注目ポイントではないかと思っています。

弾力性によって選択肢を増やす

宇野：「ソフトパワー」という言葉は、アメリカの国際政治学者ジョセフ・ナイが使いだしたとされています。未確認の仄聞《そくぶん》なのですが、ナイ自身は、自分が思いついたのではなくて、来日時に大平研究会で耳にした話からヒントを得たのだと言ったということです。俗説かも知れませんが、大平研究会でそのような話が出たということはあり得ます。

戦後日本政治の文脈で捉えると、大平は吉田茂、池田勇人のラインを継承する人です。岸信介、福田赳夫のラインとはいろいろな緊張関係がありましたが、安全保障面では特に大きな違いがあったと思います。

そういう意味からも、安全保障を軍事力だけではなく経済力や文化面のソフトパワーを強く意識し、「総合安全保障」としていこうという発想は政治家・大平正芳の信念だったでしょう。

ソ連のアフガニスタン侵攻に対しては、モスクワオリンピックをボイコットするという毅然とした厳しい対応をして、あくまで日米関係を堅持するという姿勢を保ちますが、一方で「環太平洋連帯」ではソ連を排除しようとはしていない。このような、安全保障のための弾力性を持つことで可能性を広げる、自らの選択肢も増やすという、非常にクレバーな戦略だと思います

国際政治のリベラリズム

福川：一九八〇年代、私は通産省におりましたが、アメリカの、特に外交畑の人々には、大平の総合安全保障について話をしてみても、極めて薄い反応しか返ってきませんでした。

あちらからすれば安全保障とは軍事バランスで、米ソ間で軍事バランスをいかに保つかが、世界の安全保障の基本だということで揺るぎませんでした。経済や文化がどうして安全保障になるのだとさんざんに言われました。

鉄のカーテンが消滅する九〇年代くらいまで、彼らには理解されなかったように思います。

ジョセフ・ナイが「ソフトパワー」論に言及を始めたのはそれ以降です。

柳川：軍事バランス一辺倒の安全保障常識に対してアンチテーゼ的に、「総合安全保障」というキーワードで新機軸を立てたことは、その後の世界の潮流変化に大いに貢献していると思います。

日本にとっても、自己の安全保障戦略のコンセプトメーキングができたということは大きかったでしょう。

今回のロシアのウクライナ侵攻によって、このような場合に備えて日本も軍事力を強化すべきだという声が聞こえるようになってきました。だからこそ改めて、総合安全保障に対する意識を高めていくことが、今日の課題でもあると思います。

芹川：私はこの総合安全保障について、話を聞いてしばらくは全く理解できませんでした。経済や文化で安全保障とは、何を言っているのだろうかと思っていました。

ずいぶん後になりますが、ジョセフ・ナイの『パワーと相互依存』（共著、滝田賢治監訳、ミネルヴァ書房、二〇一二年）や『国際紛争』（田中明彦・村田晃嗣訳、有斐閣、二〇〇二年）などを読んで「なるほどそういうことか」と思いました。

政治には、リアリズムで考える部分とリベラリズムで考える部分が共存しています。安全保障論議では、このリアリズムの部分が軍事的パワーバランスに当たる。一方で、リベラリズムのほうでは、経済的相互依存とか複合的相互依存関係を深めることで、安全保障面にも役立つ力を期待できる。だからその後者を日本の安全に役立てるべく、たしかなものにしていくという考え方だったのだと納得しました。

市場尊重の経済運営

福川：では次に、大平の経済政策への評価についてお話を移したいと思います。

市場経済の尊重

翁：大平の経済運営は、まったくの手放しというわけにはいかないけれども、市場経済は可能な限り尊重するというものです。政府介入には極めて慎重でした。

学生時代に研究して親しんだ、トマス・アクィナスにその思想的な背景があるのだと思いますが、アダム・スミスの「神の見えざる手」について「単なる利得を目的とするものではありえないという深い認識を得た」と言っているのは、その発展でしょう。つまり、市場経済を尊重することによって人間的価値の追求が可能になるのだと考えていた。経済道徳を伴った自由主義経済を信念を持って追求しようとしていたということだと思います。

高度経済成長終焉期のリーダーとして、戦後日本経済は繁栄という点についてはかなりいいところまで来たという認識だったのでしょう。そこまでは明治時代の殖産興業政策のように、政府主導だった。だからこれからは過大になっていた政府への期待を漸次抑制して、民間経済が自力で発展していく環境を整えることが大事だと考えていたのだと思います。

公害問題や物価問題など社会不安の台頭を見て、目指すべき方向を「量より質」に定めようということもあったでしょう。資源制約問題についても地球規模の取り組みを考えざるを得ない。そのような、人間性や生活の質などへの目線の転換が、田園都市構想の基盤になっていると思います。

また、大平は家庭基盤の充実ということにも強い思いがありました。国の福祉の範囲は、家庭や企業が背負えない部分だけでいいという、福祉社会と自己責任に対する認識も持っていたと思います。

より小さな政府を志向して、民間経済を大きくしていこうというのが、大平の経済に対する中心軸だったと思います。

民間主導への橋渡し

柳川：大平には大きなコンセプトとして、民間の経済活動を主役に据えた経済運営にしなければならないという強い使命感があったと思います。

それは今では「新自由主義的なコンセプト」と言われてしまうのですが、レーガノミクスやサッチャリズムが煽《あお》ったような「新自由主義」とは同一ではない。

どこが違うかと言うと、大平の視線の先には、どういう経済環境が国民の幸福に資するか、どうすればエネルギー問題を解決しうる社会にできるか、いかに環境問題に取り組めばよいかなど、トータルに進むべき方向がきちんとあるということです。その意識づけの下に民間経済の活動促進を図っていこうというものであり、後の「新自由主義」のように効率化・自由化・民営化ありきのものではない。

日々新たに持ち上がってくる問題への対応に伴って紆余曲折しながら、民間経済をそれとリンクさせてよりよい社会構築をしていくというイメージだったのではないでしょうか。池田政権から始まった高度経済成長の時代においては、確かに政府主導の経済運営がよく機能したと言えるでしょう。その手詰まりの時を指揮するリーダーとして、大平は民間主導への橋渡しを意識して動いていたのだと思います。設置した「九つの研究会」から新たな意見を吸い上げて、その後の民間企業が引っ張ってゆく経済の礎《いしずえ》を築いた。大きな功績だと思います。

福川：池田内閣当時、大平は官房長官でした。彼は池田首相に、「総理の机の上には書類がないのが一番よい」と言っていたそうです。

私も官邸勤務の頃に「お前たち、仕事を集めちゃいかんぞ」と言われました。放っておいてもどうせ来るものを、わざわざ集めるようなことをやっていたら全く片づかなくなると言いたかったのです。

近頃、「官邸主導」と言われがちですが、その辺りを岸田首相がどうしてゆくのか興味のあるところです。

国の運営は、それぞれの持ち場で責任をもってきちんと回していけばうまくいくのだと大平は考えていたのだと思います。経済運営にもそれを反映させていこうということだったでしょう。

芹川：竹下登首相は「司々《つかさつかさ》」とよく言っていましたし、昔から「霞が関は最大最強のシンクタンク」と言われてきましたが、その認識を持っているトップたちは同じように、「その使命ある人に責任をもってやってもらう」つまり「きちんと任せる」ことができていたと思います。小さな政府論にしても、民間に任せるということですから。

一九八一年、鈴木内閣の時に、第二次臨時行政調査会が土光敏夫会長の下で始まるわけですけれども、これは大平の一般消費税導入失敗を受けて、財政再建をどうするかを民間の知恵で考えてもらおうということだったかと、後講釈ですが思っています。

小さな政府作りの過程の、大きな出来事として記憶されますが、この辺りのアクションの淵源も大平の思想にあったのかもしれません。

新自由主義との相違点

宇野：大平と中曾根の政治思想がどういうつながりを持っていたのか、またどこが異なっていたのか。これは政治学者間でよく議論になるところです。

時代の大きな文脈から考えると、高度経済成長終焉後の踊り場に当たっていた一九七〇年代終盤から一九八〇年代序盤は、政府が牽引する形のケインジアン政策の限界と、政府の経済や社会に対する統治能力の危機が起きていて、低成長となった世の中に行き詰まり感を醸成していたと言えるでしょう。

ではどうするかということで、小さな政府志向で政府の役割を限定的に捉え、民間企業や個人の知恵を経済運営の主役に据えて、ブレイクスルーをはかろうとしていたというのも間違いないと思います。

小さな政府化への漸進が大平から始まっているというのはその通りだと思うのですが、しかしそれが新自由主義的かというとやはり違って見える。

翁さんが先ほど、トマス・アクィナスの思想が背景にあると指摘しました。大平の政治思想の通奏低音である「職業団体や地域団体が自立的に動いていれば政府は何もしなくていい」というその考え方は、分権的な社会秩序の構想とも言えます。

そのような思考基盤から出された田園都市構想は、個人や企業や中間団体の機能を発揮させるコミュニティ作りによって社会を発展させていくというプランです。

だからやはり、効率化を至上命題として推進される新自由主義的政策とは違う、大平政治の非常に面白い点だと思います。これも大平理解のポイントではないでしょうか。

第二次石油ショックへの対応

谷口：大平の経済面の舵取りは第二次石油ショックへの対応に、もう一つのエポックがあると考えます。

第二次石油ショックは大平政権の時に起きたわけですが、他の国と比べると非常に良いパフォーマンスで切り抜けたと言えます。

第一次石油ショックには田中政権が直面したわけですが、まだニクソンショックが尾を引いていた時期に、不運にもまた前例のない対応策を求められた事態となり、後手後手に終始してしまった。消費者物価指数が二〇％以上も上昇し、狂乱物価となり、緊急に打ったインフレ抑制策も功を奏さず、戦後初のマイナス成長を記録、結局この時をもって高度経済成長時代は終わりを迎えます。

第二次石油ショックの時には、大平政権はその教訓を生かし、早くから日銀と話し合って、金融の引き締めなどインフレ予防策をとりました。それに応じて民間でも労使協調路線など新たな対応がとられましたし、国民を挙げて省エネに向かう気運を盛り上げた。行政介入を抑制し、市場メカニズムを活用して、日銀とのタッグで乗り切りました。

このことが日本経済や日本の市場に対する新たな自信につながったのではないかと思います。

小さな政府志向は確かに大平以降に出てくるものですが、それを考えるときにテイクノートすべきことが一つあります。

それは、レーガノミクスやサッチャリズムと並べて中曾根の経済政策を論じたりしますが、その頃の日本が抱いた日本経済への自信は、既存の日本型経済システムに対するものだったことです。戦後の経済・社会政策レジームを見直そうという欧米の経済的新自由主義とは一線を画しています。

その日本型経済システムもバブル崩壊に至って改革を迫られ、現代へと続くわけですが、そこに至るまでにはもうワンクッションありました。

功を奏した第二次石油ショック対策

福川：ここからは、大平の経済運営の具体的な政策についてお話をいただきたいと思います。最初にマクロ経済運営についてご見解をお願いします。

大平はマクロ経済的には価格機能を尊重する、市場機能を重視するという立場でした。二度にわたる石油危機で非常に経済も混乱し、マクロ管理をどうするかは大きな問題でしたし、また、金融面からどのような形でインフレを阻止するかなど、課題も多かったように思います。

マクロ経済政策の適正な運用と同時に、いかに市場機能を維持するか。そして、マクロ面での需要管理をどういうふうにしていくのか。また、その中で金利政策をどういうふうに運用するかなど、多面的な問題がありました。

インフレ防止に焦点を定めた的確さ

柳川：大平政権の時代は、金融政策や経済政策、いわゆるマクロ政策と市場システムをいかにうまく機能させるかということのバランスが、非常に取りにくい状況だったと思います。

エネルギー価格の上昇やインフレなど、特異なショックがありました。また、高度経済成長まではケインズ政策的な総需要管理政策によってうまくいっていた状況がここで様変わりし、市場メカニズムをうまく使う、価格機能を重視するといった、新たな環境にとって変わった。

レーガノミクスやサッチャリズムなど、「政府は市場には手を出さないのが善」という新自由主義的な議論が幅を利かせる前の時代ですから、政府としては市場や価格について何とかしなければと考えたと思います。

第二次石油ショックの際の大平政権は、インフレ防止に焦点を定めました。インフレが許容範囲を超えてしまうと、市場機能の健全性が失われる。適切な機能の維持のためには、マクロ的アプローチでインフレの暴走を防ぐべきだ、というロジックであったと思います。

現在のように完全に市場任せにしておくのではなく、政府が少し関与する形で適切に価格を維持するという確とした方針の下で成され、結果的には他国より良いパフォーマンスを示しえたという、見事な経済運営だったと思います。

福川：第一次石油ショックの後、日本経済は比較的早く立ち直りを見せました。

そのような中、一九七八年七月に開かれたボン・サミットでは、日本と西独が機関車になって世界経済を牽引していくという議論になって、各国に経済成長率の目標が課され、福田首相は七％成長を約しました。

大平はその時に自民党幹事長でしたが、これについては非常に懐疑的姿勢でありました。七％成長という、いわゆる数字を目標にするというのは彼の政治哲学、経済思想に合わなかった。

福田内閣は、第一次石油ショック以後も、まだ高度成長論から抜け切れず、狂乱物価に対しても、上からの政策で安定を求めていた。

大平は、もっと市場システムを大事にすべきではないかと、違和感を持っていたようでした。

柳川：政府がマクロ的な環境を左右することが可能だという発想と、マクロ的な環境は市場システムや企業活動が作るものだという発想とでは、やはり大きな開きがあります。その思想上の大きな隔たりは、結局、細かな政策の違いとなって表れていくわけです。

そう考えたとき、大平政権が経済環境に対して、成長率というものは国や政府が決めるものではなく民間が作っていくものなのだという姿勢で向き合ったことが、かなり大事なポイントだったと言えるでしょう。

そのような思想での政策形成というのは、今にも通じるものだと思いますし、またその現在の政府の在り方が、やや牽引役的要素の濃いものになっている感がある点は、やはり反省してみるべきでしょう。

物価を上げたほうが省エネは進む

福川：池田内閣の国民所得倍増計画における中心人物だった下村治さんは、第一次石油ショックの後、ゼロ成長論を唱えました。

大平は、まだある程度の成長は見込めるだろうということで、ゼロ成長論には懐疑的だった。多くの議論が噴出した時期でした。

翁：第一次石油危機で狂乱物価になって、確かにそれまでのトレンドとは変わってしまった感はありました。しかしその後、時間はかかりましたが他の国よりは早めに日本経済は落ち着きを見せました。大平はその辺りに、成長の余地を見ていたのだと思います。その展望があってこそ、活きた経済政策が打てたのではないでしょうか。

第二次石油ショックの折にも金融政策が眼目になりましたが、公定歩合の引き上げを適切に行いながら、景気の落ち込みを比較的マイルドに抑制できた。経済成長に対する正しい認識があればこそ、バランスの取れた政策判断ができたのだと思います。

一九七九年十二月のソ連のアフガン侵攻の時にも、商品価格の急騰を受けて一九八〇年二月に大平政権下四回目の公定歩合引き上げを行っています。

現在また、ロシアのウクライナ侵攻で経済面も波乱に満ちています。あの頃とは状況が異なるとはいえ、日本経済も当面物価が上がることは不可避でしょう。さまざまな環境変化の中で、適切な舵取りの機軸となる思想が求められていると思います。

福川：「狂乱物価」という言葉を作った福田さんは、物価上昇を強制的に抑えていこうという姿勢が目立ちましたが、大平は、「物価を上げたほうがかえって省エネは進む」という考え方でした。

たとえば電力料金の引き上げを議論する時に、エネルギーコストの上昇分を反映させる形をとったほうが、国民や企業はかえって対処しやすいだろうと考えていたようなところがありました。

市場の価格機能を尊重しつつ、マクロでの需要管理は適切にやるという姿勢だったと思います。

大平個人としても、官邸で人のいない部屋の電気を彼自身が消して回っていました。評判の悪かった「省エネルック」も真面目に身に着けていました。

谷口：第一次石油ショックの時には、非常措置の連発で大きな混乱になりましたが、その時の経験を活かすことができました。

第二次石油ショックにしても緊急事態なので、ある程度の混乱が生じるのは当然ですが、そういう中でどうやって最小限に危機を抑え込めるか、同じ失敗を繰り返すことなく対処できるかが問われてくるわけです。

大平の場合、行政介入は最低限に抑えるという意識が根底にあり、それが個人や企業の努力にもつながって結果を出せたのでしょう。

宇野：大平は東京商科大学時代にトマス・アクィナスを研究し、大蔵省に入ってからはケインズの経済学などにも広く目配りをして経済学を研究していますから、市場メカニズムを重視するという思想になるのは自然な流れだと思います。価格メカニズムへの信頼感もそのような彼自身の知が自ずと成せる形なのではないかと思います。

ただ、市場メカニズムを重視するとは言っても、いわゆる新自由主義のように市場に任せきるのではなく、先ほど柳川さんが言った、市場メカニズムが機能するようにマクロ政策によって経済環境を整えていくのが大平の行き方だったという指摘に、非常に共感を覚えています。

柳川：市場メカニズムに対する信頼感や重要性への認識を、為政者がどの程度持っているかは、経済政策決定の大きなポイントになると思います。

大平の経済思想形成の過程を今回うかがい、やはりそのような思想を持っていたことが明らかになったのは、いい意味での驚きでした。

現在また、エネルギー価格の高騰が問題になり、対策が待たれています。政府内でも、「値上がりがひいては省エネにつながる」とか、「コロナ禍やウクライナ問題など非常時だから、価格上昇を抑える対策を」とか、「長期的視点からは分かるが、やはり短期的視点での対応が有効だ」など、技術論ではなく思想的な違いから意見が錯綜していることでしょう。大平がいつごろから、価格メカニズムへの信頼感を深めていったかはわかりませんが、やはり為政者としてその心情があったのは本当に大きかったと思います。

省エネについても、政府主導でやるべき部分はあるとは思いますが、本来は価格高騰への対策として省エネ対策が結果的に生まれてくるほうがいい。そういうメカニズムを重要視し、それが適切に働くように環境を整備していった。そこが非常に重要なポイントだと改めて思います。

非常時における日銀との協力体制

福川：大平政権が第二次石油ショックへの対応を迫られていたのは、日銀総裁が第二十三代の森永貞一郎さんから第二十四代の前川春雄さんに代わった頃です。そういう意味でもなかなか難しい時期でした。

翁：日本銀行の理事を務めた中川幸次さんの『体験的金融政策論』（日本経済新聞社、一九八一年）

という本があります。その中に、大平が森永さん、前川さんと時々内密に会って話す機会を持っていたことが記録されています。

当時と今では法律の立て付けも違いますし、政府と日銀のトップ同士が時々会ったと言うと、日銀の独立性が問われそうですが、意識面においてそういう感じではありませんでした。

ですので、政府と日銀は、石油ショックのような非常事態には密なコミュニケーションを取っていただろうと思います。価格メカニズムをうまく機能させるような経済環境を作るために、公定歩合をどうすればいいのかを考えていたのだろうと思います。

一九七九年十二月にソ連のアフガニスタン侵攻がありました。この年はそれまでに第二次石油ショックへの対応で公定歩合を三度も引き上げていましたが、石油価格の市況上昇が激しく、四度目の引き上げが必要でした。

しかし折悪しく予算委員会の最中で、竹下さんが大臣だった大蔵省は利上げなどできないという当然の対応でした。しかし商品価格のあまりの急騰に態度を変え、結局、予算委員会中に公定歩合を一％引き上げるという前例のない政策を遂行します。

このことについて、中川さんの本には、大平が考えて日銀の要請を受け入れることを決めたのだと書いてあります。大平の危機との向き合い方がわかる記述だと思います。

現在もロシアのウクライナ侵攻によって、コロナ禍で傷んだ世界経済に暗雲が垂れ込めています。アメリカ、ヨーロッパは既にインフレが進行していますし、日本も早晩、ターゲットにしている二%に迫っていくと思います。あの頃とは状況は大きく異なるとは思いますが、経済の舵取りがますます難しい時代になってきており、大平時代の教訓は頭に入れておく必要はあると思います。

財政再建への使命感

福川：続いて財政の問題に移りたいと思います。

大平は三木内閣の大蔵大臣として一九七五年に赤字国債を発行しました。将来の財政負担となるこの事態に対して、「万死に値する」という発言をしています。そして、総理就任後の伊勢神宮参拝の時に、一般消費税導入による財政再建を言葉にしました。

経済が専門の大平にとって、財政再建は最優先の課題でした。

一般消費税導入に失敗

芹川：東京サミットが終わり、秋の臨時国会の所信表明演説に、大平は一般消費税導入を組み入れたと記憶しています。

そろそろ解散総選挙になることが見えていた時期でしたから、一般消費税論議は選挙における中心の争点となりました。

だんだんに論議白熱して、野党は当然のこと、自民党内部からも反対論が出てきました。選挙戦で地元に帰った議員たちが演説で触れると、やはり「自民党は増税するんだな」という有権者の声を聞くことになる。結局大平は、衆院選の最中、街頭演説の中で一般消費税導入案を引っ込めます。無念の撤退だったでしょう。

自民党内では、大平が言い出した当初は、それほど大きな問題にはならないだろうという空気でした。いざ選挙戦になって、どうにも火消しをしなければということになったのが外から見え見えで、結果にも影響しましたね。

誰もついてこられなかった

谷口：大平政権の財政政策の中で、一般消費税導入問題は最も大きなインパクトを持つものでしたが、その挫折を見るときに、私は二つの視点があると思います。

一つは、大平は日本経済が第二次石油ショックからかなりのところまで立ち直っていると判断していた。だから、Back to the Normalcy（平常への回帰）で、すみやかに財政の健全化に舵を切るべきだと考えていた。一般には、政治家は財政を拡大から緊縮に転換するタイミングを遅らせがちな点からすれば、かなり異例です。

もう一つは、一般消費税導入の旗を立てて増税政策で臨んだ一九七九年の総選挙の時に、日本鉄道建設公団の不正経理問題が発覚する不幸なめぐりあわせがあったことです。

増税だけでも世論の反発は強いのに、行政の無駄遣いを国民に押し付けているという構図を作られてしまった。当然世論は、増税よりも先にやるべきことがあるとなり、やがて「増税なき財政再建」をスローガンにした土光《どこう》臨調路線へとつながっていきました。

赤字国債への責任感

宇野：大平は大蔵大臣時代に自ら発行した赤字国債に非常に責任を感じていました。財政再建への強い思い入れが、一般消費税導入案へとつながっていったのだと思います。大平政権の挫折の後も、一九八七年に中曾根内閣が「売上税」として可決一歩手前までいったにもかかわらず、やはり選挙で敗北して廃案にしています。一九八九年に竹下内閣でやっと「消費税」として成立し、日の目を見たものの、それからも税率アップのたびに大きな政治的混乱を繰り返しています。

そのように見ると、ここでも大平という政治家は問題の転換点となっている。今日の財政問題に通じる重要な転換期にあって苦闘したということは間違いないでしょう。

福川：大平は当時の財政状況を、「悪い、悪い」と言っていましたが、今と比べてみればそんなに悪いわけではない。それは無理な比較ではあるとしても、赤字国債発行に対して、大平の時代のように躊躇するような余地も無くなった現代の財政を、どう考えたらよいのでしょうか。マクロ経済の安定のほうがあくまでも重要なのでしょうか。

財政再建とドイツ経済のスタンス

柳川：財政再建とマクロ経済安定のどちらが優先なのかということは、やはり人によって意見が分かれる典型的な問題だと思います。

現在の財政赤字は、大平の時代よりも遥かに膨らんでいます。当時は、財政健全化を速やかに行うために、一般消費税導入という治療手段を取ろうということでした。今、問題となっているのは、これで財政の持続性を保てるのかどうか、この先に財政健全化は果たして可能なのかということで、施さねばならない手術も難しさが大きく増してしまっています。

結局、財政赤字の拡大を許容し続けてマクロ経済を維持してきたものの、今度はマクロ経済の一部が犠牲になるというショッキングな副作用を覚悟しなければ、財政健全化に乗り出すこともできないという状況に追い込まれてしまいました。

このような話の時に、よく引き合いに出されるのがドイツ経済の例です。何かあって対処しても、とにかく早く元に戻すというスタンスを貫いた結果、割合に健全な財政状況がドイツでは築かれています。

では、そのドイツのような財政スタンスを日本も採っていたらという思考実験をしてみると、経済成長面は今ほどの成果は望めなかったかもしれませんが、ある程度の健全な財政は実現できていたのではないかと思われます。

ドイツ経済が順調かどうかについても意見の分かれるところではありますが、何とかうまくやっていると私は見ています。日本に次ぐ経済大国のドイツが、持続可能な財政を維持しているという現実を受け止めるときに、日本がこれまでに行ってきた財政出動の規模や形が果たして適切だったのかどうか、確かにどこかの時点でのドイツ型への転換は必要だったのかもしれないと思うところではあるのです。

ドイツ型という認識はないまでも、あの時に大平の意図していた一般消費税導入で財政再建するという方向性はそこに通じるものではなかったか、そういう転換点を成すものではなかったかと思います。消費税を用いた財政政策が世界中で行われたという歴史を前にして、その先見性に粛然たる思いがします。

政治においても経済においても、拡大志向で来たものを適切に縮小させようというような発想転換は、非常に難しいと同時に、今後の大きな課題となるのだと思います。

大平の時なら間に合った

翁：大平内閣の時に、かなり思い切った電力料金の値上げを行っているのですが、その辺りの判断も、今のお話に通じる部分があると思っています。

エネルギー価格の問題については、現在もまさに焦眉《しょうび》の急《きゅう》ですけれども、元売りに補助金を出すことで価格を抑制するという財政出動が行われています。

本来は、価格の自然な上昇によって省エネや代替エネルギーへの移行が促進されれば望ましいわけですが、コロナ禍などの社会不安がそれを妨げてしまっています。

大平はまだ高度成長の残り火があった時代、今よりは思い切った手が打ちやすかった時代に、今のうちに何とかしておこうと考え、政策を行おうとしたのだと思います。

ＮＥＤＯのような研究開発機関や新エネルギー総合開発機構なども設立して、代替エネルギーの準備にも入っておられました。

研究開発機関設立に見る長期的視野

柳川：二度の石油ショックによって、エネルギー価格の変動が経済に与えるインパクトの大きさを味わった直後の時代ですから、大平としても非常に重視していたのでしょうね。

今、翁さんが言われた大平の研究開発方面のアクションは、エネルギー価格の上昇を受けて、市場の行動変容もセットで起こしていかねばならないという発想から成されたものだと思います。その発想の部分が、今の時代と非常に異なります。

今の時代の発想は、価格は価格、研究開発は研究開発というようなセクショナリズムがきつい。だから政府は、両方にお金を出さねばならなくなる。研究開発費を出し、価格維持のための補助金を出す。未来創造の方向と、過ぎ去りし時代の維持の方向と、まったく逆に向いた政策運営になって、その矛盾が余計な支出になっていく。ここは今、早急に改善が望まれるところだと思います。

もう一つは、技術開発や研究開発は、長い時間がかかるものだという考え方です。NEDOなどの設立には、だからこそいち早くスタートしようという姿勢が見えます。ここも今とはずいぶん違う。

先を見すえたお金のつぎ込み方、支援の仕方を可能にしているこのような体制は、どうしても短期的成果を求める今の体制に比べて優れていることは歴然としています。

我々が今、反省して取り入れるべきポイントだと思います。

あの時の一般消費税導入提案は先見性があった

翁：先ほどドイツの財政スタンスの話がありましたが、私もドイツはうまくやっているなと思っています。

大平は一般消費税導入を断念せざるを得なかったわけですが、実現できていれば日本も、財政健全化に乗り出す姿勢をとる契機になったのではないかと思えて、今さらながら残念ですね。

財政が健全な形を保てないと、政策的にも長期的視野で手を打つことが難しくなります。危機への備えにしても、成長促進や科学技術分野へのサポートにしても、財源が足りないから削らなければという財政状況の中ではやはり後手後手になる。その意味で、赤字国債発行が常態化しつつあった一九七〇年代の終盤に、一般消費税の導入提案は政策として先見性があったのではないかと思います。

芹川：当時官房副長官だった加藤紘一さんから聞いた、一般消費税に対する大平の気持ちが滲み出るエピソードがあります。

一般消費税を打ち出し、投票日当日が全国的に大雨で、選挙で敗れて間もなくの朝、世田谷区瀬田の大平邸に加藤さんは行っていた。官邸に向かう車に「加藤、一緒に乗れ」ということで、用賀から首都高速に乗った。外は雨だった。すると大平は、「選挙は、雨で負けたんだよ」とぬれそぼつ車窓に目をやりながら語ったという。

「消費税が必要だとは、国民も分かっている。それを大蔵省が赤字の埋め合わせに使うような言い方をしたからいけなかった。各国のようにきちんと社会保障の財源なんだと説明すればよかったのだ」。

社会思想の転換と歴史の見直し

福川：ではここからは、社会運営に話題を移したいと思います。

大平首相は最初の所信表明演説の中で、「経済の時代から文化の時代へ」という命題を掲げて、日本社会が向かうべき方向を示しています。

第一次石油ショックの影響などで、経済が混迷状態の中でもこのような展望を持っていたわけですが、どう考えますか。

宇野：「経済の時代から文化の時代へ」という大平の問題設定には、大きく二つの背景が考えられます。

一つは、欧米から波及した社会思想の転換です。大平はこれに気付いて、日本社会にも適用しようとしたのです。

ローマ・クラブが提唱した「成長の限界」論は、産業社会の発展によって起きてきた深刻な問題を指摘し、それを解決するための意識の転換を促しました。

また、イギリスのデニス・ガボールらが提唱した「成熟社会論」も当時の世界に影響力を持ってきていました。日本にも七〇年代半ばごろに入ってきました。「脱産業社会における価値観の在り方は、経済的な価値観よりも、文化や個人のアイデンティティが生み出す文化的価値観のほうが重要性を持つ」というもので、知識人であった大平にとって非常に興味の湧く未来予測だったと思います。

今一つは、最初の所信表明演説にも表れていますが、「明治以来の日本の見直し」です。近代は欧米中心の世界であり、近代化とはすなわち欧米化である。日本はそれを経済成長によって追いかけているが、そろそろこの社会モデルを脱却して新しいモデルを構築しなければばならないという問題意識を強く感じます。

戦後日本のそれまでの知識人、いわゆる近代的知識人は江戸時代までの伝統的日本社会を批判的に見てきました。しかしこの時期辺りから、日本の歴史をもっと肯定的に捉えようという波が起きていた。

これが、一九七九年に村上泰亮《やすすけ》、公文俊平、佐藤誠三郎三氏の『文明としてのイエ社会』(中央公論社)として世に出て論議を起こすわけですが、まさにこれは大平研究会の問題意識の一つです。伝統的な江戸時代の社会やその文化を肯定的に捉えることによって、明治時代以来の近代化・欧米化してきた社会を相対化して、日本人にそれまでと異なる歴史観を提供しました。

大平はこの二本の柱を立てて社会運営を行おうとしていたと思います。

谷口：私も宇野さんと同意見です。

国を立て直すために経済成長に邁進してきた戦後日本に不足しているのは、社会の背景にあるべき文化である。西欧社会はそのように成り立っているからこそ強みがあり、日本社会もそのようでありたい。ただその文化の中身は、明治人が急ごしらえで取り入れた鹿鳴館的なものではなく、もともとの日本人が形作ってきた文化を積極的に再評価するものでありたい。そういう二つの意図があったのではないかと思います。

総理になる少し前から、浅利慶太氏などと親交があったのも、この部分で通じ合ったのではないかと思います。

柳川：大平政治の社会運営についても、現代社会とのシンクロニシティを感じます。

現代もＳＤＧｓに代表されるように、経済一辺倒から脱却して社会問題、環境問題、異文化理解などを取り上げて、世界的に価値観の転換を呼びかけているような感があります。この流れを日本社会としてどうとらえていくのかも、大きなイシューです。

その中で、「もともと江戸時代の日本はエコ社会であった」というような、日本が歴史の中で持っていた良さを見直そうという考え方も出て来ました。当時の大平研究会で行われていたような議論が再び求められているという観点からも、大平の先見性を感じます。

それとともに、当時からわれわれはどれだけの進歩をしてきたのかと考えると、少々反省すべきかもしれない。あの時代の人々がやろうとした対応を超える形で、現代という科学技術の下に立つわれわれが、取らなければならない対応があるのではないかと思います。

家庭重視という視点

翁：大平の社会運営について、私は社会保障についての考え方に興味を惹かれます。

大平は、日本型福祉社会という概念を出しています。個人の自覚を醸成する家庭があり、そのうえで地域や企業が福祉を提供し、そこから先の部分は政府が出ていくという考え方でした。

大平は、福祉国家と言われる北欧の国々のように、社会保障全てに国が前面に立つのは望ましいことではない。その形だと個人や家庭という意識の基盤がしっかりしない。やはり個人の意識とそれを形成する家庭の力に支えられた福祉制度が望ましい、と考えていた。

家庭について大平は、「ゆとりと風格のある家庭、経済や社会制度上の不備への対応力のある家庭を目指す」と言っていますが、かと言って家庭内で決めればよい問題に介入するということではなく、家庭という生活単位として豊かさを享受するための「お手伝いをする」姿勢だと言っています。

今よりはずっと軽微にではありますが高齢社会化も見えてきていましたし、核家族化が急速に進むという時代背景でもありました。将来を展望すれば、あるべき福祉社会実現の鍵として、家庭を重視していたのだと思います。

ただ残念なことに、家庭の基本構造については、働く男性とサポートする女性というイメージでした。後の配偶者控除の限度額引き上げや、国民年金の第三号被保険者制度などにそれは表れています。さすがの大平も、現代のような共稼ぎの増加など多様化した家庭の在り方を予測するのはなかなか難しかったようです。

芹川：先ほどの加藤紘一さんから聞いた、「大平は一般消費税を社会保障の財源にしたかった」という話の根本は、彼の家庭に対する考え方から来た発想なのかもしれません。

人としての大平は、瀬戸内海、香川県の自然に溢れた光景がよく似合う人です。船が行き交う海、緑豊かな山、田んぼと畑が続く風景が、貧しかった家に育った大平に、家族が協力し合って生きる家庭という場の重要性や社会のサポートのあるべき形などを意識させ、政治家としての社会保障観につながったのかもしれません。

ひいてはそういうことが、田園都市構想という日本の未来構想にもつながっていったのだと思います。

家庭改革あってこその田園都市構想

福川：田園都市構想の話が出ました。「都市の効率性と田園のゆとり」が調和する生活空間を創造するというものですが、大平の社会運営には欠くことのできないテーマです。

この「田園都市」とは、一八九八年にイギリスの社会改良主義者・エベネザー・ハワードが提唱した新しい都市形態のことで、大平も参考にしていました。岸田内閣が「デジタル田園都市構想」として現代での達成を目指しております。このことについて、意見をお願いします。

宇野：先ほどの社会保障の話の時に、大平の家族観について翁さんがやんわりと指摘しましたが、大平研究会の報告書には、「専業主婦」という言葉がかなりの頻度で使われており、あわせて、サラリーマンと専業主婦という夫婦モデルを基本形としていることが明白です。これは現代の人には違和感を持たれて当然の表現になってしまっています。

ただこれについては、歴史の中で相対化して見るべきです。当時の自民党のような保守政党の政治家には、家族制度のような日本の伝統を堅持すべきだという人もまだまだ多かったですし、革新的な人でも、都市部の資本主義社会と地方の伝統社会という二重構造論を唱えるといった具合でした。

その状況に照らしてみると、大平研究会には、男女が対等な立場で家庭生活を営むという思想がある。「専業主婦」という言葉、観念で、時代遅れ感があることは否めませんが、原ひろ子のようなジェンダー研究者もメンバーに入っていたことからすると、それまでの家族観ではない新たな家庭像を打ち立てようという気運があったのではないでしょうか。

大平としては、国が主体となった社会保障ではなくて、個人のセーフティネットとなりえる家庭を旧弊な家族観を持たない新たな人々で構築し、日本社会の未来図とするということだったでしょう。

それがあって初めて、田園都市構想も可能になってくる。言葉からはロハスのようなイメージになりますが、そういった二重構造論のような考え方とは異なる次元の発想です。

都市は資本主義社会、地方は伝統主義社会となっている二重構造を、この田園都市構想では交通と情報のネットワークを発達させることで克服しようとしていた。都市機能とコミュニティ機能を併せ持つ「田園都市」という新たな空間で、人々がいかにして日々の生活を完結できるかという、非常に挑戦的な試案でした。コロナ禍でくしくもテレワークが普及して、今日やっとその有り様が一般に理解されてきましたが、それを鑑みて、かなりの先見性・革新性があったと言えます。

課題としては結局、今日まで残り、岸田内閣が「デジタル田園都市国家構想」として再提起しています。デジタル技術で日本中を平準化することによって、都市人口の地方への分散を促進し、新たなコミュニティ作りを図る、それは確かに、新しい日本社会へのブレイクスルーとなるでしょう。

岸田総理がそのどこまでを射程に考えているのか、興味があるところです。

田園都市構想に見る「楕円の哲学」

谷口：田園都市構想についても、見るべき二つの要素があると思います。

一つは、従来の地方開発に都市再開発をプラスする。全国にそのような「田園都市」を作って、平準化すること。大平自身が『文藝春秋』一九七九年三月号に載った座談会で、「全国にできるだけ平均的な厚みを持った、いろんな機能が一応充実した生活空間をずーっと作り上げていく」と説明をしています。

その一方で、田園都市研究グループにおける「田園都市構想というのは、地域の個性を生かして（中略）基礎自治体の自主性を極力尊重していこうとするものである」という発言があります。つまり、各地域の多様性を重視しようという要素もある。

今日、どの地方に行っても同じようなショッピングモールがあるのが平準化のイメージですが、これでは従来の地方開発の域を出ておらず、大平の構想とは異なっている。開発と個性の両方を狙った点がそのユニークさです。

先ほどから私は、「二つの要素」があるとお話ししてきました。少々強引かもしれませんが、大平の考え方は、二つの異なる要素を並び立てる点にあると思います。

欧米文化の理解促進と、日本の伝統文化。家庭に対する社会保障的考慮と、家庭における個人の社会性教育という役割の付加。伝統的な家と新しい家庭の共存の模索。そして田園都市構想では、全国の平準化と、地域の多様性尊重。大平の「楕円の哲学」のまさに楕円の二焦点のように二つの要素から考える根本的発想法があったのではないでしょうか。

二つの焦点、それぞれに目配りしながら漸進的に進めていく大平的な保守主義の形が表れています。一気に変える急進的な形は取らずに、徐々に変えていく。アメリカンフットボールに例えれば、一気に距離を稼ぐパス戦法ではなく、ラン戦法で少しずつ前進する。このようなところに、大平の政治思想が形として見えます。

ダグラス・グラマン事件をめぐって

福川：では次に、大平の政治倫理問題対応について意見をお願いします。

当時はロッキード事件等、政治倫理的な問題がかなりありました。日本鉄道建設公団の不祥事は、ちょうど一般消費税導入の是非を問う総選挙直前に明らかとなり、大平政権にもダメージを与えました。

政治資金の問題というのは、いつの時代にも扱いが難しいもので、当時からさまざまな議論となっていましたが、大平も、政治資金規正をきちんとせざるを得ないと言っていました。

芹川：一九七九年に発覚したダグラス・グラマン事件では、衆議院議員の松野頼三《らいぞう》氏が衆参両院に証人喚問されました。その前には日商岩井の海部《かいふ》八郎副社長なども証人喚問になっており、国民には汚職告発の気運が高かった時代でした。

一九八〇年にはやはり衆議院議員の浜田幸一氏のラスベガス事件が表に出ました。これは汚職とはちょっと違います。一九七三年にラスベガスのカジノで四億円以上擦った浜田氏が、ロッキード事件の被告だった小佐野賢治にそれを建て替えてもらっていたという問題で、国民の眉を顰《ひそ》めさせました。

お金をめぐる疑惑やスキャンダルは、自民党政治の副産物のように続いてきましたが、当時は本当に国民を呆れさせていたと言っていい。

そのような中で大平は、「航空機疑惑問題防止対策に関する協議会」を作って、対策に取り組んで重要な報告書がそこでまとめられたけれども、それで何かが進んだという受け止め方にはならなかった。

大平は、行政の不祥事についても手を焼いています。日本鉄道建設公団問題、カラ出張などいわゆる公費天国の問題が明るみに出て、こちらからも足を引っ張られている。

これらが結局、一般消費税導入失敗の一因ともなったということで、このような一時期に重なったことは、不幸なことだったのではないかと思います。

踏み込んで追及する姿勢

谷口：大平政権が直面した政治倫理問題の最たるものは、ダグラス・グラマン疑惑でした。この解決について、大平はさしたる成果を上げることはできませんでした。ただ今回、さまざまな資料を読み直してみて、いくつかの驚くような記述を発見しました。

そのうちのいくつかは「大平日記」の中にあります。

ダグラス・グラマン疑惑について、大平は「庶民は疑わしきは罰せずで事がすむ。国会議員や公務員はそれだけではすまぬ。政治責任、道義責任が問われることになろう。今のところは捜査の進展に俟つことでよかろうがやがてギリギリの決断を迫られることになろう」と書いています。

ダグラス・グラマン疑惑で名前が挙がっていた政治家は、岸信介、福田赳夫、松野頼三、中曾根康弘という面々でした。岸、福田、中曾根を念頭に置きつつ、政治責任、道義責任を問うことを想定していた点に、まず驚きました。証人喚問された松野頼三は、実際に一九七九年七月に議員辞職して自民党を離党しています。

もう一つ、「航空機疑惑問題等防止対策に関する協議会」の時に、「公務員とか、あるいは国会議員とかいうような場合は、国民の側に知る権利がもっと強くあるんじゃなかろうか。それに対してやはり制度的に応える途《みち》がなければならんじゃないか」という発言をしています。

この「制度的に応える途」という言葉が重い。今から見れば不十分とはいえ、一九八〇年の政治資金規正法改正で政治家個人に報告義務が課されたことの先鞭をつけました。大平が総理としてここまで踏み込んで考えていたことには、正直驚かされました。

しかしながら、ロッキード事件の時に三木が積極介入して田中と泥仕合《どろじあい》になったのと同じで、ダグラス・グラマン疑惑での大平も、福田との緊張関係を刺激して、後の四十日抗争の火種にしてしまった。

芹川：大平が日記に書いた「政治責任、道義責任が問われることになろう」という言葉の意味は、「議員辞職をさせる」ということですね。国民に対しての政治的なケリをつけなければならないとして、党としてそのつけようがない。だから名前の挙がった大物たちが辞めることで、一応の解決としたかったということでしょう。

キャッチフレーズに表れた政策研究グループの価値

福川：では最後に政策研究グループについての評価をお願いいたします。

柳川：この政策グループの設置については、大平の大いなる先見性と構想力が真にうかがえるものだと思います。

今に具現化している成果を見ても、政策研究グループの役割は非常に大きかったと思います。そしてそれだけでなく、九つの各グループに対し、大平は明日に何かが変わるというような、現世ご利益的な処方箋ではなく、人を集め、しっかりと構想を立てて、より大きな成果を未来にもたらすように望んだ。そのような大平の姿勢も、後のリーダーに示すものとして評価に値するのではないでしょうか。

大平は、官邸には仕事を集めるなと言っていた宰相でした。すべて自分が決めて、自分が遂行するという手法は好きではなかった。自分で種は蒔くが、あとは集まった人たちが、水やりなり追肥なり剪定《せんてい》なりそれぞれ大事だと思うことをやって、いい果実を得てくれればいい。そういう分散型の仕組みを大事にしていました。

さらには、読書好きだったことからも分かるように、専門家や有識者の知恵に対する信頼感を強く持っていました。だから、自分の構想に沿って専門家に実現を求めるのではなくて、自分と異なる価値観や発想も取り入れられるように、構想を専門家の知恵で煮詰めていくという意識が強かったのだと思います。

大平が亡くなった後にも、研究会の意志がさまざまな形で、政策や経済運営や政治運営に大きな影響力を持ちえたのは、そのような背景からだと思っています。

また、設定した九つのテーマにも先見力が表れています。「田園都市構想」は岸田内閣に「デジタル田園都市構想」として引き継がれていますし、情報通信が発達した今日の社会では、さらに実現が待たれるものとなっています。環太平洋連帯はAPECという形になってさらに発展しようとしています。九つすべて、今でもというよりは今こそ考えなければならないことが並んでいて、大平の問題意識の持ち方に頭が下がる思いです。

これは私見ですが、九つの研究会のテーマのキャッチフレーズが、とてもセンスがいいと思います。「田園都市構想」、「環太平洋連帯」、「総合安全保障」「家庭基盤の充実」など、非常に端正で意味の通る言葉でまとまっている。

民間の知恵を尊重する姿勢

翁：各テーマが重要なのはもちろんですが、それを研究する人たちを、若い人も含めて人選して長期ビジョンに取り組んだことが見事だなと思います。

世代や発想が異なる、多様な人を集めて議論することは、大平の「楕円の哲学」の実践で、対立軸を作るのではなく、異質のものが補完し合うようにしていくというフィロソフィーも感じられます。

また、佐藤誠三郎さんが「大平は権力は控え目であるほうがいいと言っていた」と書いていましたが、このことも研究会には通じていて、民間の知恵を尊重する小さな政府的な発想もあると思います。

大平は「政治は人間的価値の実現を目指すものだ」と何かに書いていましたが、この人間的価値の優越の思想はおそらくトマス・アクィナスの影響からでしょう。九つの研究会のテーマ設定には、この人間的価値の尊重という精神が表れてもいると思います。

あえて言えば、公文俊平さんが、情報化に対する議論が足りないという点を指摘しています。今、ＩＴ化で先進国としては後れを取っている日本の現状を見て、確かにそうかもしれないと同感します。

「専業主婦」という言葉が多用されていることについても、今日的に見ると違和感がありますが、大平にしても研究会の方々にしても、その部分での見通しはなかなか難しいところもあったのだなと思います。

最後に、現在に示唆する点は非常に大きなものがあると思います。

私は、経済について、民間主導で価格メカニズムが働くように運営していくという考え方は、自由主義経済の根本だと思いますし、それに伴う小さな政府志向も、引き続き大事にすべきものだと思います。

ただ現在、コロナ禍によって、補助金など社会が政府に過大な期待を寄せている状況があります。非常時ゆえに必要ではありますが、見直すべき点もあります。今回の教訓を含めて、政府の果たすべき役割を改めて考えていかなければならないと思います。

経済と文化をセットにした未来像

宇野：大平個人の成果・業績としては、彼の悲劇的な死によって報われることはなかったわけですが、この九つの政策研究会は、国内外問わず当時の日本社会を取り巻く状況に対して、政治・経済・文化・技術を包括して打ち立てた壮大なビジョンでした。

その後四十年以上が経ちましたが、日本はこの時の課題をまだ解決しきれないまま持ち越しています。そういう意味では、今の日本社会に課された大きな宿題と言えますが、我々は果たして当時からどれだけ進歩したのか、下手をすると後退してはいないかと自らに問うことが大事でしょう。

ですからこの大平研究会は、我々が日本のこれからを考える上で、やはり思考の機軸としていくべきものだと思います。

九つの研究会全体を俯瞰して印象的なのは、経済と文化をセットにして考えるという発想です。大蔵省出身の大平にとってもちろん経済は重要だったでしょう。しかし、高度経済成長後の日本の道を模索していた彼は、これからは文化面が鍵になると読み、経済と文化を組み合わせての発展を考えた。研究会の一つに「文化の時代の経済運営研究」というグループがありますが、非常に特徴的です。経済と文化をリンクさせるという目的を共有した、かなり個性的な問題設定の組織になっている。こういう所が非常に面白いと思います。

この「文化の時代の経済運営研究会」の幹事だった公文俊平氏が、情報社会に対する議論が不足していたと語ったとのことですが、私はそれは若干ないものねだりかなと思います。基本的に大平研究会は、分権的でかつネットワーク型の秩序、社会の創造という日本社会の未来像に向かっています。中央集権的なモデルを脱却して、分権的でネットワーク型の秩序や社会を作っていくというのは、国内はもちろん国際社会においても活きてきます。この辺りが大平の「楕円の哲学」ともつながるのだと思います。確かに公文氏が言うように、情報社会の話が盛り込めたらさらによかったと思いますけれども、アイデアとしては日本がその後に迎えた情報社会と話が切れているわけではなく、つながっていると思います。やはり大変な先見の明があったと思います。

さらにこの大平研究会では、公文氏や佐藤誠三郎氏のような学者本人がその議事録や報告書をまとめていました。審議会などですと普通は、知識人を呼んで議論はするものの記録や報告として取りまとめるのは、周囲のスタッフが手際よくやってくれる。ある程度予定していたシナリオがあって、それを上書きするような予定調和的なところもあります。ところがこの大平研究会では、メンバーが全部自ら書いていた。自分たちのアイデアや知識を政治に反映させたいという知識人たちの意欲を盛り上げて、本当に上手に活用したと思います。極めて画期的でした。

またその知識人たちの人選も、議長は大来佐武郎《おおきたさぶろう》や山本七平などの大家でも、主体的なメンバーは三十代、四十代の新進気鋭の人々です。これがやはり後の時代によい効力を持っています。名簿を見ると、知識人も官僚も多くの人がその後の日本社会で活躍しています。逆に言えば、あの時に大平研究会で鍛えられた人が、この四十年近くの日本社会を動かしてきたのだという印象を持ちます。人を残すという意味では大いなる達成だったのだと思います。

そのような意味で、大平は最後は悲劇に終わってしまったけれども、大きな遺産があり、かつまた日本社会に宿題を残した。それを踏まえつつ、次の歴史に備えて我々が展望をしていく時期なのだなと思います。

未来を築く政治と問題を処理する政治

芹川：政治記者の目線で言いますと、今日の政治には長いスパンで設定される政治課題がなくなっているなと思います。短期スパンの当座的政治課題については、処理能力が上がっていて、膨大な量の仕事をこなすのですが、どうしても未来を築く政治ではなく、問題を処理する政治に見えてしまいます。目先の問題解決はもちろん大事ですが、やはり物足りない気分がしています。

大平が作った九つの政策研究会は、まさにその長期スパンで考える政治課題だった。今の政治家には、そういう未来への課題を示してほしいと思います。

もう一点は、将来を担う人々に交流の場を提供したということだと思います。本書に収録した元財務事務次官の細川興一さんのコラムにもありますが、政と学、官と民、政と官などの垣根を乗り越えて組織されたこの会は本当にエキサイティングで、その後の自分にとって影響の大きいものだったということです。

大平が作ったプラットフォームの上で、今日につながる長期スパンの政策課題が議論され、そのような場で次の世代の人が育てられた。そのような意味でも、射程の長い政策課題とそれを議論していく場を作ることの効用は大きなものがあるのではないかと思います。

後世につながる知的遺産

谷口：九つの政策研究会の内容は、一九八〇年八月にA５版、本文二段組で八〇〇ページ以上もある報告書となって、自由民主党広報委員会出版局から発刊されました。タイトルは『大平総理の政策研究会報告書』です。

大平の死は、一九八〇年六月十二日ですから、二カ月余りで大部な本にまとめ上げたことになります。驚くべき早さです。

政策研究会が九つあったわけですが、なぜ九つになったのかという点にはあまり必然性はありません。記録や回顧録によると、大平自身は「六つか七つ」という言い方をしています。自民党側から意見が出て二つに分けたりしたようで、最終的に九つになったということです。このような経緯から、報告書をどういう順番で読むべきかは判然としません。

個人的見解ですが、読み方についての補助線を引くとすれば優先順位が高い二つのラインがあると考えています。

一つは、「田園都市構想と家庭基盤充実」のライン。香山健一が中心となった研究です。今一つは、「環太平洋連帯と総合安全保障」のライン。こちらは佐藤誠三郎が中心となった研究です。この二つの軸が大平研究会のハイライトと考えています。

当時、首相補佐官であった長富祐一郎の回顧によると、研究会に誘われた学者の中には、参加を渋る人も結構いたそうです。それに対して長富らが「自民党とか大平内閣とかは忘れていただいて結構だから、どうするか考えて、人類の過去の歴史を踏まえ将来を展望して指針を出していただきたい。大平内閣で役に立たなくても結構なんです」と口説いた由《よし》。不幸にして本当に大平内閣には役に立たなくなってしまったのですが、当初からそういう意気込みで作った研究組織だったからこそ、後世につながる思想を遺し得たといえるでしょう。現代日本への大きな貢献だと思います。

また、この研究会を作ったことで、後の日本に活躍する人を遺しました。大平自身も、「自分の死後も、じわじわとその政策が浸透していく」ように「二十一世紀にかけて第一線で活躍できる三十代から四十代の人々を委員に」するように指示していたそうです。

例えばこの研究会が行われていた頃、「環太平洋連帯」に対して外務省は抵抗しました。それを先見性のある提言で説明しながら、長い時間をかけてＡＰＥＣへと漸進《ぜんしん》していく。また、研究会メンバーに入っていた次世代を担う人たちがだんだんに成長していって、研究会が遺した知恵を消化し、反対勢力との軋轢《あつれき》を消火していった。

長い射程での政策ビジョンとそれを遂行する人を遺して、二十一世紀にかけて漸次浸透させていったところを、我々は評価すべきだし見習うべきです。

第三章　大平政治の思想と評価

第一節　政治に複合力を

一九七八年十一月一日告示の「自由民主党総裁選への立候補に当たって」の政見全文。『大平正芳回想録　資料編』（大平財団・昭和五十七年）『永遠の今』（大平財団・昭和五十五年）、『大平正芳全著作集』五巻（講談社）、『硯滴考９』に収録。

はじめに——黎明にむかって

順調な戦後経営は、昭和四十年代の半ばからにわかに崩れはじめ、大地が揺れ動くような不安定な時期が続きました。国民の一人一人が、つぎつぎにやってくる衝撃を乗り切るのに、精いっぱいの日々でした。

いまなお、勤労者には雇用不安が、経営者には見通し難や円高問題が、中小企業者には構造不況や過当競争の圧迫が、農林漁業者には価格不安定や自由化の問題が、高齢者や主婦にはインフレへの不安が、それぞれのしかかっております。

しかし、それらの不安や悩みを強調しすぎてはなりません。戦後三十余年、私たちは、幾多の試練にめげず、今日までよくやってきたではありませんか。私たちが享受している自由や平和や繁栄は、先進西欧諸国に比べても決してひけをとるものではありません。営々と努力して築きあげたこれらの価値あるものを、一時の衝撃によって台なしにしてはなりません。

時代は、急速に変貌しています。

そして長く苦しかった試練を経て、ようやく黎明《れいめい》が訪れてきました。あたりはまだ闇でも、頭をあげて前を見れば未来からの光がさしこんでいます。後を向いて立ちすくむより、進んでその光を迎え入れようではありませんか。

同志諸君。

このような時期における自由民主党総裁公選の意義には測り知れぬものがあります。それは、国政の針路を決める場となり、一億国民の命運の選択に通ずるものであります。

選択は、慎重で聡明でなければなりません。私は、みなさんの選択が必ずや時代をひらく鍵となることを深く確信し、この総裁選挙が日本の新たな出発点となり、新しい政治的勢力の誕生をもたらすことを信じます。

政治姿勢——国民の合意の上に

激変する時代に、政治は機敏かつ効率的に対応しなければならない。イデオロギーの不毛な対立や硬直化した利害の対決は、政治に渋滞や混乱をきたすばかりである。

われわれは、権力志向に根ざす行政府の硬直した姿勢を戒めねばなりません。政治はつねに謙虚であると同時に、自己改革を怠らず、時代の要請に有効に応え得る構えがなければならない。

議会制民主主義、自由市場経済体制、そして現行安全保障体制など今日の社会の基本的な秩序は、いまやほとんどの国民の合意となった。いかなる施策も、これを守り、これを強化し、この上に展開されるものでなければならない。

私は、辛抱強い説得と理解、信頼と協力によってより広い合意を形成することを基本姿勢とし、しなやかだが強靭《きようじん》な、政治の確立を目指すものである。

また、行政の肥大化とタテ割り主義による非能率化を改め、安くつく効率のよい政府を実現しなければならない。とりわけ、地方政治については、行政の中央集権への傾斜を改め、地方自治体による独自で機動的な行政力に委ねるよう措置する。

基本政策——一つの戦略、二つの計画

高度経済成長の成功によって、わが国は、所得の面では世界の一流となったが、社会や生活の基盤は、脆弱《ぜいじゃく》さが目立っている。この不足面を充実し、社会や生活の質的向上をはかり、均衡のとれた国家を創らねばならない。そのため一つの戦略、二つの計画、すなわち総合安全保障戦略、家庭基盤の充実計画および地方田園都市計画を基本政策として、これらを総合的に展開することにより所期の目的を達成する。なお、これらの施策には、日本社会固有の問題解決能力を十分にとり入れるよう配慮したい。

1　総合安全保障戦略を確立する

資源と市場のほとんどを海外に求めなければならないわが国にとって、世界のどのような紛争も、その存在を脅《おびや》かす。ましてや兵器開発が極度に進んだ今日、わが国が直接の攻撃対象となった場合には、到底単独でこれを持ちこたえることは不可能であり、これまでとられてきた集団安全保障体制ですら十分ではなくなった。そのため、わが国は平和戦略を基本とした総合安全保障

体制を整え、その安全を確保しなければならない。すなわち、現在の集団安全保障体制——日米安保条約と節度ある質の高い自衛力の組み合わせ——を堅持しつつ、これを補完するものとして、経済・教育・文化等各般にわたる内政の充実をはかるとともに、経済協力、文化外交等必要な外交努力を強化して、総合的にわが国の安全をはかろうとするものである。

2 民間経済の活力ある展開をはかる

現在の最大の問題は、産業構造の転換から生ずる雇用不安と地域不況であるとの認識に立ち、それらの矛盾を経済の活力によって吸収するため、政府は、民間経済の活力ある展開を援助し、適正な経済成長の持続をはからねばならない。

なお、中長期の展望を明らかにしつつ資源、環境等の制約条件を克服するため、エネルギーをはじめとする科学技術の革新を進め、同時に産業の高度化と転換を促進する。特に農林漁業と中小企業については、その日本的特性を考慮し、たくましい経営を維持発展させるため、生産性の向上をはかる。

3 家庭を中軸とする日本型福祉社会を実現する

日本人のもつ自立自助の精神、こまやかな人間関係、相互援助の仕組みを十分に守りながら、これに適正な公的福祉を加味した公正で活力ある日本型福祉社会を建設する。わが国の家庭は、戦後の急激な変貌の余波と迫りくる高齢化社会の波に洗われて脆弱さを露呈してきた。この家庭の物質的、精神的基盤を急速に充実し、生活の質を向上して落ちつきと思いやり、ゆとりと風格のある家庭を実現するとともに、経済や社会制度上の不備を十分に吸収しうる対応力のある家庭をつくらなければならない。

より具体的には、家庭基盤を充実する総合的計画を策定し、雇用、老齢、健康、住宅、余暇、文化、教育等に適正な施策を行い、日本的な弾力性と複合力を十分に機能せしめるよう配慮すべきである。

4　田園都市を核に地方分権の政治を確立する

都市のもつ高い生産性とゆたかな田園の自然を高次に結合させ、健康でゆとりある田園都市のネットワークをつくり、地方生活圏を全国的に展開する。これによって国土の均衡ある開発をはかるとともに、税財源、雇用機会、教育文化機能を、首都東京都をはじめとする地方自治体に配分し、福祉等の行政機能も大幅に地方に委譲する。それぞれの地域に高次の自治機能をもたせ、多様な地場産業を育成、個性ある文化の花を咲かせる。

中央集権から地方分散へというこの計画は、同時に、大都市の過密の解消と生活環境の改善に関する具体策をも含まねばならない。とくに地震、火災その他の災害に対する防災、衛生、交通等の政策を充実し、大都市をそこに生まれ育った人間にとってふるさとを感じさせるようなものとしなければならない。

以上の政策運営にあたっては、社会的、経済的公正がはかられるよう細心に配慮する。とくに、税制や、行政面における不公正の放置は、国民の政治に対する信頼を著しく阻害するものであり、つねに諸施策、諸制度の見直しを怠ってはならない。

むすび――活力ある党、ゆるがない日本

わが自由民主党の活力の源泉は、党内に自由で多様な見解がつねに活き活きと息づいており、それが無数のパイプを通して日本社会のあらゆる階層、職能、地域と結びついていることである。私は、この自由でゆたかな源泉から、汲めども尽きない国民の創意とエネルギーがあふれだしてくるような政治こそ、これからの日本を戦後第二の黎明期にむかって出発させるエンジンの役を果たすものと信ずる。

このような政治を実現し、ゆるがぬ日本をつくるため、私は、わが党の基盤をかため、党勢を拡大し、リーダーシップを強化することに全力を傾ける決意であります。

同志諸君のご理解とご支援を切望して止みません。

第二節　第九十一回国会における施政方針演説

（昭和五十五年一月二十五日）

『永遠の今』（大平財団・昭和五十五年）、『大平正芳全著作集』五巻（講談社）、『硯滴考10』に収録。「大平政策研究会」が発足して約一年後の施策方針演説。

第九十一回国会が再開されるに当たり、内外の諸情勢についての見解と、これに対処する所信を明らかにいたします。

一九八〇年代の道標

我々は、いよいよ一九八〇年代に第一歩を踏み出しました。

この新たな時代の黎明に当たって、内外の情勢を展望するとき、我々は、そこに明暗二つの要素が複雑に絡み合った姿を見出すのであります。

今日の世界においては、各国相互の間の依存関係が一段と高まる中で、国際社会の多元化傾向は、いよいよ強まってまいりました。既に幾つかの地域においては、国際的緊張が異常な高まりを見せ、最近ではソ連のアフガニスタンへの軍事介入もあって、米ソ間のデタントにも微妙な変化が見られます。同時に、通商上の摩擦は増大し、国際通貨にも多くの問題が生じております。エネルギーや資源の制約も、一層緊迫化し、各国の経済は押しなべてインフレと失業の双方からの脅威にさらされております。また、発展途上国の目指す経済開発も大きな試練に遭遇しております。他方、地球社会を一つの共同体として捉え、国際協調によって、国際社会の直面する困難を打開しようとする動きも見ることができます。いずれにせよ、国際社会は複雑な要素が交錯し、一歩その対応を誤まれば、破局を招来しかねない岐路に立っていると言えましょう。

国内においては、経済の高度成長によって、豊かな生活を実現することができましたが、その成長の後遺症として、公害、資源の制約、都市の過密化など深刻な問題をもたらし、人間関係にも、様々なひずみが生じております。経済の高度成長を支えた条件は、既に過去のものとなり、加うるに社会の高齢化も進み、産業の構造や生活の様式もこれを改めなければならない状況に立ち至っております。中央と地方、政府と民間、労働者と使用者などの間を律してきた既存の制度や慣行の中には、もはや十分にその機能を果たすことができなくなり、その見直しが要請されているものも少なくありません。

しかし、同時に私は、国民の間にこうした課題に進んで取り組もうとする意欲が強まりつつあることを感ずるのであります。こうした活力を新しい時代の開拓に結集することができるかどうかが、我々の将来を左右することとなると申せましょう。

今日における人類の課題は、これまでに築き上げてきた成果をどうすれば、この困難な時代を超えて二十一世紀に引き継ぐことができるかということであります。私は、我々が二十一世紀においても、活力のある生存を確保できるか否かは、正にこの八〇年代の十年間における我々の英知と努力にかかっているように思うのであります。

この重大な岐路とも言うべき八〇年代を乗り切るため、我が国は、内外にわたり必要な改革と対応が求められております。

我々は、まず第一に、重大な試練にさらされている基本的な国際秩序を維持するために、我が国の国際的地位にふさわしい役割と責任を積極的に果たさなければなりません。そのため、内外の諸施策を整合的に展開し、国際問題に対する受動的な対応から主体的なそれへ脱皮することが、緊要な課題であると考えます。

第二に、技術の革新に果敢に挑戦し、新たな環境に適応し得るよう産業構造の改革と生活様式の転換を大胆に進めなければなりません。これによって石油に依存した体質からの脱却を図ることが当面の急務であると考えます。

第三に、これまでの近代化の精華を踏まえ、民族の伝統と文化を活かした日本型福祉社会を建設していかなければなりません。そのため、人工と自然の調和、潤いのある人間関係の創造に努めることが必要であると考えます。

第四に、これらの厳しい試練を克服する基礎的要件として、政治と行政が公正かつ清廉で、国民の信頼に応えるものでなければなりません。そのためには、政治の倫理を高め、行政の綱紀を正し、時代の変化と国民の要請に対し適確な展望を示す努力が不可欠であると考えます。

私は、この四つを一九八〇年代の道標として、内外の施策を展開する必要があると考えております。

国際社会への主体的対応

我が国対外政策の基本は、自由主義諸国との連帯関係を強化し、これを基盤として全世界に友好と協調の輪を押し拡げていくことにあります。とりわけ、日米安保体制を基礎とした米国との揺るぎない相互信頼関係が我が国外交の基軸であることは申すまでもありません。政府としては、これをより確かなものとするよう、政治、経済、文化を通ずる日米協力の増進にたゆみない努力を続けるとともに、西欧諸国を始め自由主義諸国との協力関係を強めてまいる考えであります。

私は、地球上の誰しもが強く平和を希求していると信じております。しかしながら、一部の国が、今なお、力をもって自国の立場を主張し、世界の平和と安定を脅かしている現実は、誠に遺憾と言わねばなりません。

ソ連のアフガニスタンに対する軍事介入は、いかなる理由によっても正当化できないものであります。アフガニスタンの国内問題は、同国自身に委ねられなければなりません。我が国としては、ソ連軍の速やかな撤退を求めるとともに、そのための国連緊急特別総会の決議を強く支持するものであります。

政府としては、この重大な事態の解決に資するため、米国との連帯を中軸として、欧州その他の友好諸国との協調の下に、我が国にふさわしい努力を重ねていく考えであります。我が国は、これまでも国連などにおける活動、ソ連との人事交流などの面で、その立場を示してまいりましたが、今後とも、事態の推移に応じ、内外の世論を考慮しながら、ココムによる輸出規制の強化などを含む適切な措置を検討・実施してまいる所存であります。そして、それがたとえ我が国にとって犠牲を伴うものであっても、それを避けてはならないと考えます。また、我が国として、他の友好諸国の措置を阻害し、あるいはその効果を減殺するようなことは、致さないつもりであることも併せて明らかにしておきたいと考えます。更に、パキスタンを始め、周辺諸国の安定を維持するため、それらの国の要請に応じ欧米諸国と協調して経済面での協力を積極的に検討していきたいと考えております。

テヘランにおける米大使館占拠事件は、国際社会の基本的秩序を脅かす不法行為であり、人質の拘束は、人道的にも容認し得ないものであります。私は、人質が一日も早く解放され、この事態が平和的に解決されることを強く希望しております。このため、我が国としては今後とも国連を中心とする国際的な努力を積極的に支持していくとともに、事態の推移に応じ、人質の早期解放を目的とした方途につき、米国を始め、欧州などの諸国と協調して、適切に対処していく考えであります。

毎年行われる主要国首脳会議が、世界経済の安定的な運営に大きく役立っていることは申すまでもありません。六月にヴェネチアで予定される次回会議においては、エネルギー問題を始め、国際経済上の諸問題について率直に話し合い、世界経済の安定と拡大に向かって一層努力する所存であります。

更に、東京ラウンド交渉の成果については、国会の御協力を得て所要の国内手続を急ぎ、その誠実な実施に努める方針であります。我が国の対外取引については、先にこれを原則自由の建前に改める法律改正が成立しましたが、その早期実施を目指して、所要の準備を進めております。

南北問題は、その解決がますます困難の度を加えつつありますが、国際社会の安定のためにゆるがせにできない喫緊《きつきん》の課題であります。我が国の国際的な役割を積極的に果たす立場から、開発途上国に対する経済協力は、一層充実させていかねばなりません。私は、厳しい財政事情の中にあっても、経済協力予算の拡充には特に力を入れてまいりました。そして、その実施に当たっては、受益国の意思を尊重しつつ、人づくりと農業開発並びにエネルギー問題の解決に重点を置いてまいる考えであります。

国家間の平和と友好の関係も人間同士の関係と同じく、直接の触れ合いによる相互理解と信頼が基礎であります。

私は、昨年十二月上旬に中国を、本年一月中旬に豪州、ニュージーランドを訪問してまいりました。中国においては、八〇年代における日中関係の在り方を中心に率直かつ有益な意見交換を行いました。我が国としては、日中間の平和友好関係が、アジアひいては世界の平和と安定につながるとの立場から、中国の経済建設に対し政府借款の供与を行うとともに、文化面における交流を一層深めていくこととといたしました。

豪州、ニュージーランドにおいては、これら両国と我が国は、相互補完の関係にあるパートナーとして、更に同じ太平洋国家の良き隣人として、その創造的な協力関係を発展させていく必要があることにつき意見の一致を見ました。また、太平洋を巡る地域全体の安定と発展を期するため、環太平洋連帯構想を始め、関係諸国間の多角的な協力関係を進めることについても、有意義な話合いを行うことができました。

私は、今後ともより積極的に、より主体的に、世界の各国首脳との話合いを深めてまいる所存であります。

我が国とASEAN諸国との友好・協力関係は、現在あらゆる分野で良好であり、今後ともより緊密なものとするよう努めてまいる考えであります。また、我が国は、インドシナ地域における事態を深く憂慮しており、ASEAN諸国とともにこの地域における平和の回復のための努力を続ける考えであります。インドシナ難民の救済については、資金面での協力はもとより、医療救援活動、本邦への定住促進などに一層の努力を払ってまいります。

我が国は、朝鮮半島の平和の維持と緊張の緩和を強く希望し、このための国際的な環境づくりに努力を払うとともに、現在韓国において進められている秩序ある変革への動きを歓迎し、日韓関係を更に発展させていきたいと考えております。

中東地域については、公正かつ包括的な中東和平が一日も早く実現することを切望しております。我が国としても、これら地域諸国との交流を一段と深めるとともに、その国づくりにも協力していく所存であります。中南米及びアフリカ地域についても、引き続き協力関係を進展させていく考えであります。

ソ連との関係においては、既に触れたソ連のアフガニスタンへの軍事介入に加え、北方領土におけるソ連軍の軍備増強という極めて遺憾な事態が生じております。政府としては、かかる事態が速やかに是正《ぜせい》され、領土問題を解決して平和条約を締結し、日ソ関係を真の相互理解と信頼に基づいて発展させることが可能となることを切望する次第であります。

国の安全は、外交、防衛、内政の各般にわたる総合的な施策の展開により図られるべきものであります。政府は、平和的な国際環境をつくり上げる外交努力と秩序正しい内政の充実を図りながら、日米安全保障体制を基軸として、自衛のために必要な限度において、質の高い防衛力の整備に努め、我が国にふさわしい防衛体制の確立を図ってまいる方針であります。

脱石油への構造改革

昭和四十八年の石油危機に際して、我が国は、いずれの国にも劣らない優れた対応力を発揮することができました。しかし、今日直面している第二の石油危機は、更に一段と厳しく、その対応を誤るならば、我が国経済は救い難いインフレと不況に襲われ、今日の経済水準を維持することすら至難となるのであります。

最近の石油価格は、昨年一年に二倍にも達しました。この値上がりは、国際収支の悪化、円相場の下落、更には卸売物価の著しい上昇をもたらすばかりでなく、企業経営を圧迫して経済の成長を妨げ、雇用の維持にも不安を投げかけております。

かかる事態に対処して、我々はまず、石油の消費節約を進めなければなりません。政府は、昨年五パーセントの消費節減を国民にお願いいたしましたが、更にこれを強化するため、先般、諸外国に先がけて七パーセントの節減を進める方針を固め、その具体的措置を決定いたしました。私は、国民各位の御理解と御協力によって、所期の目標が実現されることを強く期待しております。

二十一世紀を展望するならば、我々は、また、エネルギーの供給構造を、石油依存型から脱却させる戦略を打ち立てなければなりません。政府は、輸入石油依存度を現在の七五パーセントから十年以内に五〇パーセント程度に引き下げることを目標として、代替エネルギーの開発にできる限りの頭脳と資金を傾注してまいる考えであります。原子力につきましては、安全対策の強化を図りながら、原子力発電の推進と新型炉の開発に努めるとともに、核拡散の防止に協力しつつ、自主的な核燃料サイクルの確立を図ってまいります。同時に、環境保全に配慮しながら、石炭液化、太陽熱、地熱などの新エネルギーの開発利用などを進めてまいります。そのため、昭和五十五年度においては、エネルギー関連予算について三一パーセントという大幅な伸びを確保するとともに、新エネルギー総合開発機構を設置するなど、その推進体制を整備いたしつつあります。

しかし、当分の間エネルギー源の多くを石油に依存しなければならない我が国としては、まず石油供給の確保が緊要であります。政府は、消費国間の国際協調を保ちつつ、産油国との相互協力関係の推進などにより、石油供給源の多角化に努めております。石油の備蓄は、昨年末で九十九日分に達し、灯油その他の石油製品についても十分な在庫を確保しておりますので、当面、その供給に不安はないものと考えます。

次に、石油価格との関連から、物価について申し述べたいと思います。石油価格の上昇は、端的に言って、我が国から産油国に所得が移転することであり、この負担の増大は、経済の各分野で適正に分担してまいらねばならないものであります。私は、企業や労働組合を始め、全国民がこの点に正しい理解を持ち、節度のある態度をとることが肝要であると考えます。もちろん、政府としては、石油価格の上昇に伴う便乗値上げなどの不当な行為を厳重に監視するとともに、電力、ガスなどの公共料金については、経営に徹底した合理化を求め、その値上げは、真にやむを得ない範囲にとどめる考えであります。その他生活関連物資についても、その供給の確保、価格動向の監視、流通機構の合理化などの対策を推進してまいります。

物価の安定こそは、国民生活の安定の基礎をなすものであります。政府は、景気・雇用の維持にも留意しつつ、当面、特に物価の安定を重視して、機動的な経済運営を行っていく方針であります。

他方、我々は、省エネルギーを目指す産業構造の改革を積極的に進めていかなければなりません。エネルギー関連技術を始めとする技術革新を積極的に進め、これを原動力として産業構造の高度化を推進することが目下の急務であります。中小企業につきましても、その特性を活かしつつ、こうした厳しい環境変化に対応できるよう、その対策には一層真剣に取り組んでいく所存であります。

農業については、食糧の安定的な確保が国政の基本であることに思いを致し、需給事情、エネルギー事情などの厳しい環境に対応して、八〇年代の農業の進むべき方向を明らかにしつつ、生産性の高い近代的農業経営を中核に、食生活の動向や地域の実態に即して農業生産の再編成を推進し、これを通じて自給力の向上を図ってまいります。また、森林資源の整備と林業の振興に努めるとともに、二百海里時代に即して、周辺水域内漁業の振興と漁業外交による遠洋漁場の確保に努めてまいります。

二十一世紀へ向けての国づくり

私は、文化の時代に対応した二十一世紀へ向けての国づくりの理念として、田園都市国家の構想と家庭基盤の充実を提唱し、日本型福祉社会の建設のための方策を検討してまいりました。今日、平和と自由と豊かさの中で、多くの人々がそれぞれの個性と創造力を伸ばし、真の生きがいを求めている姿は、正に文化の時代にふさわしいものと思います。

二十一世紀へ向けての国づくりの基本は、人々の創意と活力が十分に発揮されるようその環境を整えることにあると信じます。

私は、田園都市国家の構想を進めていくに当たっては、かかる考え方に立ち、活力に満ち、快適な環境を備えた多様な地域社会の形成を目標として、都市においては、災害からの安全の確保にも配慮しながら緑に満ちた都市づくりを進め、農山漁村においては、文化的にも魅力ある村づくりを推進いたしたいと考えております。

その具体的展開に当たっては、それぞれの地域社会の特性と自発性を尊重しながら、第一に、自然の緑の活用、都市と田園をつなぐ緑の造成、暮しの中の緑の再生を図ることにより、自然と人間との調和を期してまいります。第二に、芸術、社会教育、体育など各種の文化施設の充実と活性化を図り、指導者の育成などを通じて、地域における文化活動の展開を促進してまいります。第三に、適地技術の開発を進め、多彩な地域産業の振興を図り、各地域に魅力ある就業機会を確保してまいります。なお、沖縄については、特に地場産業の育成など振興・開発のための施策の充実を図っていく考えであります。

社会の原点は家庭であります。私は、この家庭が自らの努力と選択によって、個性豊かで、落ち着きと思いやりに満ちた場となることを期待いたします。

家庭の基盤を充実させるものは、何よりも居住環境の改善であります。政府は、地価の安定を図りつつ、住宅、地域環境の質的充実に特に意を用い、とりわけ、大都市においては、その再開発を積極的に進め、高層化や新住宅技術の開発・活用を図り、住宅規模の拡大、三世代向け住宅の普及など家族構成に適した住いの整備・充実に努めます。

今日、多くの国民の関心は老後にあります。私は、高齢化社会に備えて、年金及び医療に関する制度の整備を進めるとともに、昭和六十年度を目途《めど》に六十歳定年を実現し、併せて高年齢者の就業機会の拡大を図ってまいります。また、生活をゆとりと潤いのあるものにするため、昭和六十年度までに週休二日制の普及などを含めて、西欧諸国並みの労働時間を目指すとともに、健康の維持・増進、福祉施設の地域開放、ボランティア活動などを支援する措置を講じてまいりたいと考えます。更に、婦人の生活設計の多様化に対応して、就業条件の改善、文化活動への参加機会の拡大などにも努めるほか、心身障害者、母子家庭などについても、きめ細かな配慮を致す所存であります。

私は、子供は未来への使者であり、文化の伝承者であると思います。その健全な成長に資するため、児童福祉施策の充実を図るとともに、ゆとりある学級編制を推進し、教育の諸条件を改善して、教育の自発性と活性化を促したいと思います。また、私は国民の多くが、生涯にわたって自らを啓発し、それぞれの能力と個性を伸ばそうという最近の傾向を高く評価し、そのための諸条件の整備と充実には特に力を入れてまいりたいと考えます。

また、二十一世紀に向けて、宇宙、海洋などの新分野の研究開発を積極的に進めるとともに、世界各国の協力を得て、未来の科学技術に対する社会の理解を深める機会をつくることにも努力してまいります。

政治と行政の対応力の回復

政治と行政が適切に機能し得る基盤は、申すまでもなく、これらに対する国民の信頼であります。

しかるに、このところ政治と行政に対する信頼を損なう事例が相次いで発生しました。最近、防衛庁において発覚した秘密漏えい事件は、国の安全にもかかわる問題であり、誠に遺憾と言わねばなりません。政府としては事件の徹底的な解明を急ぎ、綱紀の保持に一層厳しく対処するとともに、かかる不祥事が二度と発生することのないよう再発の防止に全力を挙げてまいる所存であります。また先般、いわゆる不正経理問題を巡る一連の事件に関連して、経理処理の厳正化、勤務体制の適正化、官公庁間の接遇の自粛等の綱紀を正す具体的措置を講じました。政府は、これらの事例を真剣に反省し、綱紀の保持こそあらゆる施政の原点であるとの認識を持って、絶えず自らを厳しく戒め、行政の規律を正していく決意であります。

政治倫理の確立については、既に明らかにしたとおり、政治資金の明朗化、企業倫理の確立、行政における公正の確保、制裁法規の整備強化などを重点に準備と検討を進めております。公正で金のかからない選挙制度の実現についても、国会との緊密な連携の下にその基本的在り方を始め、選挙運動の規制などについて鋭意検討を行っております。贈収賄罪《ぞうしゅうわい》の刑の引上げを内容とする刑法の一部を改正する法律案は、近く国会に提出いたしますが、その他の関係法規についても、成案を得次第国会に提案する方針であります。また、政治家の資産公開、政治家の倫理憲章などについては、ことの性質上、国会の審議・検討を俟《ま》ちたいと考えております。

行政の改革につきましては、政府は、国民の強い要請に応えて、簡素で効率的な政府を目指して、不断の努力を続けてまいる決意であります。昭和五十五年度はその第一歩として、相当規模の改革を実施に移すことといたしました。

まず、来年度から向こう五か年の間に、三万七〇〇〇人を超える国家公務員の定員削減を実施するとともに、行政需要に応じた定員の再配置を進めてまいります。

特殊法人の整理については、今後数年間に一八の法人の統廃合を成し遂げるほか、役員数の一割縮減などを進めることといたしました。地方支分部局の整理・合理化については、管区行政監察局、財務局、地方貯金局などを含めブロック単位に設置されている機関を対象に再編成を実施すべく三月末を目途に具体案を決定することとし、県単位の出先機関についても、六月末までにその整理・合理化の計画を決める方針であります。また、約一二〇〇に上る許認可事項の整理に取り組んでまいりましたが、更に昭和五十五年度末までに約一五〇〇に上る報告事項などにつき、その廃止ないし簡素化を進めてまいります。補助金等については、今後四年間に件数にして少なくとも、その四分の一を整理する方針で努力してまいります。

なお、国家公務員について、退職手当を民間の実態の調査結果に基づいて改定するとともに、昭和六十年度を目途に定年制を実施するとの方針の下に鋭意準備を進める考えであります。

財政につきましては、公債に対する過剰依存の体質を改め、八〇年代に向けてその対応力を回復するため、昭和五十五年度の予算編成において、公債発行額を前年度に比べ一兆円減額することにいたしました。また、歳出規模は、前年度予算に比して一〇・三パーセントの増加、なかんずく一般歳出については五・一パーセントの増加に抑え、最近二十年間で最も低い水準にとどめました。更に、歳入面においては、新規の増税を避け、企業関係の租税特別措置の整理などにより必要な財源を確保することとし、財政再建の第一歩を踏み出したところであります。政府としては、国民の理解を得ながら、今後数年間に財政の再建を成し遂げる決意であります。

また、国と地方自治体との事務の配分の見直しを進めるとともに、地方においても、行財政の整理・改編を進め、新しい地方の時代に対応した真に活力ある行政が展開されるよう期待いたしております。

最近、いわゆる情報の公開と管理についての論議が高まっております。政府は、これまでもその改善に努力を重ねてまいりましたが、今後とも情報の円滑な提供と適正な管理を図るため鋭意検討を行い、所要の改善措置を講じてまいる所存であります。

結び――勇気ある前進

七〇年代を振り返ると、我々は、公害、エネルギー供給の不安、国際摩擦の多発など、数々の大きな試練に遭遇いたしました。幸いにして、我が国は、時代の変化に対する国民の類い稀な適応力によって、これによく耐え、諸外国にも誇り得る成果を収めることができました。

私は、一九八〇年代に船出するに当たり、この七〇年代に得た自信と教訓を活かしながら、国民との合意の上で我々の進路を選択し、揺るぎない社会の建設に向かって勇気ある前進を続けることを誓うものであります。

日本人の優れた資質とひたむきな努力こそ、未来を切り拓く力であります。いまこそそれを社会に根付かせ、育て上げることにより我々の未来を確かなものとし、人類の文化に貢献してまいりたい――これが私の願いであります。

国民各位の御理解と御協力を願ってやみません。

第三節　大平正芳の政治姿勢

佐藤誠三郎

公文俊平・香山健一・佐藤誠三郎監修の研究書『大平正芳 政治的遺産』（大平財団・平成六年）の主論文。『硯滴考3』に収録。

はじめに

近代日本で、本格的な保守主義者であることは、容易ではない。第二次大戦後はとくにそうである。生活態度としての保守的態度、つまり特定の行動様式や生活様式を繰り返そうとする態度は、いつの時代にも、またどの社会にも広く見られるものである。カール・マンハイムはこれを、人間の本性に根差した「伝統主義」と呼んだ。(1) しかし思想としての保守主義は、フランス革命と産業革命を契機にして、つまり近代化の出発とともに生まれたものである。思想としての保守主義を生み出した直接的契機は、人間の理性と計画能力と徳性とにたいする過大な信頼を基礎とする理想主義・急進主義の出現である。急進主義者は、フランス革命の指導者やマルクス主義者に典型的に示されるように、人間の完全性（パーフェクタビリティ）を信じ、理想社会の青写真を描き、その実現に向かって突き進もうとした。思想としての保守主義は、このような急進主義にたいする懐疑として出発したのである。保守主義者は、人間の不完全性を自覚し、理性や計画よりは、歴史によって鍛えられ、時間の経過に耐えて生き延びてきた、伝統の中にひそむ叡知を尊重し、環境の変化にたいしては漸進的・部分的に改善を積み重ねることによって、対応しようとする。(2)

このような思想としての保守主義は、産業化の先発国であるイギリスで最も典型的に見られた。しかし、日本のような後発国、とりわけ先発欧米諸国と文化的伝統を著しく異にする後発国の場合、思想としての保守主義の成立はきわめて困難である。なぜならば、これらの非西洋後発国の場合、近代化の努力は、伝統を基本的に否定する形で行われなければならなかったからである。日本でも、戦前からいわゆる保守政党と急進政党（自由民権運動左派から社会主義政党までを含む）との対立は存在した。保守政党が現実主義的であり、急進政党が理想主義的であるという点も、欧米と基本的に共通していた。しかし、欧米を手本とし、欧米の制度・文物を導入し、一刻も早く欧米に追いつかなければならない、そのためには日本の伝統的制度・慣行を基本的に変えなければならない、という点では、保守政党も急進政党も本質的に同じであった。ただ急進政党がより純粋・非妥協的に欧米モデルを導入しようと主張したのにたいし、保守政党は現実の要請により柔軟に対応して、欧米モデルと日本の現状との無原則な折衷・妥協をいとわなかった。近代日本の知識人の間で、保守主義が「守旧」「無原則」といったイメージで捉えられ、それへの批判が支配的であったのは、決して偶然ではないのである。

第二次大戦の敗戦と、アメリカ占領軍の指導による改革に始まった戦後では、この傾向はいっそう強まった。敗戦は、単に軍事的敗北としてだけでなく、道徳的・価値的・文化的敗北として多くの国民に捉えられた。したがって、伝統への懐疑・批判はいっそう強まったのである。戦後における保守政党と急進政党との対立は、東西冷戦を反映して、アメリカを中心とする西側体制に与《くみ》するか、ソ連主導の東側共産主義体制を支持するかという形をとったが、伝統否定という点では両者とも戦前よりさらに顕著であった。その上、戦後の経済成長が国民の生活水準の向上をもたらし、また日米同盟が日本の安全を保障した結果、圧倒的多数の国民は伝統否定的な戦後改革（それは独立後若干の手直しを経たが）を支持するようになったのである。アメリカ占領軍が起草し、基本的に伝統否定的な憲法が、日本国民の間に定着したことは、このような事態の推移をよく示している。したがって、戦後日本で思想としての保守主義を体現することは、きわめて困難だったのである。[3]

大平正芳が戦後日本の政治家の中で、さらにいえば戦後日本の知識人一般の中で、とりわけ注目すべき存在であるのは、戦後日本の政治の中枢で永く活躍しながら、彼がまさに例外ともいうべき本格的な保守主義者であった点にある。本章の課題は、大平正芳の保守主義の基本的特徴を分析し、その意義を明らかにすることにある。以下では、彼の保守思想を、（一）人間観と社会観、（二）政府と国民との関係、（三）政治手法の三つに分けて考察する。課題をこのように区分するのは、第一に、思想としての保守主義を問題とする以上、人間とその社会についての基本的考え方がまず検討されなければならないからである。また保守主義はなによりも政治に関わる心の構えであり、政治（とくに民主政治）は、治者ないし政府と被治者ないし国民との関係を主軸として展開されるからであり、そして第三に、政治運営の手法と政策実現のプロセスのなかに、保守主義の特質がとりわけ鮮明に現れるからである。なお大平正芳が、なぜそしてどのような経緯によって、例外的に本格的な保守主義者となりえたのかという問題は、きわめて興味のあるテーマであり、大平の思想を理解するうえで重要ではあるが、紙数と資料と私自身の能力および時間の制約により、ここでは省略する。また、大平正芳の思想の変化を時代とともにたどることも、ここでは行わない。それは大平の女婿であり、秘書官として長く彼に仕えた森田一が指摘するように、「学生時代から大蔵省の役人時代のかなり早い時期に（大平の）基本的な考えは固められた」と考えられるからである。(4) 大平は若い時から晩年まで、自ら筆をとって含蓄《がんちく》のある優れた文章を、多く書き記した。たくまざるユーモアを湛えた重厚・透徹したその文章自体が、成熟した保守主義者としての大平正芳の面目を見事に示している。本章で、大平の文章や発言を多く引用したのは、大平をして大平正芳を語らせるのが、彼の保守主義とそれに基づく政治姿勢を理解するのに、最適の方法であると信ずるからである。

一　人間観と社会観

人間は基本的に不完全なものであるというのが、大平正芳の人間観の基礎となっていた。「大体人間というもの程完全でないもの、欠点の多いものはない。神様はよくも、このように欠点の多い人間を、とりどりに創造したものだと驚くのである」[5]「人間というのは、そんなに立派な存在ではありません」[6]といった発言を、大平は繰り返し行っている。したがって、不完全な人間によって構成される人間社会が、理想状態に達するなどということは、大平には考えられなかった。「もともと世界は、われわれを満足させるようには構成されていないようです。世界は特にわれわれに悪意も好意ももってないようです。問題はわれわれがこの世界をどうするかということであり、世界は受け身の形でそれを見守っているようです。永い人類の歴史を通して、われわれの先人は、いつの時代においても苦悩と苦闘を重ねてきたのです。何度も何度もその改革を試みては失敗してきたのです。たまに改革ができたと思って喜んだ瞬間、また新たな苦悩ができ、みんなが幻滅に泣いたのです。われわれは、こういった苦悩の深淵にいつも生きておったし、今後もそれから脱却することはできないと観念するより他に道はないようです」[7]「本来、歴史というものは（……）最終的解決なるものはないのであって、暫定的解決を無限に続けていくのが歴史だと思うのであります」[8]。このような大平にとって、理想社会の実現をめざす社会主義や革命理論は、「貧血した」思想であり、「思い上がり」もはなはだしいということになる。[9] ここに現されている大平の人間観・社会観は、まさに思想としての保守主義の神髄《しんずい》を示すものである。

大平の場合、しかし面白いのは、人間の不完全性をむしろ積極的に捉えていることである。大平はいう。「聖書によれば、神様は、人間を自己の姿に形どって創造したとある。神様はつまりその愛惜する唯一の子として人間を創造されたのだ。如何様《いかよう》にも創り方があった筈だのにその無限の可能性の中から、態態《わざわざ》今日われわれがまのあたりに見るような姿に人間を創造されたのだから面白い。神様はその唯一無二の傑作として人間を創造し、人間の歴史を創出されたわけだ。それ程神様が目をかけている人間は、謂わば、欠点だらけというわけである。しかし私は、どうも神様の秘義が、この欠点の中に隠されているように思われてならない。若《も》しも人間が、完全かまたは完全に近く創られていたならば、一体この世の中はどんな姿になるであろうか。恐らくそれは驚く程退屈な世の中であるに違いない。（……）世の中は火の消えたように退屈で、無聊《ぶりょう》を凌ぐのに困ってくる。土台、完全といい、円満具足というような言葉自体が消え去ってくる。倫理というものがなくなるのである。人間はその技能を磨き、品性を陶冶する必要がなくなってくる。それでは全くたまったものではない。欠点というものは、そのように歴史の原動力であるわけだ[10]」。人間の愚かさや欠陥を鋭く透視していたが故に、大平は人間に深い愛着と尽きせぬ関心とを抱いていたのである。

人間の欠点が歴史を動かすのであれば、歴史の変化は進歩や定向進化とはおよそ程遠いものであろう。「世界は特にわれわれに悪意も好意ももっていない」「歴史は、もともと盲目である」[11]、しかし人間が不完全であるからこそ人格的向上が可能であり必要でもあるのと同様、歴史が特定の方向に進歩・発展する保障がないが故にこそ、人間の努力が重要なのだ、というのが大平の基本的な歴史観であった。大平は語る。「人間は強くないし、愚かでもある。そういう諦観がありますな、私には。しかし、そこでとどまってはいかんわけで、いずれ枯れる朝顔でも毎日水をやるでしょ。そういう気持ちを大事にしたい」[12]。「フォルトナァ（運命）」「ネチェシタ（合理的手段）」および「ヴィルテュ（徳）」というマキァベリーの三つの基本観念を引用して、大平は次のように述べている。「われわれはわれわれを廻る非合理な運命に挑戦することはできない。その氾濫《はんらん》を防ぐためにせいぜい堤防を築き治水工事を施すことができるに止るのであって、その流れをせき止めてしまうなどということは思いも及ばぬことである。その動きの真髄を諦視することができればこれに対する合理的処置が明らかになり、これを遂行することによってのみ、人間は最高の徳を実現するに至るのである。つまり彼（マキァベリー）の言わんとするところは、直線的にいきなり最高の徳の具現を仰望してもそれは人間の世界においては不可能事であって、われわれは人間の世界に非合理におおいかぶさっている運命の重圧を思い併せなければ、最高の徳に至る合理的手段がでてこないのだというのである。マキァベリーにおける権謀術数と力の支配は、今述べたようにつねにその反面における運命の氾濫を防ぎとめるための死闘を意味すると解してはじめて、マキァベリズムの真骨頂が理解される」[13]。大平にとって、歴史とは、その形成の動因に即すれば、人間の理解を超えた運命と人間との格闘のドラマだったのである。

言葉を換えていえば、運命とは過去から続く引力であり、人間の努力は未来を切り開く力である。若き日から愛読した田辺元の『歴史的現実』に即して、大平は次のように述べている。「先生（田辺元）によると時間というのは、いつも現在であって、その永遠の現在こそは、常に未来を志向する力と過去に執着する引力との二つの相反した方向に働く力の緊張した相剋とバランスの中にある（……）現在こそはわれわれにとって、無限の選択の可能性の中で選ばれた唯一のものであり、かけがえのないものである。したがってわれわれは、この現在に真剣に取り組む以外に生きる手だてはない。しかもその現在は、未来と過去との相反した方向に働く力の相剋の上にあるのだから、過去的な引力を無視して未来をのみ志向することは、いわゆる革命となり、未来に目を蔽い、過去にのみ執着することは、いわゆる反動となる」[14]。ここには、過去を無視する急進主義と、未来を拒絶する反動主義への、保守主義の立場による明確な批判がある。田辺元がこの本でいった「永遠の今」は、大平が終生最も好んだ言葉の一つであった。

人間の不完全性を深く自覚しており、それ故にあるがままの人間に愛着を抱いていた大平は、一見問題があるような他者の行動についても、バランスの取れた判断を行い、その時々の支配的価値判断に追随して一刀両断的に否定しさることはなかった。揮毫《きごう》を頼まれた時、大平がよく書いた言葉に「不責人小過（人の小過を責めず）不思人旧悪（人の旧悪を思わず）」というのがあったが、性悪説を前提とするゆえに、大平は他者にたいして寛容であったのである。

片山哲内閣が成立した時、矢野庄太郎大蔵大臣が、初登庁の日に大蔵省職員に訓示して、「ともすれば諸君は役所の白紙で鼻をかまれる場合がありますね。若しその紙が白い紙で而《しか》も役所の紙でなくて、自分の紙であったとしたならば、果してその紙で鼻をかむかどうか考え直してもらいたい」と述べたのにたいし、大平は「なかなか味のある訓示」といいながらも、「聞いていた若い役人衆にどれほどの共感をかち得たかは判らない」と批判し、次のように述べている。「もともと人間は自分の物は大切にするものである。学校の机とか椅子とかは粗末にするが、自分の机や椅子は大事にする。公園の樹木は平気で切り倒すけれど、自分の家の庭木は大事にするものである。それは確かに悪いことには違いない。然《しか》し人間というものは、もともとそのように不都合に出来上がっている訳だ。お金についても同様のことが言える。自分の金は大事にするが、公の金は案外粗末にするものである。国のお金とか、公共団体のお金とか、会社のお金とかいうようなものは浪費され勝ちなものである。これも悪い事には違いないが、我々が日常経験する厳然たる事実である。この事を頭に入れずにおいては、財政というものをまともに考える事は出来ない」(15)。人間の不完全性、さらにいえば性悪説を前提にしなければ、まともな政治や行政は行えないというのが、大平の確信であった。遼《りょう》の名宰相耶律楚材《やりつそざい》の「一利を興すは一害を除くに如《し》かず。一事を生《ふ》やすは一事をへらすに如かず」という言葉を、若い日から大平は行政・政治の基本的格率としてきたが、それはまさにこのような人間性にたいする透徹した理解によるものであった。

戦時中、興亜院蒙疆《こうあいんもうきょう》連絡部経済課主任として張家口に赴任し、軍人の横暴にたいし強い批判の念を抱いた大平は、しかし戦後、流行となった反軍的潮流にたいしても同調せず、戦争の記憶のまだ生々しい一九五三年に次のように述べている。「軍人にも学ぶべきところが多くあった。物事の判断が、役人や商人の場合には、どうしても専門に捉われ勝ちであるが、軍人の判断には、専門家に見られない全局的判断が間々《まま》見られた。又だらだら小田原評定をするということが軍人は嫌いで、どの問題についても、必ず一つの『判決』（彼等は書類の最後の結論にこういう言葉を使った）を求めた。又人格的にも玉のように澄み切ったいい人があった。終戦後の反動として一概に軍人を悪くいうのには、私はくみし難いのである(16)」。

また香川の中農の家に生まれた大平は、地主が、肥料商・金融業も事実上兼ねて、一般農民を支配・収奪している状態にたいして、強い批判・反撥を子供の時から抱いていた。しかし彼は、同時に、地主が地域の発展に積極的な役割を果たしてきたことも、決して見落とさなかった。大平はいう。「尤《もっと》もかような地主を一概に非難するのは当たらない。地主金融の方式は、当時の農村にとっては、かけ替のない金融方式であったし、地主の中には本当に親切な人々もいた。彼らは恩情を傾けて、輩下の百姓衆がそのなりわいを維持して行けるように、こまごまとした配慮を怠らないで、慈父のように敬慕されている方も少くはなかった。そして又その地主の家族も謙遜であり質素であって、自ら率先して勤倹貯蓄の先達になっていた人も多かった。水害が起きて、池塘《ちとう》や、田地が流された場合においては、政府の力を俟つまでもなく、地主自ら相当の復旧費を支出してくれたりした。（……）地主の没落とともに、土木事業の一切の責任は中央地方の政府の責任になってきたし、地元においてもそれを当然だと考えるようになってきた。ところが川や道路がこわれて困るのは役人ではなく地元の人々である。又川や道路や用水路の復旧に一番熱意を持つのも役人衆ではなく地元の人々である。そうだとすればその人達が、たびたびの陳情によってちょっぴり予算の分け前にありつき、役人衆の悠長な工事ぶりを傍観する姿は決して本来の在り方ではない様に思われる。私はこの頃になって、しみじみと地主の功罪を考えさせられるのである[17]」。

このような保守主義者大平正芳にとって最大の思想的問題は、保持すべき日本の伝統の乏しさであった。日本の政治家としては、例外的に読書家であった大平は、多忙をきわめた生活の中でも、毎週のように本屋に立ち寄り「新刊書の新鮮な香りと、それを手にした柔らかい触覚」をこよなく愛した。大平は、政治や経済の現状分析についての文献よりは、哲学書や歴史書、とりわけ「歴史の風雪に耐えて、しかし依然強い光彩と生命力を放つ（……）珠玉のような古典」を愛読した。このような読書態度にも、人間のさかしらな構想や計画には疑念と不信を持ちながらも、歴史の中で蓄積され、磨かれてきた伝統の叡知にたいしては、深い敬意を払うという保守主義の精髄が表れている。しかし大平は、日本の伝統の底の浅さに慨嘆せざるをえなかった。大平は語っている。「日本人の本よりは、どうしたものか、訳本の方が読み応えのする本が多いように思う。構想の壮大さ、方法論の雄渾《ゆうこん》さ、引例の豊富さ、タッチの勢い等において、西欧物の方がすぐれているものが多いように思われてならない。そしてそれは、欧米人が自ら築きあげた欧米文明に誇りと自信をもっているせいではないかと考えられる。中国の古典も、欧米のそれとは全く異質のものではあるが、それ自体われわれの肺肝《はいかん》をうつ力をもっている。そこには欧米人の思想の紹介もなければ受売りもない。中国人固有の思想が大胆に吐露されて、迫真の魅力をもっている。それらに比して日本人のものには、この東西両文明の流れのいずれかに沿って、よくいえばその忠実な紹介、悪くいえばその模倣という域を、未だ十分には抜け出ていない憾みがある。つまり、みずからの文化に対する誇りと自信に乏しいからであろう。その（西欧と中国の）いずれにも決めきれず、ユニークなみずからの姿も発見しきれず、東西の間に無闇に彷徨しながら老いてゆきつつあるのが、多くの日本人の姿ではないか（……）われわれ日本人の精神の渇きは（……）いっこうに癒されることもなく、みずからの思想と生活の投錨点をどこに見出すべきかも決めきれず、依然として彷徨と苦悶を重ねている有様である。真に日本的なもの、われわれが誇りと自信を持ち得る固有な日本思想は、いったい何かという課題は、政治においても、経済においても、さらにはより深く文化の世界においても、発掘され確立されていない現況である。この苦悶は日本人に根深い焦燥心をかりたてていると見えて、日本ほど刊行物の多い国はない。新刊書籍はまさに汗牛充棟《かんぎゅうじゅうとう》、応接にいとまがないほどである。自然日本人は乱刊乱売乱読となる。その後に沈澱するものは、大いなる誇りでもなければ自信でもなく、また満足でもない。虚ろな精神の渇きだけが、いつまでも残るという始末である(18)」

「歴史のない民族には未来がない[19]」と確信する保守主義者大平にとって、近代日本のこのような現状は、深刻な問題であった。そして冒頭に述べた事情により事態がいっそう悪化した戦後の日本の実態は、大平にとってとりわけ重大であった。大平はいう。「戦後におけるわが国の政治状況はまことに奇妙な状況にあるといえよう。それは大胆にいってしまえば、国の進路の喪失ともいうべき事態である。太平洋戦争まで永い間日本の国と社会を支えていた秩序と倫理の体系は、敗戦を機としてもろくも崩壊してしまったかに見えた。それだけではなく、これらの旧秩序と旧倫理は日本を戦争に導いた悪だということにされてしまった。しかもこれらに代わるべき新しい倫理と秩序が生まれたかといえば、そうではない。このことが戦後の日本を一層混迷に追い込んできたといわなければなるまい[20]」

しかし大平は、ただ慨嘆し、絶望していたわけではない。日本の現状にたいし前述のような批判的・悲観的判断を抱きながらも、「日本人はそんなお粗末な民族じゃない[21]」と大平は信じていた。その根拠は、何よりもまず、すぐれた日本人が事実として存在することであった。尊敬する先輩・知人を讃える感動的な文章を、大平は数多く残しているが、このような少なからざる数のすぐれた日本人が事実として存在し、その知己を得たことは、大平の日本にたいする基本的な信頼感を支える第一の基礎になっていたものと思われる。また大平は、自分の生まれ育った故郷をこよなく愛し、伝統社会に生きる慣習や行事に深い愛着を持っていた。当時の農民生活の厳しさを語りながら、同時に大平は「農民にはそれ相応の楽しみがあった。少年時代の私にも数々の甘美な思い出がある。そしてその多くは、祭日や休日と結びついている。（……）それぞれの祭りには、それぞれの個性があった[22]」と懐かしく回顧している。個性的で伝統に深く根差した日本の祭りと比較して、一九五一年に初めてアメリカを訪れた際に見出したアメリカ人のレジャーの過ごし方は、大平にとって余りに単調に思われた。大平は次のように指摘している。「私は、先年（一九五一年）、アメリカ各地を旅行して、アメリカ人の生活がいかにも単調なのに驚きもし、その単調な生活に耐えられるアメリカ人の神経の太さに敬服もした覚えがある。アメリカ人の生活というのはたとえば『活字』のようなものである。月、火、水、木、金の五日は一生懸命に働いて、土、日の二日は大いに享楽する（……）しかしその享楽の仕方が、映画や演劇、ドライヴその他であってはたからみていても、与えられた一定の時間を、どうして有効に経済的に享楽するかということが主眼になってい（る）」。これにたいして、日本人の享楽の仕方は多様であり、「これを文字にたとえれば、不規則に書きなぐった『肉筆』の字のようなものだ[23]」。当時アメリカを訪れた日本人は、比較を絶して豊かで自由なアメリカの生活に圧倒されるのが通例であったのに比べて、大平の反応はこのようにきわめて個性的だったのである。その最初のアメリカ旅行で、はじめてワシントンを訪れた大平は、この人工的な都市について、「（ワシントンは）明るい美しい街だが、どうしたのかこの街は単調でこまやかな潤いというものが乏しい。日本の街が肉筆の字にたとえられるとするとこの街は正に活字にたとえられよう。概してアメリカの文化はこの首都の相貌が象徴しているように、能率と衛生という二つの筋金で貫かれていて、いわゆる

『こく』とか『さび』というような属性に乏しい[24]」とその感想を記している。ここには、敗戦にうちひしがれた貧しい日本が、なお保持してきた文化の蓄積にたいする、大平の深い自信が示されている。

日本にたいする大平の希望の第三の根拠は、敗戦の打撃から見事に回復した日本民族の活力である。「もはや戦後ではない」といわれた一九五五年に、大平は故郷の高等学校で「祖国に誇りを持て」と題して講演をし、高校生たちに次のように訴えている。「私は諸君に、われわれの先祖の営々たる勤勉と努力によって、敗れたりと雖《いえど》もわが国が依然世界の一等国の列に列する資格を保有していることに感恩の念を新たにすると共に、わが国にたいする大きい誇りと自信を強められるよう希望してやまないのであります。昭和二十年八月十五日、わが国は太平洋戦争に敗戦を喫しました。陸海軍は壊滅し、都市は大部分焼け、多くの同胞は死に、食糧その他の必需品は窮迫し、国民生活はメチャメチャになりました。その当時、十年たつと日本は今日のように復興すると予想した人は恐らくは一人もなかったろうと思います。それが、今日のあたりに見る日本は戦前以上によくなりました。（……）戦争は多くの物的設備を焼却し滅失せしめました。しかし、日本人の精神と頭脳は、結局、これを焼き尽くすことができなかったのであります[25]」

近代日本の文化状況の貧困さにたいし、すでに述べたように痛切な自覚と批判の目を持っていた大平は、しかし日本文化の将来の発展について、次のように楽観的な見通しを述べている。「日本人みずからの生活にとけ込み、これを規律し、これを鼓舞する思想は、その源流が洋の東西いずれであろうとも、日本人の血となり、やがてそれが成長して、日本人みずからの壮大な思想と生活と文化を生む契機になるのではなかろうか[26]」。保持すべき伝統を自国の過去に見出しえなかった保守主義者大平正芳は、それを外国と未来に、つまり外国文化を血肉化しうる日本人の能力に、求めることによって、精神の安定を保とうとしていたのであろう。そこに矛盾を指摘することは易しい。しかし大平がこのような未確定で、はかなく、根拠にとぼしいものに希望を求めざるをえなかったという事実は、近代日本において、真の保守主義者であることがいかに難しいかを、端的に示すものに他ならなかったのである。

二　政府と国民

保守主義思想を体現していた大平正芳にとって、国家や政府の必要性は自明であった。東京商大（一橋大）における大平の卒業論文のテーマは、同業組合論であり、したがってすでに学生時代に、私有財産制度に基づく市場経済の欠陥について、大平は鋭い問題意識を持っていたのである。当時実業界に進むのが通例であった東京商大出身者としてはむしろ例外的に、大平が行政官試験（公務員試験）を受験・合格し、そして大蔵省に就職したのは、同郷の津島寿一次官の影響や推挽のみによるものでは、決っしてなかったであろう。その大蔵省を辞して政治家になることを決意したときの心境に関連して、大平は次のように述べている。「政治という職業は人間社会における最も本源的なものである。人間は政治的動物だと言われている。凡《すべ》てのことの始めに政治があり、凡ての社会的営為を貫いて政治があるのである。従って又政治家という公職はなければならないし、誰かがこれをお引き受けしてやって行かなければならないことも判りきったことである[27]」。

しかし、政府と国民、権力と自由との間に適切な緊張関係とバランスが保たれていなければならないと、大平は若いときから考えていた。大蔵省入省の一年三カ月後に横浜税務署長となった大平は、署員にたいする訓示の中で、次のように述べている。「行政には、楕円形のように二つの中心があって、その二つの中心が均衡を保ちつつ緊張した関係にある場合に、その行政は立派な行政と言える。例えば（……）支那事変の勃発と共にすべり出した統制経済も統制が一つの中心、他の中心は自由というもので、統制と自由とが緊張した均衡関係に在る場合に、はじめて統制経済はうまく行くのであって、その何《いず》れに傾いてもいけない。税務の仕事もそうであって、一方の中心は課税高権であり、他の中心は納税者である。権力万能の課税も、納税者に妥協しがちな課税も共にいけないので、何れにも傾かない中正の立場を貫く事が情理にかなった課税のやり方である[28]」

このような権力行使に関する控え目な判断は、一方では庶民の感情・行動様式にたいする大平の暖かい同情に基づくものであり、他方では人間の本質的不完全性にたいする深い自覚によるものであった。横浜税務署長から仙台税務監督局間税部長に転勤した大平は、財政確保の要請と民衆の利益との相剋に直面せざるをえなかった。当時東北ではさかんに酒の（とりわけどぶろくの）密造が行われていたが、産業が未発達であった当時の東北地方では、酒税が間接税の主要部分を占めており、税収確保の立場からは、密造の摘発に乗り出さざるをえなかった。大平によれば、「密造の検挙は、大抵人々がまだ目覚めぬ未明に目的地に行って、一集団の官吏が、一軒一軒しらみつぶしに張り込むのが普通のやり口であった。一人一人が必ず鉄の杖を持っていて、野菜畑でも、何処でもこれをさし込んで、かめのありかを探ったものである。（……）つかまれば、型通りに聴取書をとられ、捺印させられて、少くない罰金を課せられるが、重いのになると体刑に処せられる場合もある。そのために小牛を売るのはよいとしても、可愛い娘を売るという哀話も時折耳にしたし、働き盛りの男に刑務所に這入《はい》られては、一家の糊口《ここう》をしのぐのに困るというので、老人をわざわざ犯人に仕立てるという悲劇も生んだのである」[29]。晩年になっても大平は、そのときの辛い気持ちを「時折、その現場に立ち合った私は、『権力』と『民草』、『治者』と『被治者』の悲しいかかわりあいについて、何かしら割り切れない、やりばのない気持ちに沈んだものである」[30]と回想している。権力による取り締まりを可能なかぎり避けようと考えた大平は、啓蒙・教育活動を通じて密造を減らそうと努力した。そのような努力がどの程度の効果を挙げたかは分からないが、大平の次の発言は権力行使は控え目でなければならないという大平の若い日からの信念を如実に示している。「誰も進んで国法を犯そうとする者はいない。已《や》むに已まれぬ事情があるからに違いない。而して犯罪をどう矯正し予防するかの道は、官憲の威圧というてっとり早い力に依存するよりは、矢張り根本において、手近なところから辛棒強く教育してかかる方が、速効はないが地道な実効的方法であろうと思う」[31]。

後に東京財務局の間税部長となったとき、上司の池田勇人が「君は税法を本格的に勉強していない。自分が局長（東京財務局長）に在任中、みっちり仕込んでやるから、その積りで」といったのにたいし、大平は言下に「御好意は有難いと思いますが、そのことだけは御断り申上げます。私には練達堪能で税法に精通した部下が沢山いますから、税法上の疑義は私の部下と御相談を願いたい。私は税法に精通していませんが、生きた行政は決して法律の条文の中からは生れてこないと思います。私の常識で、捉われない間税行政を一つやってみたいと思います」と答えたという[32]。この発言は、おそらく仙台における痛切な体験を踏まえて行われたものであろう。後に池田大蔵大臣の秘書官となった大平にたいし、池田は「君は政治家になってはいけない。君のような型の人物は官界に乏しいのだから、自分としては君が大蔵省に残ってくれることを希望する。絶対に政界進出などを考えてはいけない」と語ったという[33]。この逸話は、大平の考え方や行動が、いかに通常の行政官と異なっていたかを示すものであり、また池田がそれを鋭く見抜き、高く評価していたことを語っている。もっとも、まさに同じ理由から、後に池田自身が大平の政界進出を強く勧めることになるのだが。

明らかに反社会的ないし非道徳的と思われるような行動にたいしても、それが政府の間違った政策にたいする人々の自衛手段という側面をしばしば持つことを、大平は見逃さなかった。たとえば会社や政府のお金を私的利益のために使う、いわゆる「社用族」や「公用族」にたいし、大平は「自分の力で現在享受している生活を営む力がないのに、会社とか役所とか組合とかにぶらさがってその分を越えた生活を享受している」人種であり、「自己責任」の意識に欠けていると批判する一方、道徳的批判だけでは社用族や公用族の追放はできるものではないとして、次のように述べている。「人間である以上、誰もすきこのんで社用族や公用族になり下りたい者はないのである。社会人としてそれ相当の責任と体面が維持できる場合には、そういう人種になりたくないのが人情であろう。そこで私は、会社でも役所でも、第一に給与を出来る丈《だけ》多くするように心懸けなければいけないと思う。そうしておけば社用族、公用族の追放に抜本的な手を打ってもこれは大方の納得が得られると思う。給与を増すために、公私を問わず各団体は、蛮勇を奮ってその財政の刷新を図るべきだ。給料を出す事を損失だと思うのは野暮な話だ。給料を増すことによって会社や役所に仕事の渋滞がない許《ばか》りか、責任感の弛緩を回避出来ることになるわけである。そして又、その勇断から日本の民主主義は生々と発展する素地が造られるし、日本の財政の刷新を招来することが出来るものと確信する。又税金を出来るだけ減らさなければならない。かせいでもかせいでも税金にもって行かれるようでは社用族や公用族はどうしても生れる。減税がこの種の害悪追放の一大要件であることも銘記すべきである」[34]。

政府や会社の金が浪費されがちであるのは、単に給料が安いとか税金が高いとかによるだけではなく、人間の本質的属性（性悪説）によるものであるということを、すでに紹介したように大平は深く自覚していた。したがって彼にとって、財政とは「浪費され易い公の金をどのように有効に使うか」[35]という事に他ならなかった。市場経済における自由競争を手放しでは容認しなかった大平は、しかし同時に、政府による経済活動への介入、とりわけ企業の国有化・「社会化」にたいしても、きわめて慎重であった。一九五〇年代初頭という早い時期に、すでに大平は、イギリス労働党政府の社会化政策が、イギリス経済の活力を奪っているという事実に着目して、次のように述べている。「私に言わしむれば今頃社会化の必要を説く事が最も進歩的であるとしている人々に対しては、物事をそう公式的に割り切ったり生硬《せいこう》に取扱ったりしないで、もっとねりにねってもらいたいと言うことである。（……）社会化は国民の活力を阻むものであってはいけない。遊んでいても喰える、病気になった責任も回避できるという事になれば、これは確かに天国に違いないが、然しそれ丈に国民の活力と自己責任感が減退する事になる」[36]。大平はすでに当時、「これからの政治は（……）安い政府をどうして作り上げるかという事がその悲願であらねばならない」[37]と喝破していたのである。

権力は控え目に行使されるべきであり、財政規模は可能なかぎり圧縮すべきであると信じていた大平は、しかし行政機構や公務員制度を手軽に改革しようとする態度には、強く批判的であった。その理由は、大臣と官僚との力関係、および自己の利益を保全しようとする人間の基本的特性からして、善意の改革努力はしばしば公務員制度の肥大化や財政の膨張を招いてしまうという、冷静な判断にあった。自分の役人および政治家としての体験を踏まえて、大平は、大臣は

「役所の主人公であって主人公ではない」と主張する。その理由は、「ずっとその役所に所属し、そこに生涯の浮沈と運命を託しているのは、その役所にいる役人衆であって大臣ではない。主人公たる大臣は栄光をになって登場してくるが、やがては、その役所を去って行く存在である。大臣は主人公たる虚名をもってはいるが、事実はその役所の仮客にすぎない」からである。「したがって大臣はその在職中、なるべく部下に憎まれずにやりたい。できれば物判りのよい大臣として、役人衆に親しまれたくなるに決まっている。もっと進んでその役所の権限や予算、さらにはその定員を増やすことによって、『政治力のある大臣』として高い評価を受けたいという野心をもつとしても、少しも不思議はない」ということになる。性悪説に立脚する大平は、きわめて率直に述べている。「そんな大臣では天下の大事を託するに足らない、などといって悲憤慷慨してみてもはじまらない。大臣もまた平凡な人間であるからだ。役人衆は公僕なのだから、国民の利益のために大臣の命令のままに随順すべきであって、時の政府の大方針を曲げたり、阻んだりするのはいけないといきまいてみてもはじまらない。自分の名誉と生涯の運命を賭けた役所の存亡に、役人衆が無関心であるはずがないからである。役人衆もまた平凡な人間であるからだ(38)」。

ではどうするか。ここで彼は、すでに述べた「一利を興すは一害を除くに如かず」という格率に従うことを提案する。大平はいう。「除くべき一害は（……）大臣室の机の上に無数にころがっている」のだから、それを一つ一つ除いていくことに努力すべきであって、「国民のために百利を興すべく発心して努力してみても、その結果はほとんど例外なく、役所の権限と予算の増加を来すことはあっても、国民の生活に資するところは乏しく、ひょっとすると国民の生活に余計な制約と負担を来すことになりかねない」[39]。人間の計画能力や環境制御能力を過信することを強く批判していた大平にとって、「一挙によりよい状態を求め」るのは「賢明な生き方」ではありえなかった。大平は主張する。「先ずわれわれは、現在に不満であっても、現在より悪い状態がありうることも考えておかねばならないと思います。現在より事態を悪くしないためにどうすればよいかを考える方が真面目な生き方であり、そのために先ず努力することが大切であると思います。そうした用意をしておいて、次によりよい状態を構想し、それに達するための手段を選択按配《あんばい》するのが順序であると思います。その場合注意しなければならないことはいかなる手段にも必ずプラスとマイナスが伴うもので、絶対的にプラスである手段などというものはないということです。現実にはよりプラスの多い、よりマイナスの少ない手段を工夫することであると思いますす。革命というものはプラスばかりを期待すればこそ、青年の心を奮い立たせるものですが、その結果はプラスよりもむしろマイナスが多かったことを歴史は教えておると思います」[40]。これはまさに思想としての保守主義の精髄である。安易な改革に批判的だった保守主義者大平は、しかし決して無為に安住することを勧めていたわけではないのである。

権力の自己抑制をこのように強調した大平は、他方、国民にたいしてもその自覚と自己責任を厳しく要求することを忘れなかった。民主主義は「緊張した自己責任感の溢れる」健全な個人の存在を前提していると確信していた大平は[41]、政治は政治家のみが行うものではなく、「全国民が、政治家も含めて、それぞれの立場においてそれぞれ得意とする楽器を手にして参加するコーラスのようなものである」と考えていた。(42)したがって、一方では政府の指示に「唯々諾々《いいだくだく》とついていくような国民は、大したことをなし遂げられ」ず、「政府に不満をもち、政府に抵抗もする民族であって、はじめて本当に政府と一緒に苦労して次の時代をつくれる」のだと考えると同時に、(43)他方、有権者からの一方的な政治家批判にたいしては、強く反発した。石原慎太郎の当選祝賀会に出席した大平は、財界人が口々に「大平さんには悪いけれど、自民党はもっともっとしっかりしてもらわなければならない。何といっても政治が一番おくれている」といった発言をするのにたいし、次のように明確に反論した。「先程からお話を聞いておって、私の胸中にある種の抵抗が湧いてくるのを抑えきれない思いです。英国に『よき新聞あるところによき政治がある』という諺《ことわざ》があります。しかし私をして敢えていわしむれば、『よき国民あるところによき政治がある』のだと思います。石原君は政治は万人のものであるといっております。これは凡ての人が政治に参加すべきであるという意味だと思います。しかし、私は凡ての人が現に政治に参加しておると思います。(……)皆様もまた実業人という立場で、現に政治を実践されておられると思います。一つ一つの家庭や企業の在り方が、そのままその国の政治のよし悪しを決めるものであります。それら一つ一つが立派にならなければ日本と日本の政治は立派にならないからです。(……)だから政治家に対する自分達の理解は果たして十分か、政治家のやり口をその立場に立って考えてみることを怠ってはいないか、政治家に対する協力に欠くるところがないか等について考えて頂きたいと思うのであります。そして皆様もそれぞれの立場で、政治に参加し、政治を実践しておるのだと思い直していただきたいのです[44]」。これは手軽で無責任な政治家批判にたいする、ほとんど非日本的なまでに率直・明快な反論といえよう。

権力行使について控え目であることを望み、また国民の自己責任を強調した大平は、社会の巨大化について、基本的に不信感と危惧の念をもっていた。総理大臣在任中、大平が首相執務室に持ち込んでいた座右のノートには、読書遍歴の中で遭遇し、感動した文言が書き抜かれていた。その中にレオポルド・コールの『居酒屋社会の経済学』からの次のような引用が含まれていた。「政治の任務は社会規模を臨界状況からそれ以下のものに縮小することである。即ち地域の分割、非中央集権化、地方分権化を進めることである。政治や経済のシステムを変えることではなく、社会の規模を人の背たけに合うように縮小させることである」「犯罪件数は人口規模に比例してくる。一たん、社会が臨界規模に達してしまえばいかなる行政措置、良心の呼びかけ、教育の改善を行っても、犯罪件数の低下は期待できない」。慎重な大平は、公言することは避けたが、府県は自治体としては規模が大きすぎると考えており、現行の府県を廃止し、江戸時代の藩程度の規模に縮小すべきであるという「廃県置藩」を持論にしていた[45]。また大平は、都市化の一方的な進行にたいして、強い危惧の念を抱き[46]、都市の自由と田舎の親密な人間関係とを組み合わせた「田園都市」の建設を夢見ていた[47]。これも社会規模の縮小化による人間性の回復と民主政の活性化を、企図したものに他ならなかったのである。

三　政治手法

人間は基本的に不完全なものであり、理想社会などというものは存在せず、また望ましくもない、そしていいことずくめの政策などありえないと考えていた大平にとって、政治的対立が存在することは当然であり、むしろ肯定的に評価すべきものであった。保守合同により自民党が成立しようとしていた一九五五年十月に、大平は「はげしい政争は、内乱に代るものという限りにおいて、歓迎すべきものである。反対党は予備的政府であり、『国民の政府』に配する『国民の反対党』である。強力な政権は、強い反対党によって、腐敗から免れるのである[48]」と述べている。

しかし大平は、当時の保革対立を民主主義にとって好ましい政党間の競争とは考えていなかった。それは東西対立を反映して、保革の対立が原理的なものとなっており、建設的な論争や妥協が不可能になっていたからである。大平は、保革対立の不毛さを次のように慨嘆している。「国会の真剣なる論議を通して保守と革新が互に歩みよって一つの国策を打ち出そうなどということは全く一片の夢であって、双方共、はじめから相手の提案については、絶対反対の態度が措定されている。国会は話合いと妥協の場ではなくて、闘争の巷と化してしまっている。この有様では、本来の議会民主主義の実践などということは到底覚束《おぼつか》ない相談であって、いわば、保守と革新は一階と二階で、虚空に向って互にシコを踏んでいる相手なしの相撲のような恰好を呈している。お互は通約がきく分母をもっていない（……）唯僅かに多数決の原理なるものが、議会という円周の切点において、かすかす双方の一時的休戦を宣しているに過ぎない状況である。[49]」

このような状況に直面して、大平が採用した政治手法は、一方で保守・革新の接点を可能なかぎり多くし、両者に共通する土俵を少しでも広く設定するよう努めることであった。大平が、池田内閣の官房長官として「寛容と忍耐」を掲げ、安保改定をめぐってきわめて激化した保革対立の緩和に努力したことはよく知られている。また与野党伯仲状態のもとで内閣を組織したとき、中道政党との政策ごとの協調、いわゆる「部分連合」を主唱したのも、同様な態度の現れである。すでに触れた座右のノートには、出所は不明であるが、「見落とす、手を引く、話をそらす——紛争の回避策はこれだ。むきになるものではない」という文言が記されていた。[50]政治に一〇〇点満点を求めてはいけない、「やはり六〇点とか六五点とかをとれば、まずまずじゃないかと思う[51]」という大平の有名な「六〇点主義」は、このような彼の政治姿勢を端的に示すものである。

しかし他方では、国の基本方針を左右するような重要問題について無原則な妥協をすることは、あくまで拒否するという立場を、大平は常に堅持していた。三木内閣が野党との協調を強調し、選挙法や政治資金法、独占禁止法などについて野党の要求を容れ、大平の目からはあまりに「性急」に改革を急ごうとしたとき、それを批判して、次のように述べている。「(三木首相は)野党と対話と協調をすることを強調される。しかし、それは当たり前のことじゃないか。与野党が（議席の上で）接近したから、対話と協調を急がなければならないというようなことでは、あまり真面目な態度だとはいえない。（……）本当は与党が強いときこそ対話と協調をやらなければいけないのであって、それでこそ民主政治は成り立つ。そういう民主政治の基本があれば、保革が接近してきても、動ずることはない。便宜主義に流れないようにしてもらいたい[52]」。みずからが内閣を組織し、政策遂行の必要上「部分連合」を唱えた際も、大平は原則にかかわる点については、党内多数の意見を押し切ってでも妥協に反対した。一九七九年度の予算案の国会通過に際し、中道政党が予算書の形式修正を強く主張し、国会対策委員会関係者を中心に自民党首脳部もそれを受け入れる方向に傾いたとき、大平は熟慮のうえ、それを拒否することを決断した。その理由について、彼は次のように説明している。「（中道政党とは）個別の政策について立場を共通にすることがあったが、予算案というのは一年間の政府の政策全体を規定するものであるので、慎重に対応しなければならないと思う。修正に応じて、自民党と公明、民社が同じ立場をとるということは、政策全体について合意し、これで行きましょうと協定することになる。もし、今年これをやれば来年もまたということになるし、予算編成から一緒にやることになる。これは部分連合を大きく踏み越え、連立政権につながることは目に見えている。この提案を呑むことは、民社党や公明党に対して、自民党に過大な期待を抱かせることになる。いま自民党には、公・民両党に閣僚のポストを割いてやるコンセンサスもないし、公明、民社との関係もそこまで熟してきてはいない。もう少しコミュニケーションを重ね、その上で関係を深めるかどうかを判断する必要があるのではないか」[53]。その結果、この年の予算案は衆議院の予算委員会で否決、本会議で可決というきわどい経過をとって成立したのである。

同年十月の第三十五回衆議院総選挙で、自民党が公認候補の当選者で前回よりも一議席減らし、過半数に達しなかった際、自民党内に大平辞任を求める運動が高まり、いわゆる「四十日抗争」と呼ばれる苛酷な権力闘争が展開された。マスメディアの論調も、大平首相の責任を追及し、その辞任を求める声が支配的であった。しかし大平は、頑として退陣を拒否した。それは公認候補の当選者数において前回よりも一議席減らしたとはいえ、自民党は他の政党を断然引き離す第一党であり、かつ当選後の入党者を加えれば過半数を占めている以上、議会制民主主義の原則から見て、総理大臣を辞任することはおかしい、また自民党総裁の進退は、党の正式の意思決定機関（党大会ないし両院議員総会）で決められるべきである、と大平が判断していたからである。反大平派は、国会議員数において少数派であったから、両院議員総会の開催を拒否していた。しかし大平の目から見れば、これは党の正規の手続きを無視するものと思われたのである。

大平の気持ちはよく判る、しかし辞任を拒否するような態度は「日本人の美意識に合わない」という、知人の忠告にも、大平は耳をかそうとはしなかった[54]。大平は争いを好まない性格の持ち主といわれており、事実すでに述べたように他者にたいしてきわめて寛容であった。しかし原則がかかっている場合には、大平の態度は頑固なまでに非妥協的であった。例の座右ノートには、ラ・フォンテーヌの「邪悪の者には絶えず戦いをすることだ。平和そのものは甚だよろしい。私も賛成だ。しかしそれが何になろうか。信義を護らぬ敵に対し」という言葉も書かれていたのである。(55)田中内閣の外相として、日中国交正常化という難題と取り組んだ大平は、自民党内台湾擁護派の激しい非難攻撃に対して、一歩も退かなかった。交渉のため北京に出発する際、大平は信頼する秘書に「この交渉によって、どんな危険があるかも知れない。留守中のことはよろしく頼む」と語った。(56)やるべきだと確信した場合、大平は、断固としており、徹底して非妥協的だったのである。

このように大平の政治手法は、妥協・協調と原則の堅持という矛盾をはらんだ二つの方針の微妙な均衡によって構成されていた。それは野党、とりわけ第一野党である社会党が原理的反対党の立場を捨てず、したがって与野党間の建設的な論争や政権交代が事実として不可能な状況のもとで、政治を運営し、民主主義を成熟させていかなければならないという、元来矛盾した現実の要請に対応したものであり、現実を直視する保守主義者大平正芳にまさにふさわしいものであった。しかし、それは大平について、一方では「ハト派」「協調主義者」、他方では「権力主義者」という矛盾する評価を世上に流布させ、大平政治を理解しにくいものとする結果をもたらすことにもなったのである。首相として大平正芳は、世論受けのする指導者では決してなかった。

人間は本質的に不完全なものであり、歴史には「最終的解決なるものはない」と確信していた大平は、しかし国民の良識が最終的には正しい選択を行うという信念を持っていた。大平は、朝《あさ》比奈宗源《ひなそうげん》管長との対談で、「時にはがゆいと思われることがあっても、終極においては私は日本人を信頼しているのです[57]」と語っている。歴史の中に蓄積された叡知に信頼するという先進国型の保守主義を本格的には採りえない大平にとって、その最終的な拠り所は、全体的・長期的には良識が日本社会の大勢を占めるという、国民にたいする信頼であった。一九七九年の総選挙において、「洋の東西を問わず、かつて増税を掲げて選挙に勝った例はない」という側近の忠告を退け、「国民は必ず、大幅な歳出削減をしなければ増税が必要になることをわかってくれる」と信じた大平[58]は、一般消費税の導入をあえて公約に掲げた。しかしその結果は、台風の来襲という特別な事情があったにせよ、大平の期待を無残に裏切るものであった。そして、この選挙における挫折が、激しい党内抗争を誘発し、翌年五月における内閣不信任決議案の可決と、解散・総選挙をもたらし、それが大平の急死につながったのである。この大平の政治的挫折にも、日本において真正な保守思想を構築することがいかに困難であるかが、よく示されている。

首相在任中、大平は一日の仕事を終えて家の玄関をまたぐとき、「つまらんなあ。毎日毎日こんなことをして」とつぶやくのが常であったという[59]。現代日本において、稀に見る本格的な保守思想の持ち主であった大平正芳にとって、日本の政治の現実は、とりわけ与野党対立と党内抗争に明け暮れる日々は、耐え忍ぶにはあまりに苛酷なものだったのであろう。このつぶやきは、大平の政治家としての弱さを示すものであるとともに、人間としての限りない魅力を現してもいるのである。

（1）カール・マンハイム著『歴史主義・保守主義』（森博訳）、恒星社厚生閣、七九〜八〇頁
（2）思想としての保守主義と急進主義の的確な解説については、村上泰亮著『反古典の政治経済学』上巻、中央公論社、二二頁以下参照
（3）中曾根康弘他著『共同研究「冷戦以後」』、文藝春秋、第七章参照
（4）森田一著『最後の旅』、行政問題研究所出版局、一四二頁
（5）大平正芳著『素顔の代議士』、20世紀社、一四〇頁
（6）大平正芳・田中洋之助著『複合力の時代』、ライフ社、三三頁
（7）大平正芳著『旦暮芥考』、鹿島研究所出版会、二八七頁
（8）大平正芳著『風塵雑俎』、鹿島出版会、二〇八頁
（9）大平正芳著『財政つれづれ草』、如水書房、二一九頁
（10）『素顔の代議士』、一四〇〜一四一頁
（11）『旦暮芥考』、一七五頁
（12）栗原祐幸著『大平元総理と私』、廣済堂出版、一九七頁
（13）『素顔の代議士』、一五〇〜一五一頁
（14）大平正芳著『私の履歴書』、日本経済新聞社、一八八〜一八九頁
（15）『財政つれづれ草』、八五〜八六頁
（16）前掲書、四一頁
（17）『素顔の代議士』八九〜九一頁
（18）『私の履歴書』、一五九〜一六二頁
（19）『旦暮芥考』、二一六頁

(20) 前掲書、一四一頁
(21) 『複合力の時代』、二六頁
(22) 『私の履歴書』、一六~一七頁
(23) 『素顔の代議士』、八二~八三頁
(24) 『財政つれづれ草』、一六四頁
(25) 『素顔の代議士』、二〇八頁
(26) 『私の履歴書』、一六三頁
(27) 『素顔の代議士』、一七七頁
(28) 前掲書、九~一〇頁
(29) 『財政つれづれ草』、三一~三二頁
(30) 『私の履歴書』、四六頁
(31) 『財政つれづれ草』、三三頁
(32) 前掲書、六〇頁
(33) 『素顔の代議士』、一七九頁
(34) 『財政つれづれ草』、九〇~九三頁
(35) 前掲書、八六頁
(36) 前掲書、八八~八九頁
(37) 前掲書、八七頁
(38) 『私の履歴書』、一四七~一四八頁
(39) 前掲書、一四九~一五〇頁
(40) 『旦暮芥考』、二八八~二八九頁

(41)『財政つれづれ草』、九一頁
(42)『旦暮芥考』、一八七〜一八八頁、二九三頁
(43)『風塵雑俎』、三〇三頁
(44)『旦暮芥考』、二九二〜二九三頁
(45)『最後の旅』、一三八〜一四〇頁
(46)『素顔の代議士』、八七〜八八頁
(47)長富祐一郎著『近代を超えて』上巻、大蔵財務協会、三九四頁
(48)『素顔の代議士』、一九七頁
(49)前掲書、一九九頁
(50)『最後の旅』、一三〇頁
(51)『風塵雑俎』、二三六〜二三七頁
なお田中六助著『大平正芳の人と政治』、朝日ソノラマ、一〇三頁も参照
(52)『風塵雑俎』、三〇六〜三〇七頁
(53)公文俊平他監修『大平正芳　人と思想』大平正芳記念財団、四七〇頁
なお『大平正芳の人と政治』九四〜九五頁も参照
(54)『近代を超えて』上巻、二七四頁
(55)『最後の旅』、一一〇頁
(56)真鍋賢二著『私の見た大平正芳』イメージメイカーズ、一五二〜一五四頁
(57)『近代を超えて』上巻、二七三頁
(58)前掲書、上巻、二七三真
(59)新井俊三、森田一著『文人宰相　大平正芳』、春秋社、三二一頁

第四節　大平正芳の政治哲学

香山健一

『大平正芳　政治的遺産』（大平財団・平成六年）に所載。『硯滴考7』に収録。

はじめに——良賈は深く蔵して虚しきが如し——

政治家大平正芳が晩年よく揮毫した言葉のなかに、「良賈《りょうこ》は深く蔵して虚《むな》しきが如し」という言葉がある。(1) 良い商人というものは、品物を店の奥深くにしまって店頭を飾りたてたりしないので、一見、店が空っぽのように見える。それと同様に、大人物ほど知識や才能をひけらかしたりしないものだから、なにも持っていない人間のように見えるものだ、という意味である。

この言葉は、『史記』の「老子伝」のなかにある言葉であるが、「良賈は深く蔵して虚しきが如し」の後には、「君子は徳盛んにして容貌は愚かなるが如し」という対句が続いている。(2) 慎重に言葉を選ぶ合間に発する「アー」や「ウー」という言葉を揶揄するマスメディアの心ない合唱を聞き流しながら、大平はみずからに言い聞かせるような気持で静かに墨を磨り、この若い時代からの座右の銘を書いたのであろう。生涯を通じて読書家、求道者、思想家であった大平の言葉、発言、文章は、人間と歴史、自然と文明に対する深い思索に満ちた極めて論理的なもので、日本の政治家の文章にはめずらしい高い格調を帯びたものであった。

「賈」とは商人の意である。古くは店のなかに商品をストックして売り買いするものを「賈」と呼び、行商するものを「商」と呼んで区別していたという。のちに、この区別は次第になくなり、ともに商人の意味に用いられるようになった。

戦前、昭和八年（一九三三年）から十一年（一九三六年）にかけての内外情勢激動の時期に、東京商科大学（現一橋大学）に学んだ大平正芳は、「商」や「賈」の意味について深く考えることが多かったに違いない。やがて、大平はみずからの人格形成のなかで、「深く蔵して虚しきが如し」「良賈」となることをごく自然にめざすようになっていったものと思われる。

大平正芳の墓碑銘には、「君は永遠の今に生き、現職総理として死す。理想を求めて倦《う》まず、斃《たお》れて後已《や》まざりき」という言葉が刻まれている。その理想は、人間の生き方としては、「良賈は深く蔵して虚しきが如し、君子は徳盛んにして容貌は愚かなるが如し」であった。

大平死して既に十有余年、日本の政界にもなんと「良賈」が少なくなってしまったことであろう。いたずらに店頭のみを飾りたてる政商や大衆迎合型の行商人ばかりが、どうしてこうも目立つのであろうか。

今、あらためて大平正芳の政治哲学を問いなおすことは、政治哲学を見失って右往左往する日本の政治家たちへの「頂門《ちょうもん》の一針《いっしん》」となることであろう。ちなみに、「頂門」とは頭の真上の位置を意味し、その部分に針を立てる鍼《はり》治療法があるところから相手の急所をおさえて痛切な戒めを与えることをいう。

一、大平正芳の「楕円の哲学」

政治家大平正芳が、その人間の内面に深く蔵しつつ、生涯をかけて磨き続けてきた玉とは何であったのであろうか。それは、大平哲学とも呼ぶことのできる、古今東西の文化遺産を統合した、深く、重厚な人間観であり、世界観であり、歴史哲学であり、政治哲学であった。その大平哲学を私はかねてより「楕円の哲学」と呼びならわしてきた。

平面上において、一つの中心から等距離の点を結ぶと円になるが、二つの中心からの距離の和が等しい点を結ぶと楕円になる。戦後日本が生み出した政治家大平正芳の思想と行動は、円の軌道よりも楕円の軌道を描いている場合が多いように思われる。

過度の単純化のあやまちをおかす危険を承知のうえでいえば、この大平正芳の思想と行動における楕円軌道の二つの中心とは、政治哲学の分野にあっては、東洋の政治哲学の枠である「治水の原理」と西洋の政治哲学の枠である「保守主義の哲学」であったといってよいであろう。

大平自身が、楕円という言葉を使った最初の演説――記録に残っている限りで――は、昭和十三年（一九三八年）正月、新年拝賀式における横浜税務署長としての訓示のなかにおいてである。

当時、二十八歳の大平税務署長は、署員をまえにつぎのように訓示している。「行政には楕円形のように二つの中心があって、その二つの中心が均衡を保ちつつ緊張した関係にある場合、その行政は立派な行政と言える。……支那事変の勃発と共にすべり出した統制経済も統制が一つの中心、他の中心は自由というもので、統制と自由が緊張した均衡関係に在る場合、はじめて統制はうまく行くのであって、その何《いず》れに傾いてもいけない……税務の仕事もそうであって、一方の中心は課税高権であり、他方の中心は納税者である。権力万能の課税も、納税者に妥協しがちな課税も共にいけないので、何れにも傾かない中正の立場を貫く事が情理にかなった課税のやり方である(3)」。

この税務署長訓示のなかで述べられている「楕円の哲学」は、大平哲学の原初形態とみることができる。それは、一見、一元論的思考方法を排した二元論的思考のようにも聞こえるが、決して東洋の陰陽道のようなものでもなければ、西洋の弁証法のような単純な正反合の対立統合の構造でもなかった。それは、近代合理主義の「Aか非Aか」——肉体と精神、理性と感情、神と悪魔、体制と反体制、支配階級と被支配階級、右翼と左翼、資本家と労働者、権利と義務、自由と統制、集団と個人、利己と利他等々と際限なく物事を二つに分割していく「二分法」(dychotomy)——の二者択一的思惟の限界を越えようとするものである。

Aと非Aは実在の世界においては、決して別なものではない。Aは非Aを伴ってのみ実在しうるものであり、非AはAを伴ってのみ実在しうるのである。Aと非Aとを区別する思惟を論理学上、自同律と呼ぶのに対して、Aと非Aは相互に他を前提することなしには実在し得ないと考える実在の論理を相互律と呼ぶ。Aと非Aの緊張関係や均衡が問題となるのは、この両者が相互に他を前提としてしか実在することのできないものであり、実は同じものの両面に過ぎないからである。

『老子』はこのことを、「道の道とすべきは、常の道にあらず。名の名とすべきは、常の名にあらず。無は天地の始めに名づけ、有は万物の母に名づく。故に常に無はもってその妙を観《しめ》さんと欲し、常に有はもってその徼《きょう》を観さんと欲す。この両者は同出にして名を異にす。同じくこれを玄と謂う。玄のまた玄は、衆妙の門なり」と述べ、続いて「美は同時に醜、善は同時に悪」としてつぎのように論ずる。

「天下みな美の美たるを知る。これ悪なり。みな善の善たるを知る。これ不善なり。故に有無相生じ、難易相成り、長短相較べ、高下相傾き、音声相和し、前後相随う。ここをもって聖人は、無為の事に処り、不言の教えを行う。万物作りて辞せず、生じて有せず、なして恃《たの》まず、功なりて居らず。それただ居らず、ここをもって去らず(4)」

しかし、大平正芳の楕円の哲学は、老荘哲学から大きな影響を受けてはいるが、それにとどまるものではない。大平は近代合理主義の限界を越えるために、東洋の古典哲学に戻るとともに、『聖書』やトマス・アクィナスの『神学大全』などを通じて、西洋の古典哲学、宗教、神学の原点にも立ち戻ったのである。その結果、若き日の大平が深い思想的影響を受けた内村鑑三などと同様に、大平哲学は東西文化の遺産の壮大な統合という姿勢を持つこととなったように思われる。これについてはのちに再び立ち戻ることとしたい。

大平正芳は、日露戦争直後の明治四十三年（一九一〇年）三月十二日に香川県三豊郡和田村に生まれ、ベネチア・サミットの直前、総選挙のさなかに現役の総理大臣のまま急逝される昭和五十五年（一九八〇年）六月十二日まで、激動の明治、大正、昭和の時代を生き抜いた。大平正芳の波瀾に満ちた七十年の生涯のなかで、東西の政治哲学の調和と融合が描き出す楕円軌道は次第に円熟の度を深めていった。

作家の吉田健一氏は、かつて『まろやかな日本』（原題――Japan Is A Circle）のなかで、日本を円（circle）に譬《たと》えられたことがあるが、もし氏が大平正芳の政治哲学を観察されたならば、円形ではなく『楕円形の日本』（Japan Is An Oval or An Ellipse）と評されたことであろう。

「治水の原理」とは、民心は水の如きものであって、強制的にせき止めようと思えばあふれだし、自然に道をつけれぱ流れていくものだという東洋の政治哲学の基本をなす考え方である。夏《か》王朝の始祖禹《う》にまつわる故事につぎのようなものがある。古代中国の治世の基本をなすものは、治山治水であった。当時、黄河をはじめとする中国大陸の大河はしばしば氾濫し、洪水は天まで達したとさえいわれている。禹の父親は、時の帝堯《ぎょう》に命ぜられて治水事業に取り組むが、九年経っても成功せず、やがて処刑されたという。その治水の方法は「湮《えん》」という方法で、高い堤防を築いて洪水をふさぎとめるというものであった。水はふさぎとめられれば逆に溢れだそうとし、堤防が高くなればなるほど水嵩も増してやがて堤防は決壊してしまう。氾濫と築堤の繰り返しである。

父のこのやり方では治水に失敗することを見抜いた禹は、「湮」という方法を止めて、かわりに「疏《そ》」または「導」といわれる方法を採用する。その方法は、水をふさぎとめようとするのではなく、適当な水路を作って水の流れたい方向へ自然に誘導するのである。「疏水」という言葉は、こうした故事に由来している。

治水だけではなく、政治もまた同じ原理に基づくものと禹は考えた。民心の流れというものも水の流れと同様である。人間の心というものも強権でふさぎとめようとすれば激して逆らい、民意を尊重してその進みたい方向に水路を作れば自然に、自発的に流れていくものである。こうして古代東洋の政治哲学にあっては、「疏」や「導」と呼ばれるような「治水の原理」が、政治の理想とされるようになっていったのである。

「鼓腹撃壌《こふくげきじょう》」という故事も、政治を感じさせない政治こそ政治の理想という東洋政治哲学の理想をよく示している。この故事によれば、古代の名君と呼ばれた帝堯が、治世五十年の成果を知るためにおしのびで町に出てみたところ、ひとりの老人が片手で腹づつみを打ち、片手で地面を叩きながら「日が昇れば仕事をし、日が沈めば眠る／井戸を掘って水を飲み／畑を作って飯を食う

／おかみのお世話になるものか」と口ずさんでいたという。(5)『老子』は「上善如水《じょうぜんみずのごとし》」といい、最高の善は水のごときものであると述べている。

若い頃から東洋の古典に親しみ、『老子』『史記』『十八史略』などを愛読しておられた大平正芳にとって、この政治哲学は戦前、戦中、戦後の歴史の激動の体験を通じて、次第に深みを増していったといってよいであろう。

昭和十四年（一九三九年）六月から翌年十月までの興亜院蒙彊連絡部経済課勤務のための張家口への赴任と、その後、昭和十七年にかけての再三の中国大陸出張は、大平正芳の東洋政治哲学への認識を一層深めるものとなった。張家口赴任当時、大平は二十九歳であった。当時、大平と同期の大蔵省昭和十一年入省組の多くが興亜院に派遣されたが、この二年間の興亜院在勤経験と大陸経験を通じて、大平は中国の経済社会の実情や歴史風土、文物、思想について極めて深い認識を持つに至ったものと思われる。大平自身が、『私の履歴書』のなかで書いておられるように、「内蒙古は、満洲、北支、中支、南支と同様、日本の占領地行政の一区画を形成し、中央銀行券も独自のものが流通し、治安はもとより、財政、経済、物価、為替などについても、一応独立した運営が行われていた。それだけに、張家口での約一年半の滞在は、素朴ながら国家の「原型」というようなものを勉強するには、またとないよい機会を与えてくれたものだったといえよう。(6)」

この若い時期の在外経験を通じて、その脳裏に刻まれた日本の大陸経営と中国農村社会の現実との矛盾についての自覚は、政治哲学のレベルのみにとどまらず、やがてのちの日中国交正常化交渉の際の、大平の毅然たる政治姿勢や日米関係、日中関係を基軸にした環太平洋連帯構想という政策構想にも通ずることとなる。

二、徳治主義と『為政三部書』

晩年の大平正芳がよく書かれた色紙の言葉に、「任怨《にんえん》　分謗《ぶんぼう》」という言葉がある。いうまでもなく、この言葉は元《げん》の張養浩《ちようようこう》の名著『三事忠告《さんじちゆうこく》』（安岡正篤《まさひろ》訳『為政三部書』として知られる）のなかの「廟堂忠告《びようどう》」の言葉である。

政界一の読書家といわれた大平の愛読書のひとつが、この『為政三部書』であったことはよく知られている。神渡良平著『安岡正篤の世界』は、「大平の自宅が安岡の自宅に近かったこともあって、大平は朝の散歩がてらに気軽に安岡のところに寄っていた。別段用事があるわけでもなかったが、そうした目的のない雑談に大平は大いに解放されていたのである」と書いている。

また牧野伸顕、吉田茂、池田勇人氏らが師事した安岡正篤氏が、中国後漢の馬融《ばゆう》の故事——「高光の榭《うてな》に休息し、以て宏池に臨む」——にちなんで、池田派に「宏池会」という名をつけたことはいまさらいうまでもない。しかし、大平が安岡の著書に親しんだのは、宏池会以後のことではなく、実は学生時代からのことであった。安岡の高弟林義之氏の『安岡先生動情記』には、昭和三十四年三月某日「大平正芳氏飄然先生を訪問、当時大平氏の自宅は先生の白山下の住居の近くにあったので、それを理由にしてとのこと、用談というほどのことはなく、学生時代より先生の書物は殆ど読んでいることなどを話して帰る」と記録されている。

「廟堂忠告」は、「修身」――身を修めること、「用賢」――賢者を用いること、「重民」――民を重んずること、「遠慮」――先々に心すること、「調爕」――調え和らげること、「任怨」――怨みを受けて恐れぬこと、「分謗」――同僚の謗を我も分かつこと、「応変」――変に応ずること、「献納」――忠言を奉ること、「退休」――いつやめるか、の十項目の忠告からなっている。(7)『大平正芳　人と思想』の第四十章「召命」、第四十一章「永遠の今」に記述されているように、大平正芳の人生の最後の時は、「退休」――いつやめるかを考えるいとますらないほどの苛酷なものであった。昭和五十五年（一九八〇年）五月十六日、自民党反主流派の欠席による大平内閣不信任案の可決から、内閣総辞職、衆院解散、衆参同日選挙決定、そして参議院選挙告示日の五月三十日、街頭演説で倒れられ、六月十二日に召命されるまでの一月の精神的緊張は人間の耐えうる限界を超えていたものといってよいであろう。ベネチア・サミットを目前にした総選挙のさなかに、病床に伏しながら大平は、「任怨　分謗」と自らに厳しく鞭打ち続けておられたことであろう。

病室を訪れた旧友に、「得病更知旧友情　明常思長夜之愁」（「病を得て更に知る旧友の情　明けては常に思う長夜《じょうや》の愁」）という漢詩を書かれたのも、こうした精神的緊張の極限状況のなかの、束の間の静けさのなかにおいてであったものと推察される。「長夜」とは、仏語で凡夫《ぼんぷ》が煩悩のため悟ることができず、迷いから逃れられないことを意味する。

『大平志げ子夫人を偲ぶ』のなかにも書き記しておいたことであるが、私が大平総理と最後にお会いしたのは、衆参同日選挙のための街頭演説で倒れられる前日の五月二十九日のことであった。この日の午後四時半から、大平総理を囲む政策研究会のひとつ、家庭基盤充実研究グループ（座長・伊藤善市東京女子大学教授）の最終会議が官邸会議室で開催され、午後五時には座長から総理に「家庭基盤充実のための提言」と題された報告書が提出された。この最終報告書の提出に引続き、いわば同研究会の打ち上げのような形で、午後五時半から、総理官邸中庭に面した広間で簡単な懇親会が開かれたのである。この懇親会は、家庭の大切さを提言する研究会の最終報告に相応しく、委員だけの会合ではなく、和気あいあいとした家族づれの集いにしたいという総理と座長、委員たちの考えに従って官邸や政策研究会の歴史では前例のない懇親会となった。総理も志げ子夫人や森田一秘書官夫妻を伴って出席されたが、この席でも総理は他人の悪口を一言も口にはされず、「忙中閑あり」とこの家族団欒のひとときを楽しんでおられるような風情でさえあった。(8) 私は前年の夏、一般消費税の問題をめぐって瀬田の私邸で総理におめにかかった際の、内蒙古張家口滞在の頃の昔話と元の張養浩の『為政三部書』との出会いをめぐる話題が一瞬頭をよぎった。

池田内閣の官房長官としての、「寛容と忍耐」というキャッチフレーズから「任怨　分謗」に至るまで、政治家としての大平正芳の一生を貫いている政治哲学のひとつの中心は、東洋の政治哲学であり、「治水の原理」であり、徳治主義であった。

三、トーニーの『獲得社会』とトマス・アクィナスの『神学大全』

昭和三年、大平正芳が十八歳の年に高松高等商業学校に入学した春、一橋の上田貞次郎先生門下の大泉行雄教授が高松に赴任してこられ、商業学やオイケンの経済学を講じて、学生の人気を集めていた。大平自身、『私の履歴書』のなかでこのことに触れておられるように、オイケンの経済学との出会いが、やがて大平の東京商科大学入学へも連なっていくことになる。のちに大平自身が回想しておられるように、一橋大学は大平の思想形成、人間形成にとってもかけがえのない重要文化財であった。政策論の面からみても、このときの中山伊知郎助教授——恩師シュンペーターの流れを汲む新進気鋭の純粋経済学者——との出会いがやがて池田内閣時代の所得倍増論へと連なっていったことはよく知られている通りである。

『私の履歴書』のなかで、大平は東京商科大学時代のことについて、つぎのように回想しておられる。「一年のときのプロゼミナールでは、経済地理と商品学を講じておられた故佐藤弘教授の下で、「自然と人間の交互作用」をテーマに勉強した。……必修課目のほか、私は杉村広蔵先生の経済哲学、山内得立先生の哲学史、三浦新七先生の文明史、牧野英一先生の法律思想史など、手当たり次第に、欲張って受講することにした。私にとっては、いずれもが難解であったが、受講したおかげで、思想史、とりわけ経済の思想史に若干の興味を覚えるようになった。二年になってからの本ゼミナールを、上田辰之助先生にお願いすることにした背景には、そういういきさつもあったのである。

上田先生は、経済学者というよりも、むしろ社会学者であり、社会学者である前に実のところ言語学者であられた。したがって、先生のトマス・アクィナスの研究その他のお仕事も、その言語学的な素養を抜きにしては考えられないものであった。

ゼミナールは、たいてい吉祥寺の先生のお宅で行われた。R・H・トーニーの『獲得社会』をテキストとして、彼の経済思想をというよりは、トーニーの英文自体の言語社会学的な解明を教わった[9]」

昭和十一年（一九三六年）の大平正芳の卒業論文の論題は、「職分社会と同業組合」というものであった。この論文は、大平の政治哲学の形成過程を理解するうえで欠くことのできない重要な文献である。

『大平正芳回想録』（追想編）に寄稿された一文のなかで、当時の一橋大学学長宮沢健一氏が指摘されているように、この大平正芳二十六歳の春に執筆された卒業論文は、「大平哲学のふるさと」と呼ぶこともできる興味深い内容のものであった[10]。

この論文は、全文三七〇頁からなるもので、「小序」、「本稿の構成と参考文献」に続いて、「第一編　トーニー（原文ではトーネーであるが、トーニーに表記統一、以下同様）の職分社会論――（イ）権利と職分、（ロ）獲得社会論、（ハ）職分社会論、（ニ）トーニーの学説の時代的意義」、「第二編　アメリカの同業組合論――（イ）同業組合の概念規定、（ロ）同業組合の史的発展、（ハ）同業組合の組織、（ニ）同業組合の内部行政、（ホ）同業組合のアメリカ産業機構に占める地位」という内容で論旨が展開されている。

この論文が、前述の『私の履歴書』にもあるように、上田辰之助ゼミナールにおけるR・H・トーニーの『獲得社会』（R. H. Tawney: The Acquisitive Society, 1921）[11]の原書講読を基礎としながら、その時代的意義を考究しようとしたものであることは明らかである。

小序のなかで、大平正芳はつぎのようにこの論文の意図するところを明らかにしようとしている。「上田辰之助先生の研究室の門が私に開かれてから最初に御指導をうけつつ読んだ書物はトーニーの『獲得社会』であった。そこにはトーニーが彼の卓越せる着想と豊富なる経済史的蘊蓄《うんちく》を傾けて、中世的協同社会が如何なる必要により如何なる過程を経て崩壊せしかを明らかにし、その廃墟に芽ばえた資本主義社会がその本来の成立条件を忘却して如何に個人絶対乃至《ないし》は権利本位の社会に推移して行ったかの経路を描写している。彼はかくしてあらゆる障壁を踏み越え守るべき限界を無視して発展し分裂したる資本主義社会を社会職分の光に照らして分析批判し其諸弊《へい》悪《あく》を暴露し併せて来るべき社会は如何なる嚮導《きょうどう》理念を支柱として組立てらるべきかに対し示唆を与えている。

分観的機械論と権利本位思想の所産たる自由競争も階級闘争も共に社会を混乱に陥れ、資本主義社会の退廃現象は覆ふべくもなく私共の眼前に露呈されている。所謂《いわゆる》近代精神はその往くべき処を行きつくし、今や新たなる転回を余儀なくせしめられつつある。思想の対立葛藤、そこから生ずる社会の混乱紛糾は人々を駆って不安と混乱の巷に追ひやりつつある。ここに於いてこの対立を止揚せる全体、分裂を克服する統一、闘争を越えた協調が要望されるのは歴史の必然の歩みでなければならない。かかる客観的情勢に囲繞《いにょう》されて私はトーニーを繙《ひもと》いたのである。そして豊富にして該博なる経済史実を駆使して織りなす彼の流麗なる行文と辛辣なる皮肉とは私を魅惑してしまった。私は彼に刺激されて「全体と部分との関係」を経済史的に或いは社会史的に考察せんとする希望と欲求を抱き且つそれを考えるについての訓練を受けた⑿。」

だが、大平はトーニーから多くのものを学びつつも、それに満足することはできなかった。なぜなら、トーニーの著作は、「新たに職分社会の構成を提示すると言うべきものではなく、それと対蹠《たいしょ》的立場に立つ権利本位の社会の諸々の弊害を歴史的に闡明《せんめい》し且之を暴露せんとするが如きものとうけとれたのである。従って、私は彼の所論を通じてその背景をなす協同体社会の目的は何かその身分的構成はどうか或いは又それと国家との関係はどうか等については遂に学びとる事が出来なかった⒀」からである。

トーニーの『獲得社会』の研究を媒介として、大平の研究関心はトーニーがその崩壊過程を論じた欧州中世の経済社会に移行する。当時、上田辰之助教授は、「中世の輝ける聖者、『古代文化と基督教精神との明快にして透徹せる折衷者』、トマス・アクィナスの政治経済学説を中心として」、「欧州中世経済学説史」を講述していた。こうして、大平は中世最大の思想家といわれるトマス・アクィナスと出会い、トマス・アクィナス研究を通じて一方で近代産業社会を超える視点を把握し、他方で西欧のキリスト教的世界観の本質的理解に迫ることとなるのである。

大平はこの間の事情を先の論文のなかでつぎのように書いている。「かくて幸いに私はトマスの深遠なる思想に接する機会を他の学生の誰よりも多く与えられた。偶々《たまたま》私個人としても或機縁からキリスト教に親しむようになり、それに関する各種の文献を研究していたので、トマスの思想は異常なる興味と言わんよりも教養上の切実なる要求として私に迫って来たのである。かかる好条件に恵まれて上田辰之助先生のトマスに関する諸々の文献を繙くにつれて、トマスの大なる体系が次第に明瞭なる姿を以て脳裏に描かれて来た。殊にその政治経済思想の根幹をなせる社会職分の原則が、その背景をなせる協同体の目的並びに構想との関連において理解されかけたのである。そして又トマスに於ける社会の重要なる属性たる目的論的秩序、自発的義務的職分意識、其結果として顕現される協調と平和等の諸々の特長が、権利本位思想によって分裂し個人的利己主義によって腐敗せる現時の社会に於いて、顧みられ憧憬される所謂『中世紀的協同体への復帰思想』の台頭せる意味もよみとる事が出来るようになった。かくして私が疑問としていたトーニーの所論の背景が、トマスを学ぶことによって、歴史的且立体的に捕捉されるようになった。他面、トマスの政治学説ならびに経済学説の現代的意義が逆にトーニーの労作を通じて把握されるものと信ずるに至った[14]」

ここでトーニー並びにトマス・アクィナスについて、若干の解説を加えておくことは、この二人の著作が大平正芳の思想形成過程において与えた影響を正確に測定するうえで多少は役立つものと思われる。

リチャード・ヘンリー・トーニー（Richard Henry Tawney）は、一八八〇年カルカッタに生まれた。父は当時、インド州立大学学長の地位にあったC・H・トーニーであった。つまり、彼はベヴァリッジ計画として知られる社会保障制度の創設者、経済学者ベヴァリッジ卿らと同じく、優れたアングロ・インディアンズの家系に生まれたわけである。

一八八〇年代といえば、植民地帝国英国の内部においてもようやく近代産業社会のさまざまな歪みが顕在化してきた時期であり、ヴィクトリア時代の進歩への楽観主義は完全に消え去ろうとしていた。インドの民族運動は、国民会議派を中心に反英・反植民地主義の性格を強め、アフリカの南端はボーア戦争に向かって対立を激化しつつあった。植民地生まれのトーニーは、こうした大英帝国の衰退過程に極めて敏感であった。一八八四年には、英国にフェビアン協会が生まれている。

ラグビー校からオクスフォード・ベイリオル・カレッジに進学したトーニーは、やがて近代の貧困の由来を探究したトインビーの『産業革命史』やロンドンの労働者生活の実態調査をまとめたブースの『ロンドンの民衆の生活と労働』（全一七巻）などの影響を受けながら、産業革命後に「世界の工場」となった大英帝国の繁栄の蔭に拡がる新しい近代的貧困の社会科学的解明と貧困を解決するための社会活動に参加する。ロンドンのセトゥルメント「トインビー・ホール」には、ベイリオル・カレッジの出身者が多かったようであるが、一九〇三年にはベヴァリッジが副主事として赴任し、彼の同級生であったトーニーもここに住むようになる。

グラスゴー大学、母校オクスフォード大学などに教鞭をとり、その間、処女作『十六世紀における農業問題』を発表したのち、第一次世界大戦に従軍して重傷を負い、復員したのち戦後社会の人心をとらえたといわれる社会評論『獲得社会』を発表することとなるのである。その後、トーニーは、『英国労働運動史』（一九二五年）、『宗教と資本主義の興隆』（Religion and the Rise of Capitalism 一九二六年）、『平等』（一九二九年）そして『ジェントリーの勃興』（一九四一年）などの諸著作を相次いで発表する。特に、『宗教と資本主義の興隆』は、マックス・ウェーバーの『プロテスタンティズムの倫理と資本主義の精神』と比較して論じられることの多い著作である。一九三一年には、ロンドン大学経済史担当教授に就任、就任演説の演題は「産業問題としての貧困」であった。一九二九年には太平洋問題調査会の委託を受けて、広範囲にわたる満洲、中国問題の調査報告をとりまとめ、さらにその翌年には国際連盟の委嘱を受けて、再度中国の教育制度の視察を実施している。一九四二年に刊行された『中国の土地と労働』は、カルカッタに生まれ、大英帝国の植民地政策を身をもって体験してきたトーニーのこうした中国社会調査結果をまとめたものとして興味深い。

大平が東京商科大学に学んだのは、先述のように昭和八年（一九三三年）から昭和十一年（一九三六年）にかけてであったので、矛盾と退廃を見せ始めた近代産業社会の将来に関する英国の経済史学者トーニーの諸著作が、最も新鮮な内外の関心を引きつけていた時期でもあった。大平正芳の人生の十代終りから二十代初めにかけての時期は、文字通り第一次世界大戦と第二次世界大戦にはさまれた戦間期の激動の時代であった。ちなみに、年表を繰ってみると、主要な出来事だけを見ても、昭和四年（一九二九年）――世界大恐慌（大平、十九歳、以下括弧内はその年の大平の年齢）、昭和五年（一九三〇年）――昭和恐慌（二十歳）、昭和六年（一九三一年）――満洲事変勃発（二十一歳）、昭和七年（一九三二年）――五・一五事件（二十二歳）、昭和八年（一九三三年）――ヒトラー独政権を掌握、日本、国際連盟脱退（二十三歳）、昭和十一年（一九三六年）――二・二六事件、スペイン内戦（二十六歳）、昭和十二年（一九三七年）――蘆溝橋事件、日独伊防共協定調印（二十七歳）というような不安定極まる時代であった。

大平はその卒業論文のなかで、「かかる客観情勢に囲繞されて私はトーニーを繙いたのである。そして豊富にして該博なる経済史実を駆使して織りなす彼の流麗なる行文と辛辣なる皮肉は私を魅惑してしまった」と書いて、その著作から受けた強い刺激を率直に述べている。

トーニーが『獲得社会』（The Acquisitive Society）と呼んだものは、必ずしも歴史的に明確な規定を与えられた社会体制ではないが、その内容は近代産業社会の在り方――その宗教、倫理から社会組織、生活様式にいたるまで――の根幹に関わる批判であった。表題の Acquisitive は、「利欲的な、取得的な、修得的な、獲得的な」などという意味を持つ言葉であるが、著書の内容からすれば『利欲社会』とでも訳した方がより原意に近いであろう。戦後の訳書では、『強欲な社会』という訳語も用いられているが、この表現には逆に価値判断や感情が入り過ぎているように思う。

トーニーはのちに『宗教と資本主義の興隆』の一九三七年版の序文や、同年に書かれた「キリスト教と社会秩序とに関する覚書」などのなかで、彼が『利欲社会』と呼んだ近代産業社会の性格を次のように論じている。財産とはもともと人間の社会的目的に奉仕するという機能を持つべきものであり、人間の創造的活動に対するひとつの手段であるべきなのに、近代産業社会ではこの関係が逆転して、財産は人間の創造的活動から遊離し、遊離した財産がかえって人間を手段として用いている。ここでは財産はその本来の機能を失い、これに駆使される人間は二つの層に分離する。そして財産所有者と労働者との分離と対立が進行する。ここからトーニーは近代産業社会のこうした矛盾の解決を、彼のいう「職能社会」（Functional Society）――大平論文では「職分社会」――に求めようとするのである。

トーニーによれば、「職能社会」においては人間はその社会的職能を果たすために、何らかの専門的職業団体を作り、めいめいは自分の職能を誇りと責任を以て遂行する。そのとき社会は

professionalism と呼ぶことのできるような体制を持つこととなろう。財産に対して根本的な反省を行えば、財産には人間の創造的活動によって生じるものと、人間の活動とは無関係に生じるものとの区別があることに気づくであろう。前者は私有さるべきものであるが、後者はそうであってはならない。私有さるべきではない財産は、社会的な人間活動の場である社会そのものに、具体的には社会を代表し、構成するところの公的な団体に帰属すべきものなのである。

トーニーはこのように近代産業社会を超える改革の方途を模索しながら、その根底に一貫して中世キリスト教会の理想であり、近代初頭のヒューマニスト、改革者たちが求めていたものを置いていた。『宗教と資本主義の興隆』のなかで、トーニーは次のように言う。

「十七世紀の後半から物質文明が姿を変えつつあった。実践的な精力と技術的な熟練のあのすばらしい成果をかえりみるときに、心に一陣の涼風を覚えないものはまずあるまい。……しかし経済的欲望というものは、下僕としては役に立つが、主人となれば悪いものだ。社会的目的にしっかりとつながれて使われれば、それは水車を回し、粉も挽こう。だが、なんのために、車はまわるのか、という疑問は相変わらず解かれていない[15]」。近代社会におけるこうした価値の喪失と主客の転倒について、見直されなければならないのは中世における宗教と政治、経済、社会の関係であり、中世思想であるとトーニーは考えるのである。

大平は、このトーニーの『獲得社会』の原書講読を通じて、英国産業社会の内部に進行しつつあった近代社会の諸矛盾に注目し、中世の宗教と経済の関係に深い関心を寄せながらも、トーニーの「職分社会」や「同業組合」論だけでは、近代を超える解決策にはならないことを鋭く見抜くのである。大平はトーニーの立論の背景にある中世の経済社会を尋ねて、やがてトマス・アクィナスの研究に本格的に取り組むこととなる。そしてこのトマス・アクィナスとの出会いこそが、大平の西欧理解、キリスト教理解、近代産業社会に対する理解に決定的な深みと重厚さを与えることとなるのである。

よく知られているように、トマス・アクィナス（S. Thomae Aquinatis）は中世欧州哲学の最も偉大な代表者であり、中世における最も建設的かつ体系的な思想家である。彼の歴史的な著作である『神学大全』（Summa Theologiae）と『護教大全』（Summa Contra Gentiles）という二つの『スムマ』は、中世のカトリシズムを鼓吹し、ダンテの『神曲』のなかにその最高の芸術的結晶を見出したといわれているものである。トマス・アクィナスは『神学大全』のなかで、自然法について次のように述べている。

「世界が神意によって支配されるものと想定するならば、……宇宙の全団体が神的な理性によって支配されるということは、明らかである。かかる、神にあっての、被造物の合理的な導き……これをわれわれは永久法と呼ぶのである」「神の摂理に服する万物は、永久法によって規制され測定されるのであるから、万物が、それぞれに固有の行動や目的に向かう傾向を永久法の刻印から得る範囲で、或る程度永久法に参与するということは明らかである」「しかるに、理性的な被造物は、他のすべての物と異なり、きわめて特殊な仕方で神の摂理に服する。すなわち、彼等は自己の行為や他者の行為を統御することにおいて、彼等自身摂理そのものへの参与者とされる。そこで彼等は永久の理性そのものの分け前に与かり、それにより、適当な行為や目的に向かう自然の傾向を得ることになる。かかる、理性的な被造物における、永久法への参与が、自然法と呼ばれる。かくて、ダヴィデ王が『正義の供物を捧げよ』と誦《しょう》したとき、彼はあたかも正義の供物は何かと問われているかの如く、『多くの人は言う、たれか善きことをわれらに見するものあらんやと』と付け加え、そしてそれに答えて、『エホバよ、願わくは聖顔の光をわれらの上に昇らせ賜え』と述べたのである（詩篇第四篇第六節）。あたかも、自然の理性の光――それによってわれわれは善と悪とを識別するのであり、それは自然法である――が、神の光の、われわれに対する刻印にほかならぬ如くに。そこで、自然法が理性的な被造物における、永久法への参与にほかならないということは明らかである。(16)」

大平のトマス・アクィナスとの出会いは、大平の思想形成にとって極めて意味深いものであった。

第一にそれは大平の若き日のキリスト教との出会いの宗教体験を自己の内面から再考し、意味づける貴重な機会を与えることとなったからである。大平が身震いを覚えるような知的興奮を感じながら、トマス・アクィナスの世界、西欧中世の宗教と生活が一体であった時代の歴史にのめり込んでいった状況が眼に浮かぶようである。

大平は『私の履歴書』のなかで、キリスト教との出会いをこう書いている。

「私が高商に入学して間もなく、工学博士佐藤定吉先生が来高し、講演を行われた。演題はたしか「科学と宗教」であったかと思う。佐藤博士は東北大学の教授をやめられてから、「イエスの僕《しもべ》会」という学生団体を全国的に結成して、科学を通してみたキリスト教の伝道に専念されていた。キリスト教は、私にとって全く無縁の世界であった。ところが、どうしたものか佐藤先生のお話に感動し、その夏は浅間山麓の研修会に参加したり、秋には青山の青年会館における全国大会にも出席するほど夢中になってしまった。そればかりか、同志とともに、しばしば東京や高松の街頭に立って、信仰の告白をすることも辞さないようになっていた。

しかし、佐藤先生の所説は、われわれに神に対する畏《おそ》れの念を植えつけるには役立ったが、その神がなぜ「愛」であるかについては、どうしても納得がゆくものではなかった。そのためには、キリスト教の教えをまたねばならなかった。したがって僕会の人々も、その後キリスト者としての道を歩んだ人が多く、先生の科学と宗教についての論説は、キリスト教への呼び水的な役割を果たしたものだった。

私の場合も、その後聖書を通してキリスト教に進んだ。もっとも、洗礼を受けた観音寺の教会以外には、特定の教会と関係をもつことなく、内村鑑三先生をはじめとして、その門下の塚本虎二、黒崎幸吉、江原万里等の諸先生の著作に親しんだ。矢内原忠雄先生には後日、大学に進学してからのことであるが、自由ケ丘のお宅の「聖書研究会」に参加させていただき、直接教えを受けた。

また、そのころ東松原のご自宅で、聖書の講義をされていた賀川豊彦先生のところにも、学友梅野典平君と一緒に出向いて聴講し、先生心づくしの昼食をいただいたりしたものである。[17]」

このような宗教体験、社会運動体験を経てきた大平にとって、トーニーを通じてのトマス・アクィナスとの出会いは運命的なもののようにさえ思える。大平はその卒業論文の小序の結びの部分でこう書いている。「聖トマスが今日に於いても尚顧みられ尊重される所以《ゆえん》は彼の学説が極めて秀逸であり今日に於ける問題に対する貴重なる示唆を含蓄していると言うだけではなく、彼の学説乃至はそれを通じて顕現される、彼の人格の教育的価値が比類なきものである為であろうと信ずる。かくてこそ真に古典の名に値する古典たる資格があるものと考える。[18]」

第二に、トマス・アクィナスとの出会いによって、大平は中世の自然法思想、中世の経済社会道徳を深く学ぶこととなった。それは大平にとって二つの重要な意味を持つこととなった。ひとつにはそれを通じて、大平は経済学における自然法思想の発展ともいうべきアダム・スミスの「神の見えざる手」の意味——それは単に「利欲」のみを目的とするものではあり得ない——を真に深く認識することとなり、それはやがて確固たる市場経済、経済道徳を伴った自由主義経済への信念と結びついていくこととなる。同時に、この中世の自然法の深い認識こそが、先に述べた東洋の古典哲学と融合して、やがて大平独自の真の保守主義の政治哲学へと次第に昇華していくことになるのである。

第三に、トマス・アクィナスとの出会いによって、大平は中世の経済社会を深く理解するようになり、そこにおける宗教と社会の結びつき、個人と国家の結びつき、部分と全体の関係について深い認識を得るようになるが、この中世経済社会の認識は近代産業社会の限界や矛盾を超える方向を模索するうえで、のちに大平にとって貴重な思想的財産となるのである。

四、人間的連帯の回復と田園都市国家の建設

タイムトンネルを通過するかのように、大平の時系列的な思想形成過程の考察の途中経過を飛ばして、大平の政治哲学を考察するレンズの焦点を一挙に卒業論文から三十五年後の昭和四十六年に合わせてみることとしよう。

この年の四月、前尾繁三郎会長のあとを継いで、宏池会の第三代会長に就任して自民党総裁公選に立候補しようと決意した大平は、九月の宏池会国会議員研修会において、「日本の新世紀の開幕――潮の流れを変えよう」という歴史的な政策提言を行った。

その冒頭で、大平は次のようにその時代認識を述べている。

「わが国は、いまや戦後政治の総決算ともいうべき転機を迎えている。これまでひたすら豊かさを求めて努力してきたが、手にした豊かさの中には必ずしも真の幸福と生きがいは発見されていない。ためらうことなく経済の成長軌道を力走してきたが、まさにその成長の速さの故に、再び

安定を指向せざるを得なくなった。なりふりかまわず経済の海外進出を試みたが、まさにその進出の激しさの故に、外国の嫉視と抵抗を受けるようになった。[19]」

この経済成長のパラドックスについての叙述は、トーニーが英国における近代産業社会の発展がもたらしたパラドックスを論じた『獲得社会』の論調とどこかで深く共鳴しているような響きがある。この近代産業社会のパラドックスを超える処方箋はどこにあるのか。大平はこれをまず、「人間的連帯の回復」に求めようとする。「人間的連帯の回復」とは何か。それは、大平によれば、近代産業社会が見失った人間的価値の再発見であり、再確立でなければならない。

大平は、昭和三十年代から四十年代半ばまでの戦後経済成長期を終えた直後の時期を見定めつつ、この「人間的連帯の回復」という一見抽象的に見える課題を真正面から次のように提起したのである。

「戦争と欠乏から解放された国民は、戦争や欠乏によって支えられてきた秩序からも解放されつつある。経営と労働の間だけでなく、老人と若者、上司と部下、教師と学生、医師と患者、その他人間関係一般に、ある種の断絶と相克が生まれつつある。これはわが国に特有のことではないが、わが国においては、敗戦による価値観の転換に加えて、経済の高度成長に伴い、経済構造の変化とりわけ核家族化の速度と規模が、特に激しかった。それだけに人間関係における動揺の振幅もまた大きいものがある。産業設備や公共施設が地域住民と摩擦をおこしている例も少なくない。また貧困者、老齢者、病弱者が繁栄の陰に取り残されがちである。これらのことはすべて国民的連帯感の弱化に起因するものであり、国家存立の基礎を掘り崩すものとなる。

われわれはこのような事態を最も憂慮するものである。

平和と豊かさの中に、分別をもった連帯感の横溢《おういつ》した人間を、いかにしてつくり上げていくか。それは政治の最大の課題であり、教育の基本的任務であらねばならぬ。……また、その道標は、人間的な連帯感の回復であり、その方向は、同族的連帯から地域的なそれへ、地域から国家へ、国家から国際へ、と進む連帯感の発展でなければならない。

そのためには、自他に対する甘え、無気力、無関心、絶望やエゴイズムをしりぞけ、より高い連帯価値に向かって、われわれの内発的なエネルギーを引き出すことである。わが国民は、老若男女を問わず社会的な価値の創造に参加し、真の生きがいを見出したい願望に駆られている。そうした国民の思いに道をつけることができてはじめて、われわれは、政治家としての尊い役割を果たすことになるのである。(20)」

「人間的連帯の回復」、「社会的な価値の創造への参加」こそ「政治の最大の課題」であり、それこそが「政治家としての尊い役割」であると説く大平のこの演説には、キリスト者として街頭に立ち、トーニーやトマス・アクィナスを通じて経済活動と人間的価値の分裂を克服しようと思索し続けた若き日々の求道者としての大平の真摯な姿が、老成した風格を帯びて浮かんでくるのである。

政治の最大の課題は決して物質的豊かさの追求のみにあるのではない。豊かさの中の精神的、文化的貧困こそ最も憂慮する事態でなければならない。トーニーが『獲得社会』と呼んだもの、経済道徳を欠いて利欲の追求のみに走る社会は心貧しきものである。それは人間の内面の豊かさを破壊し、人間と人間との心の触れ合いを断ち切り、社会有機体を瓦解させる。この人間関係の断絶と解体を克服することこそ、政治家の基本的な使命でなければならない。

大平はそのための具体的処方箋を「田園都市国家の建設」に求めようとする。大平は、先の演説を次のように続けるのである。

「民間設備投資を軸としたわが国のこれまでの経済成長政策は、いちじるしい成果をあげたが、他面内外にわたって多くの衝撃波をもたらした。われわれはまず、これらの衝撃波を緩和し吸収する施策を早急に進めねばならない。

国民生活はいまや公害、物価、交通等の面で、不安と緊張が高まってきた。国民は、物質的な豊かさを無限に追求するよりも、むしろ精神的にゆとりのある安定した生活を望んでいる。したがってわれわれは、この国民の希望にこたえ、この四つの島に、自然と調和したバランスのとれた人間社会をつくり出さなければならない。

それは激しい都市化傾向を防ぎとめる自動復元装置を持ち、農村と都市のメリットが調和した形で活かされる社会である。すなわち農山村に住みよい環境と就業機会を作り、これを豊かな田園に変え、その田園を都市にも導き入れた、いわば新しい田園都市国家である。この田園都市国家は決して今後の経済成長を否定するものではない。それは相互に相補う生産性の高い工業と農業が、また都市と農山村が高次に結合された社会である。……また田園都市国家は無数の個性的な地域社会によって構成され、これを有機的に統合したものである。地域によってその要求はきわめて多様であり、画一的なおしつけは許されない。……このような国家の実現は決して不可能なことではない。これを一億の人口を持つこの四つの島の上に実現するのが新しい世紀に対するわれわれの挑戦なのである。[21]」

この昭和四十六年の宏池会会長としての政策提言は、「人間的連帯の回復」をより具体的に「都市と農山村」の調和の回復のなかに求めようとしたものである。そこには、大平の卒業論文の問題意識であった「全体と部分との正しき関係如何」というテーマへの経済社会学的接近という問題意識が、三十五年という歳月を経てなお脈脈と流れていることを知るのである。大平は三十五年前の昭和十一年、卒業論文のなかにこう記している。「かかる研究は私をして全体と部分との関係を熟察する機縁をもたらし、個人の社会に対する正しい結び付きを教へ、或いは更に進んで全体の為に殉ずる精神を培養する上に与かって力あるものである[22]」。

大平が「田園都市」という言葉を明確に意識したのは、恐らくは大蔵省に入省した直後のことであろうと考えられる。大平内閣時代に首相の私的諮問機関として設置された九つの政策研究グループの一つである「田園都市構想研究グループ」の報告書が詳しく述べているように、「田園都市」（The Garden City）という言葉がわが国にはじめて本格的に紹介されたのは、明治四十年

（一九〇七年）にまとめられた内務省地方局有志編の報告書『田園都市』によるといってよいであろう。大平の生誕する三年前のことである。その後、この報告書は内務省、大蔵省をはじめ各省への入省者たちの間でかなり広く読まれ続けてきたといわれる。[23][24]

そもそも、田園都市に関するエベネザー・ハワードの最初の提案は、一八九八年（明治三十一年）に『明日――真の改革に至る平和な道』（Tomorrow）と題された著作において試みられ、ついで一九〇二年（明治三十五年）に『明日の田園都市』（Garden Cities of Tomorrow）の書名で僅かに改定されて出版されたものである。[25]

ハワードの提案に賛同した人々は、一八九九年（明治三十二年）に田園都市協会を創設して田園都市構想の実現に着手し、一九〇三年（明治三十六年）には、第一田園都市株式会社による最初の田園都市レッチワースがロンドンの北四一マイルの地に建設されるに至った。また、一九〇五年（明治三十八年）には、A・R・センネットの『田園都市の理論と実際』（Garden Cities in Theory and Practice）も出版されている。

「田園都市」（Garden City）という名称は、ハワードがはじめて使った新造語というわけではない。豊かな自然環境に恵まれた都市という一般的な意味において、この言葉はもっと古くから広く使用されていた。例えば、一八五〇年に建設されたクライストチャーチは、ニュージーランドの「田園都市」と呼ばれていたし、シカゴもまたみずからを「田園都市」と称していた。F・J・オズボーンによれば、公式名称として「田園都市」の名が与えられた最初の場所は、一八六九年（明治二年）にA・J・スチュアートによって創設されたニューヨーク郊外のロングアイランドであり、一九〇〇年までにアメリカには、このほかにも「田園都市」と名付けられた九つの村と一つの小さな町があったという。

ハワードは「田園《ガーデン》からなる都市」であると同時に、「田園《ガーデン》のなかにある都市」を意味するものとして、この「田園都市」という言葉に新しい意味を与えた。ハワードの「田園都市」の基本理念は、「都市と農村の結婚」「農村にある心身の健康と活動性と、都市の知識と技術上の便益と政治的協同の結婚」であり、この結婚の手段が「田園都市」の建設だったのである。

ハワードは、『明日の田園都市』のなかで、その理念を次のように述べている。

「『都市』磁石も、『農村』磁石も、いずれも自然の全計画と目的を表現するものではない。人間社会と自然の美しさがともに享受されるように工夫されなければならない。二つの磁石はひとつにならなければならない。男と女が異なる資質と能力によって互いに補い合っているように、都市と農村も相互に補完しなければならない。都市は社会の象徴であり、相互扶助と親密な協力の父たること、母たること、兄弟たることの象徴であり、人と人との間の広範な関係の象徴であり、広い拡大する共感の象徴であり、科学、芸術、文化、宗教の象徴である。そして農村は、神の人間に対する愛と思いやりの象徴である。われわれの生存と所有のそのすべては農村に由来する。われわれの肉体は、それから作られ、それに還るのである。われわれはそれによって養われ、それによって着物を着、それによって暖められ、住まうのである。(26)」

「都市と農村は結婚しなければならない。そしてこの楽しい結合から新しい希望と新しい生活と新しい文明が生まれてくるであろう。[27]」

「しばしばそう思い込まれているように、都市生活と農村生活の二者択一があるのではなく、実際は、第三の選択——すなわち極めて精力的で活動的な都市生活のあらゆる利点と農村のすべての美しさと楽しさが完全に融合した——が存在するのである。[28]」

井上友一博士、生江孝之《なまえたかゆき》氏ら内務省地方局のスタッフが、こうした西欧諸国における田園都市建設運動の進展に深い関心を寄せ、実地調査の上、「徹宵《てつしょう》、非常なる努力を以て」内務省地方局有志編の報告書『田園都市』を取りまとめたのは、すでに述べたように、ハワードの『明日の田園都市』が公刊され、レッチワースの建設が開始されてから僅かに四、五年後の明治四十年（一九〇七年）のことであった。

それは、英国ならびに欧州大陸諸国における田園都市建設の最初の動きを詳細に分析、紹介するとともに、近代産業社会の発展がもたらす社会問題を鋭く分析し、日本の今後の都市づくり、農村づくりの方向について、多くの分析と提案を試みた貴重な歴史的文献であった。

言うまでもなく、明治四十年という年は、日本が明治三十七、八年の日露戦争に勝利した直後である。この頃、日本はある意味で、外交・内政の両面において重要な歴史的選択の岐路にさしかかりつつあった。明治三十八年のポーツマスの日露講和条約の調印をめぐって、これを屈辱的講和とする猛烈な反対運動が起こり、日比谷では焼き討ち事件などの暴動が発生していた。明治三十九年には第一次西園寺内閣が成立、翌四十年には足尾銅山の暴動が発生するなど、労働争議が激化し、産業化、近代化をめざす日本は、海外膨張、軍事大国への道を選ぶか、民生民力の安定充実に力を振り向けるべきか、戦後経営の難しい局面に立ち至っていたのである。

大平正芳の生まれた明治四十三年（一九一〇年）、当時のほとんど唯一といってよい月刊総合雑誌『太陽』（博文館発行）が、「壹等国《いつとうこく》」と題する臨時増刊号（第十六巻第二号）を一月に出しているが、「一等国」という言葉は日露戦争後の時代の流行語のひとつであった。明治維新以来の「殖産興業」「富国強兵」による「追いつき、追い越せ」が、日露戦争の勝利によって一応達成され、日本もようやく「一等国」なみ、先進国なみになったという自信とうぬぼれがその背景にあった。だが、他方では、「一等国」とうぬぼれるのはまだ早い、と自重自戒を求める声も決して少なくなかった。

例えば、森鷗外は同じ年に『普請中《ふしんちゅう》』という短編を書いているが、そのなかで主人公に「あたりはひっそりとして人気がない。唯少し隔たったところから騒がしい物音がするばかりである。……外に板囲いのしてあるのを思い合わせて、普請中だなと思う」と述べさせたのち「日本はまだそんなに進んでいないからなあ。日本はまだ普請中だ」と語らせている。

日本で最初の田園都市に関する内務省地方局の報告書は、まさにこの明治末期の日本の普請中に書かれたものであり、「一等国」日本の現状と将来をめぐって論議が高まりつつある時代的背景のなかで書かれたものであった。そのなかで、この報告書の執筆者たちは、第一に西欧先進国の産業化、近代化のもたらす社会病理現象、特に都市と農村の分裂、人間的連帯の喪失、家族、地域社会などの解体現象に危機意識をもって取り組み、第二に日本の文化、社会の特質を生かしつつ、日本の普請の方向を見定め、そのデザインを描こうと努めていたのである。この報告書はその目的を次のように述べていた。

「都市を重んぜんか、また農村を主とせんか。二者ともに一得一失あるをまぬがれずして、そのひとつに偏重《へんちょう》するは、すなわちそのひとつを曠廃《こうはい》せしむるにほかならず。泰西《たいせい》の諸国は爾来《じらい》幾多の経験を経て、これらの問題を講究することすでに多年、最近におよびては、ついに両者のひとしくゆるがせにすべからざるを認め、都市農村の両者かならず相須《あいま》つべきことを唱えて、ここに二者の複本位論を生じ、中央と地方とを通じて、いっせいに全局の進暢《しんちょう》と、相互の調和とを完《まつと》うするをば、一国興新の第一要義となすに至りぬ」（報告書、二二頁）

「『田園都市』『花園都市』の名は、絶えてわが邦に聞かざりしところなり。されどその実体につきてこれを言わば、なんぞかならずしもひとつの「田園都市」なしといわんや、あにまた一種の「花園都市」なるものなしとせんや。これを当年平安の旧都に見ずや、山紫水明もっとも天然の風光に富み、春は東山の桜狩り、人はさながらに雲霞のうちを行くがごとく、秋は西山の紅葉二月の花よりも紅にして、路行く人の節を停めしむ。清栄玉のごとき加茂川の水、翠緑滴るがごとき吉田の杜、かかる自然の風趣は、それいかばかり市人を塵胸を洗い去りて、一段の爽気を与ふるなからんか」（同報告書、三五一頁）

日露戦争後の明治四十年代の世相と、高度経済成長後の昭和四十年代の世相とを単純に比較することは勿論できない。しかし、明治四十年代の空気を吸って生まれ、大蔵省入省とともにこの内務省地方局有志編の報告書『田園都市』を手にした大平にとって、この報告書の印象は強烈なものがあったと思われる。それはトーニーの近代産業社会批判の視点とも交錯しながら、「近代を超える」という大平の基本的問題意識へと連なっていったのである。

都市と農村はここでも対立した二極として取り扱われてはいない。それは近代社会の二つの中心として、ともに相互に補完し合い、調和すべきものとして認識されている。ここにも大平の「楕円の哲学」のいわば曲線的思考法が見られるといってよいであろう。

大平の時代認識のなかにあって、都市と農村が二つの中心となって描きだす楕円軌道のなかに、人間的連帯の回復を可能にする「近代を超える社会」の姿が浮かび上がってくるように、「近代」と「前近代」（中世）もまた、トーニーやトマス・アクィナスを通じて中世経済社会史を探究した大平にとっては決して対立する二極ではなかった。「近代を超える」ための楕円軌道は、大平の思考のなかにあっては、むしろ「近代」と「前近代」（中世）という二つの中心によって描きだされるものであった。

五、老子とトマス・アクィナス――東西の自然法思想の融合――

大平の理解した市場経済の原理やアダム・スミスの「神の見えざる手」は、決して「利欲」のみを求めてやまない競争原理ではなく、むしろ自然法と深く結び付いた神の摂理、従って人間の高い道徳性と結び付いたものであった。大平のいう「価値」は、単なる「経済的価値」ではなかったのである。大平のいう「価値」は「経済的価値」をはるかに越える、より高い、より包括的な「人間的価値」であった。政治はこの「人間的価値」の実現をめざすべきものであって、「経済的価値」のみの追求によってかえって「人間的価値」の破壊をもたらすようなことを断じてしてはならない。この「人間的価値」の描きだす楕円軌道こそ大平の政治哲学の描く「道」だったのである。

大平の自由主義の経済学と保守主義の政治学の両者は、(29)実にこの深い自然法理解を基礎とするものであったが、本論文ではその点についての考察は他の筆者に委ねてこれ以上立ち入ることはしない。

まことに、道とは、老子のいうように「道の道とすべきは常の道にあらず」である。万物は流転する。それが宇宙の根本法則であり、普遍存在としての道の運動形式である。この転変する巨大な動きのなかにあって、眇《びょう》たる人間の私意がなにほどの力を持つであろうか。むしろ進んで変化のなかに身を投じ、必然の動きに順応し、一体化せよ。そこに限りなく自由の境地が開けてくるであろう。物事をすべて変化において捉える。これが老子の自然観であり宇宙観、人間観、世界観であった。

老子は言う。「営魄《えいはく》を載せ一を抱き、よく離るることなからんか。気を専《もっぱら》にして柔を致し、よく嬰児《えいじ》たらんか。玄覧を滌除《てきじょ》し、よく疵《きず》なからんか。民を愛し国を治め、よく無為ならんか。天門開闔《かいこう》して、よく雌《し》たらんか。明白四達して、よく無知ならんか。これを生じ、これを畜《やしな》う。生じて有せず、なして恃《たの》まず、長じて宰せず。これを玄徳と謂う(30)」

その意味するところは、「一面的なものの見方を捨て去って、道から離れずにいるだろうか。自然の気を保って柔弱なること、嬰児のようでいられるであろうか。知識を万能とする迷いを拭い去るに、欠けるところはないだろうか。民を愛し国を治めるについて、無為を守っているだろうか。自然の変化のなかにあって、受身の立場に徹しているだろうか。事物の理を究めるにあたって、知の限界をわきまえているだろうか。道は万物を生み、万物を養う。万物を現象させながらもその現象を固定させせず、存在させながらも功を誇らず、完成させながらも支配しない。これが道の底知れぬ徳である」ということである。

老子の言う道とは、東洋の自然法思想といってもよいものである。大平はトマス・アクィナスの自然法思想理解を通じて、東西文化の根底にある深い共通性を発見したのである。

トーニーも指摘しているように、中世の経済道徳の哲学的根拠となっていたものが自然法思想であったことは言うまでもない。「人間が作るすべての法は、それが自然の法から導き出される限りにおいてのみ、法的な性格を持つ。だがもしどこかで、それが自然の法と矛盾するならば、それは直ちに法ではなくなり、法の堕落に過ぎなくなる」とトマス・アクィナスの『神学大全』は主張する。(31)

トーニーは、『獲得社会』（一九二一年）ののちに書いた『宗教と資本主義の興隆』のなかで、中世の神学体系が経済社会理論に与えた大きな影響について次のように分析している。「後世の重商主義者の思想が貨幣や価格や利子などに関するスコラ哲学者の理論に負うところは、かなり大きい。しかし、中世の著作者たちが、経済理論の技術的な点に与えた特殊な貢献よりもさらに大切なのは、その前提となった考え方であった。かれらの根本的な考え方には二つのものがあって、そのどちらも、十六、十七世紀の社会思想には深い影響を与えることになったものである。すなわち一つは、経済的な利害は人生の本務である救いに従属しているものだという考え方であり、二つは、経済的行為は人格的行為の一面であるから、それはその他の側面と同じく、道徳の規範に拘束されている、という考え方である。というのはそれなくしてひとびとは自己を支えることができず、おたがいに助け合うこともできないからである。聖トマスもいったように、賢明な統治者は、国家の基礎を置くにあたって、その国の天然資源を考慮に入れるものだ。しかし、経済的な動機というものはうさんくさいものだ。それは力強い欲望であるから、ひとびとはこれを恐れるのだが、またこれを称賛するほど、ひとびとは下賤でもない。他の強い情欲と同じく、必要なのは手綱をゆるめないで、これを抑制することであると考えられた。中世の経済理論では、道徳的目的に関連のないような経済的な行動はまったく考えられていない。射利心は一定の計量可能な力であって、他の自然力と同じく、不可避的な自明の所与として受入れられなければならぬ、という仮定の上に、一つの社会科学を基礎づけることは、中世の思想家にとっては、非合理的な、非道徳的なことに思われたのであろう。それは、闘争欲や性欲のような必要な人間の属性の無拘束な発動をば社会哲学の前提とすることが合理的でもなければ道徳的でもないのとほぼ同じことだと考えられたわけである。外なるものは内なるもののためにある、というのが掟である。経済財は手段にすぎない――あたかもわれわれがそれによって、浄福へと赴くのを助けられる手段のようなものである。

『この世の幸福を望むのは法にかなったことである。が、あたかもこれに安住しているかのようにそれを第一義的なものとせず、どこまでもそれはわれわれの肉体の生活を支え徳行の手段として役立つ限りにおいて、祝福の助けとなるものだと、考えなければならない』聖アントニーノのいうように、富は人間のためにあるのであり、人間が富のためにあるのではないのである。[32]」

大平の政治哲学は思想史的に見ると、老子とトマス・アクィナスという東西二つの自然法思想を中心とする楕円の哲学であった。しかし、大平の政治哲学のなかの楕円はそれだけではない。競争と協調、個人と集団、世俗と宗教、自由と規律、部分と全体など、実にさまざまな対概念が、大平の意識のなかでは緊張と調和のなかで楕円軌道を描きつつ芸術的に均衡している。

しかし、そこにもう一つ時間軸という複雑な構造を入れるとき、大平の政治哲学は楕円軌道を描きながら時間軸にそって螺旋状の運動を続けていく「永遠の今」となる。前近代（中世）――近代――超近代は単純な単線的構造ではなく、螺旋状につながる楕円軌道をなすものとして認識されている。そしてその螺旋軌道はただ循環しつづけているのではなく、ゆっくりと究極の人間的価値である真善美――神概念に向かって上昇していくのである。

それは古生物学者ティヤール・ド・シャルダンの『現象としての人間』のなかの、「終局の点」＝Ω《オメガ》点に限りなく近づき、収斂《しゅうれん》していくという「人格化する宇宙」のイメージにも似ている。

ティヤールは言う。「精神圏が、そして最も一般的に宇宙が、構造的に単に閉ざされているというだけでなく、また一点に集中している全体であることをも理解する場合だけ、われわれのすべての難題とすべての反撥は全体と人格との対立に関しては消滅する。空間＝時間は意識を含み、生み出すから、必然的に収斂する性質を持つ。だから適当な方向にむかう際限のない層は、ある「点」――それを「終局の点」（Ωの点）と名づける――へいわばうねるようにして進むはずであり、その点がすべての層を一つに融合させ、それぞれの自己のうちで完成させる。……宇宙を思考し、受入れ、宇宙に働きかけるためには、逆の方向ではなく、われわれの魂の彼岸を観察しなければならない。精神発生の立場からすれば、時間と空間が実際に人格化されるようになる。というよりもむしろ人格を超えたものになる。宇宙的なものと人格的なもの（つまり「中心の定まったもの」）は矛盾しあうのではなく、同一方向にむかって交叉し、互いに同時に頂点に達する。

従って、われわれの存在と精神圏の延長を非人格的なものの側に探し求めることは誤っている。未来の宇宙は終局の点において人格を超えるものにほかならないであろう[33]」

恐らく大平はこの古生物学者ティヤールの卓越した見識に、深い共感を示すことであろう。しかしなお、大平のなかの「老子」はこう呟くのではあるまいか。「どうして西欧的理性というものは、すべてを単一の点に収斂させないと気がすまないのであろうか。人格を超えるものを、人格は知ることができない。ティヤールには『無知の知』がまだまだ不足しているのではないか。宇宙は「終局の点」にむかって収斂しつつあるというよりは、しずかに『無』と『空』のなかをゆっくりと循環し、旋回しているのではないか。そしてそれこそ玄妙なる道であり、『道の道とすべきは、常の道にあらず』（『老子』）ということのほんとうの意味なのではないか」

「天地の間は、それ橐籥《たくやく》の如きか。虚にして屈せず、動きていよいよ出ず。多言はしばしば窮す。中を守るに如かず[34]」だ、と。

（1）大平正芳回想録刊行会編『大平正芳回想録―資料編』（一九八二年）三九二頁
（2）「良賈深蔵若虚　君子盛徳容貌若愚」『史記』「老子伝」
（3）大平正芳著『素顔の代議士』（20世紀社、一九五六年）九～一〇頁

（4）『老子』（徳間書店、一九七九年）三六〜三七頁
（5）「有老人、含哺鼓腹撃攘而歌曰……」『十八史略』「五帝・帝堯陶唐氏」
（6）大平正芳著『私の履歴書』（日本経済新聞社、一九七八年）四九頁
（7）張養浩『為政三部書』（安岡正篤訳、明徳出版社、一九八一年）三〜二三頁
（8）大平正芳記念財団編著『大平志げ子夫人を偲ぶ』（一九九一年）二三二頁
（9）『私の履歴書』三〇〜三二頁
（10）宮澤健一「大平哲学のふるさと」（大平正芳回想録刊行会編『大平正芳回想録—追想編』所収、一九八一年）三六七頁
（11）R. H. Tawney: The Acquisitive Society, G. Bell and Sons LTD. 1952
（12）大平正芳「職分社会と同業組合」（前掲書、『大平正芳回想録—資料編』所収）一〇三〜一〇四頁
（13）『大平正芳回想録—資料編』一〇四〜一〇五頁
（14）前掲書、一〇五頁
（15）トーニー著『宗教と資本主義の興隆』（岩波書店、一九六二年）下巻、二一六頁
（16）S. Thomae Aquinaties: Summa Theologiae, I a 2ae, quae.91, art,I and 2.（トマス・アクィナス『神学大全』、創文社、一九六〇年）
（17）『私の履歴書』二二〜二三頁
（18）『大平正芳回想録—資料編』一〇五〜一〇六頁
（19）前掲書、二〇六頁
（20）前掲書、二〇八頁
（21）前掲書、二一〇〜二一二頁
（22）前掲書、一〇五頁

（23）大平総理の政策研究会報告書―2、田園都市構想研究グループ『田園都市国家構想』（自由民主党広報委員会出版局、一九八〇年）
（24）内務省地方局有志編・香山健一解説『田園都市と日本人』（講談社学術文庫、一九八一年）
（25）Ebenezer Howard : Garden Cities of Tomorrow, The Town and Country Planning Association.（エベネツァー・ハワード『明日の田園都市』長素連訳、鹿島出版会、一九七五年）
（26）『明日の田園都市』八三頁
（27）前掲書、八四頁
（28）前掲書、八四頁
（29）すでに昭和二十八年、大平は「安くつく政府」と題して次のように述べている。
「要するに財政の哲理は税金を少くすることと公金を大切に使う事に尽きるといっても過言ではない。アダム・スミスが、国家の機能を出来る丈制限して、市民社会により多くの自由を享受させようとした事や、近くはアイゼンハワー大統領が安くつく政府（Cheap government）を作り上げる事に腐心している事も、煎じつめればこの財政の哲理を実践に移そうという苦心に他ならないのだ。

ところが満州事変以後今日に到る迄のわが国の財政は、中央といわず地方といわず、膨張に膨張を重ねて来たし、税金は益々重くなり、全国津々浦々に怨嗟の声を聞くようになって来た。誠に悲しむべき事である。これからの政治は、この弊風を如何にして是正して安い政府をどうして作り上げるかという事がその悲願であらねばならないと私は思う。」（『素顔の代議士』一〇六～一〇七頁）

また、保守合同の行われた昭和三十年一月に、既に大平は保革対立の無意味なることを主張した「保守と革新」のなかで次のように論じている。

「今日の日本における保守と革新の対立は、今日のようなあり方では全く無意味であって、一片の戯画にしかすぎないとみられよう。いち早く両者は共通の分母を掘り求めて、その上で実効性ある論議を展開することが何よりも肝心である。」（『素顔の代議士』二〇一頁）

こうした大平の自由主義、保守主義の哲学については、別にあらためて詳細に論ずることとしたい。

（30）『老子』四八頁

（31）『神学大全』、第一部の二、第四十五論題、第二項

（32）『宗教と資本主義の興隆』六八～六九頁

（33）Pierre Teilhard de Chardin : Le Phénoméne Humain,Edit,du Seuil,Paris,1955.（ティヤール・ド・シャルダン『現象としての人間』、美田稔訳、みすず書房、一九六四年）、三〇二～三〇三頁

（34）『老子』四二頁

第五節　大平正芳と私

エドウィン・O・ライシャワー博士（元駐日大使）による序文

――英文大平伝記――

『Postwar Politician - The Life of Former Prime Minister MASAYOSHI OHIRA』（講談社インターナショナル・１９９０）所載

没後十年に刊行のPOSTWAR POLITICIAN ―― The Life of Former Prime Minister MASAYOSHI OHIRA（講談社インターナショナル・平成二年）の序文。同じく日本版『大平正芳――人と思想』（大平財団・平成二年）の序文。

大平正芳と私は、ともに一九一〇年、明治四十三年生れである。日本、特に当時の日本では、数え年で自分の年を数えていたので、彼がなくなった年は、われわれ二人とも七十一歳と言うことになるが、実際には、私より七カ月早い生れだった。彼は二百十七日しか年上でないのに、よくふざけて自分のことを「センパイ」、この私を「コウハイ」と呼んだものである。

私の見た大平正芳像

しかし、年齢の近さだけが私の大平に対する特別な親近感の理由ではない。初対面の彼は、控えめでどんな人か、いささか分かりにくい印象だったが、その後会うたびに、私は彼に深い友情と信頼と尊敬の念を抱くようになった。そして、いつの間にか、私は彼の中に日本の将来を担うリーダーを見出すようになっていた。

大平は控え目に見えることにより目立つ人物であり、人に追随するように見えることで人を指導する人物だった。その理由は、彼が未来についてのヴィジョンを持っていたからといえる。（戦後）ほとんどの日本人が自分を見失い、生きるための指針を必死に求めていた時にも、彼の視座からすれば（復興のため）前進するには、前もって国民の広い理解が必要不可欠であることをよく知っていた。また、国民がその方針に従う心の準備が必要なこともよく承知していた。そのため、人々に無理強いするようなことはしなかった。しかし、その時すでに、彼のヴィジョンは、早晩すべての国が地球規模の秩序を必要とする時が必ず来る、とはるか未来を予見していたのだ。でも、その時点では、日本がまだまだその役割を担う用意が出来ていない。そのことを知っていたので、あえて物議を醸すようなことはしないで、満を持して来たるべき時に備えていたのである。

大平は、偉大な才能を持つ天性の政治家であった。それだけに、彼がその気になれば、日本をいま以上に大きく前進させることが出来たかもしれない。しかし、もし彼がその時代に実際にそうしていたなら、おそらく彼はその後に得たような政治の指導権を摑むチャンスを逸して、他のダイナミズムに乏しい凡庸な政治家の後塵を拝すことになったであろう。今でこそ、日本は他のいかなる国にも劣らない工業力と経済力を持つ大国となったが、かつての日本にはまだそこまでの強さはなかった。しかも、他の先進諸国やアジアの多くの国々、とりわけ日本の近隣諸国には深い怨念が残っていた。それだけに、大平自身、その当時は、自らの目的を達成するにはそれなりの時間がかかることをよく承知していた。それでも、彼は、その時から明らかに「強い日本」を目指す計画を持っていたのだ。世界がグローバルな平和の秩序を創り出すためには日本も指導的な役割を果たす責任があることをその当時から認識していたからである。日本と世界各国に開かれた唯一の道は、世界貿易と国際正義への道である。そのことを大平ははっきりと認識していた。彼はそのゴールに向かって、イソップ物語の亀のようにゆっくりと歩を進めた。時にはまるでその歩みを止めたかのように見えることすらあった。しかし、彼には明白な目的と確固たる信念があった。私の目に映った彼は、いかにも彼らしい謙虚さの中に屹立する巨人そのものであった。

大平は、エネルギッシュで卓越した人物だった。しかし、その数々の美質をひけらかすことはなかった。それらの資質は、そのめざましい財政運営能力と政治的ヴィジョンの構想力は勿論、その他のどれをとっても、彼を第一級の政治的リーダーたらしめる卓抜さに満ちていた。しかし、その中でも真に大平を傑出した人物としている点は、彼がすぐれた先見性を持っていたこと、そして、よりよい世界を作るための確乎たる指導理念を持ち続けていたことである。

私は、日本語に英語の「ポリティシャン」と「ステーツマン」をはっきり区別する言葉があれば良いのに、と思うことがよくある。日本語ではそのいずれもが「政治家」と訳されるが、両者の間には天と地ほどの違いがある。ステーツマンとは、自らの政治生命を賭けるだけの政治的信条を持ち、その信条への明確な責任意識を持つ政治家のことである。勿論、ステーツマンも、ポリティシャンと同じく国民を上手く統御する手腕と資質を持っているが、それ以上のもの——即ち一連の明確な政治的信条の指針と、その大義に殉ずるだけの強靭な意志——を持っているのがステーツマンである。

かつて、大平は私に、自分がクリスチャンだと話してくれたことがある。後になって、彼が若い頃、街頭で福音《ふくいん》伝道活動を行ったこと、その後、矢内原忠雄のもとでキリスト教・無教会派の教義について、より高度な教えを受けたことなどを知ることが出来た。私の推察では、このようなクリスチャンのバックグラウンドこそが、大平を単なるポリティシャンではなく、ステーツマンたらしめる人格と思想の形成に寄与したのではないだろうか。われわれ二人の間で、とり立てて信仰について議論をしたことはない。また、彼の日頃の政治活動や、将来の世界についてのヴィジョン、あるいはその基となる政治的信念・信条などについて、まとめて聞くという機会は遂になかった。そのため、私が心がけたことは、二人の間のその都度の会話や、やり取り、その他の小さなエピソードの数々を通じて、彼の考え方や彼を動機付けたものが何だったのかなどを、ひたすら推察したに過ぎない。そこから浮かび上がってきた大平像は、単に老練なポリティシャンではなく、偉大なステーツマンそのものであった。こうして、彼のことを知れば知るほど私は、大平がいずれ世界的な指導者になるだろう、と確信するようになっていた。

二人の生い立ちと青少年時代

大平と私は、時間的にも空間的にも、そう遠くないところで生れた。彼の生れ故郷は、瀬戸内海の東端近く、この内海を囲む三つの本島（本州・九州・四国）のうち最も小さな四国。その北東の一端にある村だった。彼の村は、私が生れた東京からほんの四〇〇マイル（六〇〇キロメートル）先にあった。鉄道がすでに日本の山裾に沿って張り巡らされ、汽船が内海を航海していた。だから、距離的にはそれほど遠くはなかったと言えよう。しかし、その距離にほぼ近いボストンからフィラデルフィア、あるいはシカゴからセントルイスの間のその当時の往来と比べると、彼にとってそれほど楽な行程ではなかったに違いない。その距離の差は、日米の文化の違いとほぼ一世紀の時間差を考慮に入れれば、ある意味ではなはだ大きいものだろう。日本が西欧に追いつくには、依然として多くのやるべきことが残されていたといえる。大平の生れた香川県は、まだまだ封建的旧弊に絆《ほだ》されていた。一九一〇年当時、香川から東京への道のりは、はてしなく遠いままだったといえる。

アメリカの少年と同時代の日本の少年との間の文化的ギャップは、それ以上に大きかった。当時、日本に住んでいる欧米人は極端に少なかった。私は、若き日の大平が十代後半までに、いわゆる「西洋人」を見たことがあったかどうか、それさえ疑わしいと思っている。勿論、私のまわりには数多くの日本人の少年がいたが、私は彼らと行き来するまでにはいかなかった。彼らはからかい半分に「グドバイ」と声をかけ、「イジンパッパ、ネコパッパ」というなんとも訳しようのない言葉を浴びせかけて来たものである。これはおそらく、われわれの目の色の違いや聞き取れない言葉が、猫のそれと同じように神秘的に思えたからではなかろうか。

日本の少年達は、真芯に当れば素晴らしい飛びを見せる小さな硬いゴムのボールで野球をしていた。しかし、私が仲間に入れてもらいたくて何時間も近くで立っていても、決してお呼びではなかった。日本の少年達の内輪グループは、私のような一目でわかるよそ者に対し場所を用意してくれはしなかった。

私の若い頃は、ラディヤード・キプリングの時代の名残があった。私はキプリングの考え方を受け入れるつもりはなかった。私の両親は伝道教育者で、ミッションスクールを次々に立ち上げる仕事を助けていた。その運営に当っては、日本人の上司の部下になることに何のためらいもなかった。両親は、自分達が関係する日本人のキリスト教の指導者に対しても、多大の敬意を払っていた。父は、日本の仏教研究では少しは知られた存在だった。同僚の西洋人がそのことに難癖をつけて来た時などには、日本の仏教について十分な知識もなしに、この洗練され知的な宗教を非難しようとすることは愚かであると指摘した。両親は、当時のイギリス人がアジアで持っていたラージの精神（支配者意識）などひとかけらも持っていなかった。どの分野の日本人の役人に対しても全幅の信頼を寄せていた。つまるところ、ここは彼らの国なのだ。そして彼らには自らの手で国を組織し、彼らに適すると思われる仕方で統治する権利がある。そのような考えの持ち主だった。我が家では、ほぼ常時、二、三人の召使を雇っていたが、その誰をも分け隔てなく家族のように遇した。彼らも夜の礼拝に参加をしたし、私たち子供の養育のためにも大きな役割を果たしてくれた。

私は、ごく自然に父と同じ態度を身につけ、成長するにつれ日本の経済的・軍事的強さ、その近代化のスピードに誇りを持つようになった。われわれ東京に住む数少ない西洋人の子供は、大帝国の首都としての東京に誇りを持っていた。われわれは、横浜や神戸の高慢ちきな西洋人を嫌った。そこでは、一九世紀流の不愉快な態度が東京よりも多く残っている様子であった。われわれは、多くの西洋人が見せる軽蔑に日本人が憤りを持つことの良き理解者だった。当時、軍事的台頭が遅れたというだけの理由で、日本が比較的小さな帝国の分け前にしか与れないのは、どこか不公平である。そう思う日本人の感情についても理解できた。ロシア、ドイツ、フランスの三国が露骨な人種的パワーゲームを演じ、日本が一八九五年の中国との戦争で、ようやく手にした分け前の多くをはき出させた――この（三国干渉の）ニュースは、ほとんどの日本人と同じように、われわれを怒らせた。この三国がハイエナの群れのように、日本が放棄せざるを得なかった領土にむさぼりつくさまは、われわれの憤激を更に高めた。一九一九年のベルサイユ講和条約で（日本が）提案した人種的平等に関する条約をアメリカ、カナダ、オーストラリアが不遜にも却下したときには、大部分の日本人がそうであったように、平等に扱われるべき国に対するあるまじき侮辱だと感じた。その行為は、明らかにそれまでの「東洋人」の移民に対する傍若無人な障壁政策の一環に過ぎないことが見えみえだったからである。

「B. I. J」すなわち「日本生まれ（Born In Japan）」として知られていたわれわれ若者は、明らかにアジアの民族主義者であった。われわれのこの態度は日本の問題だけに限られてはいなかった。われわれが当時の日本人同様、朝鮮や台湾における日本の帝国主義に対しては盲目であったことは別にして、わが「B. I. J」が、その当時激しく反対した点は、日本以外のアジア諸国のほとんどを併合したヨーロッパ列強の行為であり、さらに大多数の西洋人がアジア人に示していた尊大さや厚かましい優越感だった。しかし、この民族主義的態度については、このあと他のほとんどの列強諸国が帝国の建設を遂に断念するに至ったのに、逆に一九二〇年代になって日本が帝国主義に遅れて回帰して来たこと――その日本の外交方針に対する疑念から、われわれの態度を変える契機となってしまった。そこに、日本の帝国主義の世界平和に対する脅威を見出したからである。

私はもちろん、日本人の友達がまったくいないわけではなかった。私は、町を歩くのに不自由しないだけの十分な日本語を身につけていた。父の教え子のなかには、英語の上達のために、年齢の違いもかまわず、われわれ子供と友達になろうとするものもいた。主に外国で育って、日本のアメリカンスクールに通い、アメリカ的人種の坩堝《るつぼ》の精神に染まり、完全にわれわれの仲間に溶け込んだ日本人もわずかながら存在していた。一部の華族出の日本人とは、その時と人により理由はいろいろだったが、常に交流があった。しかし、一九二七年に高校を卒業する前と、そのあとアメリカの大学に入学するために日本を離れるまでの間は、日本人の友達はほとんどできなくなった。それに続く八年間のアメリカとヨーロッパでの勉学の期間は、日本人との接触はほとんどなかった。その時は、まさに私の歴史への関心が古代の中国や日本へと向かった時期にもかかわらず、であった。

私と同い年の正芳のような少年とのつき合いが少なかったことは、この私にとって何とも残念なことだった。私は彼から大変多くのことを学んだだろうし、彼もまた私から多くのことを学んだことだろうに。一つの理想的な世界——彼と私が共に成長し、共にキャリアを積む世界——がそこには存在したに違いない。しかしそれは、所詮、異なる星での夢物語に過ぎなかったのだ。現実には、文化的・人種的相違はわれわれを大きく隔てていたし、社会的障壁は多分もっと大きかったからだ。私の父は尊敬を集める学究的な教育者で、正芳の父は地方の村の中流農家の家長であった。今では、当時と比べて階級的隔たりはアメリカでは驚くほど縮まったし、日本の場合はそれ以上に良くなっている。しかし、当時の差別の厳しさの比較からすれば、一九三〇年代になるといくらか和らいで来ていたとは言え、一九一〇年当時について言えば相当なものだった。特に、厳しい封建制が取り除かれて四十年しか経っていない日本では、とりわけそれは歴然としていた。

正芳と私が歩んだ道は、おそらく戦場を除いては交錯することはなかっただろう。その時代、われわれは大変な変化の世紀に突入していた。しかし、そのなかで、二人がどのような教育のコースをとるかは、それぞれの意思に任されていた。彼は、その当時の日本の正規の教育コースを受けて大望を果たすという道を選んだ。それは、日本の教育の全学歴を終え官僚への道を進むことだった。そしてそこからは、より厳しいキャリア官僚への急峻なスロープを登ること、そして更に政治の世界で指導的ポストを目指す道が残されていた。私の方は、ほかの中流階級の少年達と一緒に大学生活を送り、最終的には学問的関心が募るにつれ、大学教授への道を進んだ。

二人の若い頃を振り返ってみると、もしも厳格な階級的差別が存在せず、日本人と西洋人が交流することがもっと容易だったら、大平と私は、そののちその確信を共有するに至った世界の一体化の理想のために、もっと先駆的に、もっと素晴らしい貢献が出来たことだろうに。そう思うと本当に惜しまれてならない。それを言っても詮《せん》ないことだが、二人が五十一歳という中年になってからではなく、少年時代からずっと友情を育んでいたなら、どんなに素晴らしいことだっただろうか。

明治維新以降の自発的民主主義の系譜――大正デモクラシーをもたらした要因

大平の育った幼少年期は、大正デモクラシーとして知られる時代の最盛期にあたっていたが、実際には、日本のデモクラシーの歴史は、（大正以前からの）数十年に及ぶ年代区分がしにくい期間に次第に発展してきたのである。（明治維新で）古い封建制度が正式に終わりを告げた後の数年の内に、参政権をもっと広い層に与えよ、という強い要求が日本各地で高まった。封建制度は一八六八年に崩壊し、早くも一八七〇年台初めには政党が結成されはじめ、参政権の要求は都市部の商人や農民の間でもごく普通になってきていた。

一八九〇年には、権威主義志向だった新政府も、民衆に若干の政治権力と市民権を認めることを余儀なくされた。しかし、その後、政府が驚いたことには、民衆はそれ以上のことを求めて来た。彼らは、一八九〇年の憲法で認められたある譲歩条項を利用して、当初の想定以上の政治的影響力を行使するようになった。選挙で選ばれた議員が政治家として、官選の為政者と権力を分かち合うようになる。そして、一九一三年（大正二年）までには、日本の内閣は選挙による議会、すなわち「国会」の多数派の参加や支持がなくてはうまく立ち行かなくなる。一九一三年は、しばしば大正デモクラシーの始まりと言われるが、そこには、それ以前の四十年に及ぶ自発的な民主主義の発展の歴史があったのである。

大正デモクラシーの申し子――ステーツマンとしての思想・理念・教養の培養期

一九一三年に続く数年間は、大平と私にとって最も大事な人間形成期にあたるが、それは同時に、日本にとっても、かつてなくオープンで自由な時代を意味した。一九一八年には、日本で初めて、ほぼ完全な形の政党内閣が成立した。大英帝国、フランス、アメリカ合衆国という三つの民主主義国家が、（第一次大戦で）ドイツやオーストリア・ハンガリー帝国の独裁国家に勝利を収めたこと、そして最も後進的な独裁国家であったロシアが革命で崩壊したこと、それは新しい時代の明確なサインに思われた。こうして、日本の未来は、帝国主義的征服にあるのではなく、自由貿易と国際協力――とりわけアメリカ・イギリスとのその価値観の共有――にあることがいよいよ視野に入ってきた時代だったのだ。

その当時の社会的・知的な風潮は、大変リベラル色の強いものであった。知的・社会的自由の風が大都市だけでなく、日本全土を駆け抜け、正芳の住んでいる片田舎にも届いていた。同様のことは、合衆国でも起こっていたが、永いあいだ孤立して封建的であった日本で見られたようなハリケーン現象ほどにはならなかった。後年の大平の人生を特徴づけることになる民主主義精神と開かれたグローバリズムは、明らかに、その精神と活力の多くを大正デモクラシーの時代——学生時代の彼を鼓舞してやまなかった時代——から生み出されたものである。

大平が進学をして故郷の村から都会（高松）へ移ったとき、彼は深い宗教的体験をした。このような逸話はすぐれて個人的で特殊なものだから、それを他人が理解したり説明したりするのは容易なことではない。しかし、私の見たところ、彼がこの特別な体験から多くのことを学び、それが後の彼の人生に深い影響を及ぼしたであろうことに疑いの余地はない。約一年間、キリスト教の巡回宣教師の影響を受け、夜は街頭で伝道の小冊子を配って過ごした。彼の師は、明らかにカリスマ的な人物で、この若い弟子に強烈な印象を与えた。しばらくの間、大平の全人生はこの新たな関心に向けられたかのようだった。私は、彼があるとき、こう見えても学生時代に英語を教えて生計を立てていたことがあると話してくれたことを思い出す。その頃の私との会話ではほとんど英語を使わなかったこともあり、彼はそれを冗談として言ったのだが、これは、彼が当時のささやかな英語の知識をもとにしてでも伝道者の仕事のためにお金を稼ごう、と言う彼の宗教的献身、そのための強靭な精神の在り様を示す格好のエピソードだったと言えよう。

後年、大平は自分の宗教的体験については多くを語らなかった。でも、ここで明らかなことは、彼の宗教体験が、内村鑑三の無教会運動を引き継いだ矢内原教授の下で教えを受けたことで、新たな性格を帯びたということだろう。この教えは、それまでの大衆的福音主義やカリスマ的伝道者による運動ではなかった。そのような感情に訴える教えではではなかった。それは思想や理念によって導かれる人々のためのものだった。要するに、その後の大平がそうだったように、知的で政治的な指導者のためのものであった。この体験は、おそらく彼が指導者としての道を歩む上で一つの不可欠なステップだったのだろう。それは、彼が、日本を超えて存在する世界というコンセプト、人間的連帯についての認識、そして国際的な法と秩序についての見識を身につけるのに役立ったに違いない。換言すれば、人類が存続するためには将来的にどうしても達成しなければならない「一つの世界」、その構築のための原理原則について学んだに違いない。

大平は、大正デモクラシーの真正の申し子であった。彼はそれゆえに「ステーツマン」への道を選んだ。その当時、日本では官僚は権威があり尊敬されていたが、大平は、単なる高級官僚への道に安住することをあえて潔しとしなかったのだ。彼は、ステーツマンとして、日常的ニーズを超えた視野を持ち、この国を時代遅れの国際的な孤立の過去から、国際的な協調と貿易というより広い地平に導くために身を捧げて来たのである。それこそが、日本が世界の中で生き残る唯一の道だからである。

第二次大戦前夜から戦中時代——社会への波乱の門出

大平が、日本の経済学専門の指導的国立大学である一橋大学を卒業するまでには、大正デモクラシーの精神は衰微の道をたどっていた。軍部が一八九〇年の憲法の曖昧さを利用して、事実上この国の支配権を握るようになったからである。大正デモクラシーの政策は、世界貿易と米英との緊密な協力関係を基軸にしていた。しかし、日本の軍部はそれとは正反対の政策をとり、あらたに中国に軍事進攻をはじめ、日本を米英二国との対決の道にひき込んだ。自国の資源だけでは、工業用・軍用ともに十分な石油が得られない日本は、これらの大国との戦争を選ぶか、軍部が難色を示す（大陸からの）撤退を選ぶかと言う困難な選択を迫られることとなった。

この事態に対する大平の態度はどうだったのだろうかと人は尋ねるが、この点に関して記録は黙して語らず、である。しかし、彼の考えが、私や多くの若者と同じだっただろうことは間違いない。当時起こっていた事態に対し、われわれは困惑しつつも注視するのみだった。職業についたばかりのわれわれには、個人的に何かできることがあるとは思えなかった。私は、アメリカ軍から半ば強制的に日本語の無線暗号の解読と翻訳の任務を命じられるまでは、学究生活を続けるほかなかった。

戦争が始まったとき、私の選択は簡単明瞭だった。私は、日本が中国や他の国々を征服しようとし、アメリカに「卑劣な」奇襲攻撃を加えたことは間違いである、との判断自体に何の疑いも抱かなかった。大平の立場はといえば、民主主義や国際協調への信念と、一方では祖国への当然の愛国心との間で揺れ動いて、私よりはるかに混乱していたに違いない。卒業とともに大平は、政府の最も重要な文官官庁の一つである大蔵省に入り、社会的に地位の高い数少ない新任ポストを手に入れた。最初の重要な配属場所は、日本軍が内蒙古という名のもとに手に入れた中国北部の広大な地域の主席文官代表であった。

戦後の大変革期――官僚から政治家への転身

大平は、キャリア官僚として重要な地位につながる選ばれた人だけの急峻な階段を登って行くのだが、その後の数年の歩みについては、本書に詳しく記述されている。戦後のその期間、彼が枢要な役割を担えたのは、特に戦後初期の数年間の厳しい復興の時代に、政府全体の運営の決定的な司令塔だった大蔵省に所を得ていたからである。

しかし、戦後の大変革のこの時期に、大平は、権勢と名誉を約束された大蔵官僚から、それより不確かな政治家の道へと転換する重大な決断をした。一九四七年の新しい憲法によれば、国会は「国権の最高機関」となり、「国の唯一の立法機関」となった。これにより国会は、官僚はもちろんのこと、象徴天皇をも、さらに、専横を極めた旧軍隊の解体後に生まれた軍隊をも統べるようになったのだ。ちなみに、日本は、実はすでに戦前からイギリス議会の基本制度を採用していたのだ。一九二〇年代後半から三〇年代にかけて、軍に外交そして全政府の権力を掌握されるという（空白）期間があったにせよ、実際には、それ以前の大正デモクラシーの時代に、すでに議会制民主主義の道を歩んでいたのである。

国会に権力が移行したのを受けて、何人かの野心的な官僚は官界を離れ、権力を手にする究極の道として政界に転身してきた。外務省の吉田茂が先鞭をつけ、一九四五年十月から一九五四年十二月までの九年間のうち六年間、総理大臣をつとめた。そして、一九五七年から七二年までの十五年半のあいだに、このポストに三人の政治家がついたが、三人とも戦前の官僚だった。この三人のうち、一九六〇年から六四年のあいだ総理をつとめた池田勇人は、大平に最もよく似ている。彼はまぎれもなく、大平に最大の影響をあたえた人物である。彼は大蔵省で大平の先輩だった。早くからこの後輩が気に入り、その判断力に信頼を寄せていた。池田は、後に大平が見せるのと同じように適切・確乎たるリーダーシップを発揮した政治家だった。彼には幅広い政治的視野と、ゆるぎない楽観主義があった。しかし、一九七二年が過ぎると、政治権力は次第に官僚の経験をもたない党人派の政治家の手に握られるようになった。大平のような政治家がむしろ例外になってきている。

池田や吉田、その他、戦後のすべての首相は非常に親米的だったが、なかでも大平が傑出していた。そして彼らは、戦後日本の不備な軍事態勢を補完するため、日本自身が軍事的役割やその旗振り役的立場に追い込まれないかぎりは、全面的にアメリカに協力をしてきた。日本の世論はかなり厳格な平和主義に傾いていて、自分たちが国際紛争や軍事紛争に巻き込まれるいかなる役割にも不安を示した。その世論が民主的政治システムに組み込まれてしまい、政治家を身動きできなくしている。彼らの個人的意見はどうあれ、日本の指導者の誰もが、日本を戦争に巻き込む危険性の少ない「低姿勢」外交へと追いやられる羽目になっている。

私の見た日本の政治システム——英米と異質、されど十分に先進民主主義国

日本の統治システムは十分に民主主義的であると言ってよい。しかし、モデルとなったイギリスのそれとはまったく違っている。さらに三権分立と強大な大統領権をもったアメリカのシステムとはそれ以上に大きな違いがある。日本の民主主義がイギリスやアメリカのやり方と違っている主な理由は、日本の特異な選挙制度にある。

衆議院、すなわち下院は大半の立法権を行使するが、議員はいわゆる中選挙区制によって選ばれる。選挙区は有権者数に応じて三名から五名の定員で構成されている。投票者は一票しか投票権をもっていない。その結果、ヨーロッパ諸国によく見られる複数政党が並存する比例代表制に近い結果が出るようになっている。しかし、ヨーロッパほど小党分立ではない。選挙区で二〇％程度の得票数をとれる政党は、通常、定員議席の一つを確保して生き残れるが、それ以下の票数しかとれない政党は事実上消滅するのだ。

イギリスであれアメリカであれ、二大政党制は、もし中選挙区制を採用すればほぼ確実に破綻するだろう。なぜなら、その二党以外に、幾多の政党や、単独公約で票を集める候補者とか地方のヒーローなども含む諸派が並べば、どの党も過半数をとることが難しくなるだろうからである。中選挙区制のもとで大政党が過半数の議席を得るには、それぞれの選挙区の有権者を説得して、同じ党内で立てた複数の候補者のあいだで、均等に投票数を分け合う必要がある。だが、そのように選挙民を説得するのは至難のわざである。

第二次大戦前の日本には、一八七〇年代と八〇年代の政党運動から生まれた二大政党が存在していた。両党ともに経済政策においては基本的に保守的だったが、軍隊や文民官僚、宮廷貴族階級に対抗して彼らから権力を勝ち取ろうとする点においては、リベラルであった。彼らは、イギリスやアメリカの二大政党のように見えていたが、イギリスほどイデオロギー的に分裂はしておらず、また（党議規律の面で）混沌としたアメリカ議会よりはずっと良くまとまっていた。

戦後の初期には、これら戦前の二大政党の伝統を引き継いだ二つの政党（自由党・民主党）が政治を支配し続けていた。しかし一九五五年までに、どちらも独自に国会で多数支配を続けることができなくなって来た。社会党、共産党、民社党、そしてその後に出てきた公明党などの小政党が成長してきたのだ。戦前の伝統を引き継ぐ二大政党のどちらも、これらの諸政党を相手に多数派を勝ちとることができなくなって来た。しかし、左寄りの比較的新しい反対諸政党と比べると、両党は保守的政策を共有する部分が多かった。このための両党の解決策は明快だった。二つの政党が自由民主党（自民党）として合併することであった。ちなみに、この名称は過去の両政党の歴史の名残をよく表しているといえる。

日本の政治がイギリスの議会制度と違ういま一つの点は、その構成にある。イギリスと違って、日本の国会議員はそれぞれ地元の選挙区の出身である。選挙に当選するには、基本的には、地元選挙民への個人的な公約と、カリスマ性というのは言い過ぎかもしれないが、個人的な人気に頼っている。そうだとすれば、彼らはアメリカの議員とよく似た立場なので、アメリカの議員と同じように党議に従うのにかなりルーズでは、と思うかもしれない。ところが案に相違して、日本の議員は党の決定に忠実に従い、自党の法案に投票する強い規律性を持っている。この現象の主な理由は、おそらく日本社会特有の集団的行動の性向だろう。ほとんどの日本人が、自分達は組織に属していると考えている。若手の国会議員は、党内での地位や役職を得るのに、自分の派閥の先輩議員に頼る。一方、派閥のボスは、より高い地位を、究極的には総理大臣という地位を手に入れる抗争のため、派閥議員の支持に頼ることになる。個々の候補者はといえば、地元の個人的支持者の票集めによって、基本的にはアメリカ流に近い（地元優先）方式で選出される。結果として強力な地元利益誘導型の議会になっている。その一方で、党議拘束と言う面からみると、ワシントンよりはロンドンに近い規律遵守性が見られる議会でもある。このように英米両国の議会を組み合わせたような議会が日本に存在するわけである。

自民党支配のメカニズム――その功罪（日本的コンセンサスとリーダーシップの欠如）

日本の政治家のほとんどは、選挙運動の費用を援助してくれる実力者を求め、何らかの派閥に身をおいている。政策というよりは野心に基づいて覇を競う派閥のリーダーは、党を支配しようとさまざまな合従連衡を繰り返す。派閥政治は党に望ましい柔軟性をあたえ、党首の交代や政策の変更が容易になる。評論家の中には、自民党は単一の政党ではなく、いくつかの政党の寄り合い所帯で、そのお蔭で、幅広い人材と政策を豊富に擁し、その結果、いつ何時選挙があっても、過半数の有権者の支持が得られる、と評する人も少なくない。そして、これまでのところ、実際にそれなりに成功している。一九五五年以来、歴代の総理大臣は自民党の総裁であり、絶対多数派を維持するために一部の外部勢力の支持を必要とすることは、これまでごく稀でしかなかった。

自民党の揺るぎない支配は、当然ながら、同党に強大な力と複雑な組織をもたらした。実質的に全国的組織を持たないアメリカの政党と異なり、自民党は、党役員と委員会による巧妙な構成組織を持ち、それが実質的政策決定者となる。提出された法案は、党と関係省庁のあいだの複雑な交渉の洗礼を受ける。その他に、大企業や商業団体、関係利益団体、野党など、さまざまなグループとの延々と続く会議にかけられる。その試練を経た原案をもとに、法案は通常、官僚によって作成される。その上で、再度党内の一連の複雑な委員会の審議や党のチェックを経て、最終的に内閣で承認される。法案は前もってこのように入念に検討され、あらゆる利益団体がすでに言うべきことはすべて言っている。したがって、国会での議決は、通常、結果の分かっている退屈なイベントだ、と言っても過言ではない。ワシントンやロンドンで見られる政治論議を活性化する舌鋒鋭い討議や雄弁な演説は殆どない。このように、三つの国のシステムはそれぞれ大きな違いがあるのだが、それにしても日本の国会の手続きは、どの観点から見ても、米英両国とまったく同様に民主的である。

派閥のリーダーたちは、それぞれの派閥の大きさを競う。一方では、他派閥のリーダーの支持をとりつけ、有力対抗馬を抑え込もうとするなど、手練手管《てれんてくだ》で総裁の座を争う。このような状況は、コンセンサスを通じて同意を得ようとする日本の政治のごく普通のスタイルである。しかし、これこそが総理大臣を一国の指導者として弱い立場におく結果になっているのだ。総理大臣は、人々の感情を損なわないように注意しなければならなくなる。他の派閥のリーダーに取り入らなければならない。また、彼が勝利を収めたあとも、自分の派閥のメンバーからの支持を取りつけ、その維持に腐心する。彼は、彼らのために余分な選挙資金を工面する。党組織や国会で影響力を持つポストにつけなければならない。しかも、彼は自分の派閥の中でも低姿勢で話さなければならない。外国での発言についても非常に慎重になる。欧米の大統領や首相が自国のために大胆にしゃべることが出来るのに、日本の首相は腰を低くしなければならない。さもなければ外国の政府から誤解され、日本国民自身からも批判を受けることになる。結果として、日本とその緊密な同盟国とのあいだで多くのやっかいな誤解を生じることとなる。最善をつくすという約束は、相手国からは合意とうけ取られるのが普通である。しかし実際には、約束をとうてい果たせないのに相手の気休めに、最善をつくすという言葉だけの約束になることが多くなる。

宰相への道――日本的政治手法で政治を行い乍ら自らの信念に忠実であり続けたステーツマン

大平の官僚・政治家・総理大臣としての経歴は、本書の中で詳細に記述されている。それは、日本の政治がどのようにとり行われるかを明解に教えてくれる。彼は、日本的政治手法で政治を行いながらも、自らの信念に忠実であり続けた。その確乎たる政治信念を曲げることは遂になかったのである。総理大臣になってからも、日本のリーダーとしてはめずらしく、毅然とした姿勢を貫きこれまでになく強い指導者になったのである。

大平には、他の大物政治家との有無相通ずる関係という面で幾多の強みがあった。一橋大学の同窓会とのつながりも有益であった。しかし、それ以上に重要だったのは、大蔵省の成功したOBとしての経歴であった。この役所での経歴は、おそらく官僚的バックグラウンドとして最上だと言えよう。

大平は、官庁でも党内でも人望があった。彼は威張ったり威圧したりすることなく支持をかちとる術を知っていた。彼の温和な人柄は、その手腕や強い意志と相俟《あいま》って、党の先輩からも後輩からも好かれた。ついには、派閥のリーダーとして、さらには総理大臣として、池田のあとを継いだのが大平であったことは、何ら驚くに当らない。

私は、大平が何時いかなる時でも、泰然自若としている様子に深い感銘をうけていた。日本人は、他の国民に比べ、他人、特に外国人からの批判を神経質なまで気にする傾向がある。大平には、それが少しもない。いつもゆったりとしていた。彼はずんぐりした体形で人目を惹くタイプではなかった。身だしなみの上でも決しておしゃれとは言い難かったが、そのことを気にすることはなかった。むしろ、人はそのせいで彼の前に出ると、くつろいだ気持ちになれたのかもしれない。私はかつて、彼が東京からワシントンを訪問した際、長旅の疲れからかソファーに身を横たえて重要な会議を待つうちに、ついまどろんでしまった場面に出くわしたことがある。あわてた彼の同僚がすぐ起こしたのだが、彼は自分のふるまいがいささか不作法に見えるだろうことなど気にしていない様子だった。この出来事は、彼のいつもの眠そうで屈託のない容貌にぴったり平仄《ひょうそく》が合っていた。日本人のほとんどが、彼のこのような飾らない挙措《きょそ》に困惑するどころか、ユーモラスな親しみを感じていたように思われる。一種の逆カリスマ性の魅力というべきなのだろうか。

私が大平に初めて会ったのは、彼が池田内閣の官房長官をしていた一九六一年の春だった。その時は、私にはこのポストがどれほど重要なものかもわからなかった。彼はどちらかというと印象の薄い、内気な人物に見えた。私が彼をもっとよく知るようになり、彼に対する印象を完全に変えたのは、池田が彼を外務大臣に据えたときであった。彼はあまりしゃべる方ではなかったが、彼の言うことは筋が通っていたし、いつも率直で信頼ができた。彼の言葉は絶対に信用できることが段々分かってきた。私は彼に全面的な信頼感を持つようになった。このことは彼がプライベートであれ公であれ、彼がものを言う全てについて当てはまっていた。その好個のエピソードをひとつだけ紹介しておこう。

アメリカ政府は、単なる憶測に基づく質問には、特に核兵器の日本領土内での存否についての根拠のない質問には、肯定も否定もしないことにしている。これは、戦術的な理由からの必要な用心であった。日本の世論は、核兵器に対しては、当然のことながら敏感であり、日本は核を「作らない」「持たない」「持ち込まない」という非核三原則を標榜していた。この原則が適用された当時は、「持ち込み」の範囲には日本の水域を核兵器搭載の艦船が航行することは含んでいないこと、それが当然のことと考えられていた。しかし残念なことに、日本の世論は核搭載艦船の航行も含んでいると考えだしたのだ。野党はこの考えをネタに自民党を攻撃し始めた。アメリカ大使館が困ったことには、日本政府がそれに対し見解をはっきりさせない。ただ、アメリカを信頼していると述べるばかりだったのだ。その結果、アメリカが核兵器の「持ち込み」に関する合意に違反をしているのかのような印象を与えることになったのである。

アメリカにとってそれは耐え難いことであった。私は重大な懸念をもって、大平にこの話をした。彼の返事は実に簡単であった。自分は、この問題をよく理解しており、これを適切に解決するつもりだ。ただし、本件については、何人といえどもほかの人に話さないで欲しい、というものだった。私は、彼がその後どういう手を打ったのかは分からなかった。しかし、その問題についての国会質問はぴたりと止まり、それが再燃したのはずっと後になってのことだった。そのころには、私はアメリカ大使をやめてずいぶん経っていた。大使館と日本政府とも既に別の人間に交代していた。その間、四囲の状況も様変わりしていた。アメリカの海軍が核兵器を載せて日本の水域を航行することは、ほとんどの日本人にとってごく当たり前のことになっていた。この出来事は、それ自体、興味深いものであるが、このエピソードをここで持ち出した理由は、大平への全幅の信頼について、そしてまた彼が政治の世界で事を処すに際しての見事なまでの大平流「マジック」について紹介をしたかったからである。

われわれの交友が始まった早い時期から、私は大平がいつの日か総理大臣になることを確信するようになり、この信念は決して揺らぐことはなかった。彼は、賢明で誠実な信念と、真正の国際性と、誰にも負けない正直さ、そして心地よい人間関係などを兼ね備えていた。実にたぐい稀なる資質の調和に恵まれていたのだ。彼は行動において節度をもち、殆んど寡黙であったが、同時に目的の達成において見事で、大いなる実績を上げた。彼は、日本人の観点からは政治家の理想ともいえる人格を持ち、外国人にとっては、彼を知れば知るほど感銘を受ける人物だった。彼の一見内気そうな性格とはうらはらに、彼は多くの面で才能に恵まれていた。かつて私は、彼が、愈々《いよいよ》、政治的頂点を極めようとしていた頃に、どういう趣旨かは忘れてしまったが、私のために開催されたある歓迎会に、彼が出席してくれるという名誉に浴したことがある。彼は、このような場の常として、一言ご挨拶をとの求めに応じ、即席の短いスピーチを頂いた。それは、私がこれまで聞いたどの国の言葉のどの来賓のスピーチにも勝るとも劣らない親切で適切でユーモアに溢れるものだった。

大平が総理大臣に就任後、私がたまたま日本を訪問したある日、私は彼の事務所を訪ねた。特別に用事はなかったが、彼に相応しい地位に座るべくして座っている、その姿を見る気持ち已みがたくここに来てしまった、と白状をした。しかし、その時の私には、その後のあの運命的死により、彼が本格的にことをなす前にその座から離れざるを得なくなることなど、勿論、知る由《よし》もなかった。

大平の死で日本が蒙った損失――痛恨の思いのなか一国平和主義の日本を憂う

大平の在りし日のことどもに思いを馳せるにつけ、私は大平の死により日本が蒙《こうむ》った損失のあまりの大きさに、今も衝撃をうけ痛恨の極みである。それは、多くの日本人が考えるよりはるかに大きな損失である。大平没後すでに十年、日本は一大工業国となり、潜在的な世界のリーダーの一員となった。しかし、日本が気付くべきことは、ここに至り、日本が世界中の国々から疑念を持たれ、反感を招く喫緊の脅威にさらされていることである。日本は、今こそ、大平思想の核心に置かれていた高潔な理念を世界に待ったなしに示す必要に迫られている。しかし、いまの日本には、もはや大平に代わりうる人物は見当たらない。

日本は、自己中心的な国となり、自分達の幸福だけに関心を払っている――そんな評判を世界中で受けている。日本が長年享受してきた豊かな生活も、国の存立さえもが、国際協力と相互信頼のお蔭であるにもかかわらず、それが分かっていない。日本人は、共に栄えるか共に滅びるかの関頭《かんとう》にある人類の一部であるはずだが、彼らは、世界中の人々に対し、自分達がどの国の人々よりもすぐれていると考えているかのような感情的誤解を与えている。それだけに、日本は、今こそ、大平の唱えた人類は同胞であるとの理念を引き継ぐこと、それがどうしても必要である。

彼が唱えた環太平洋構想のような、より大規模な地域にまたがる人類規模の組織が必要である。実際のところ、彼がいまなお健在だったなら、多分いま頃は、その構想で全世界を包含する形の仕事をやり遂げていたに違いない。グローバルな協調には、持てる国々による財貨や人材の面での貢献が欠かせない。ところが、今の日本は、大平の遺訓に反して、この点に関する知的理解に乏しく、それを実行する意思をほとんど持ち合わせていないように思える。

大平のような人物がいれば、日本はむしろ尊敬される立場に立ち、その国力に相応しく世界の繁栄と平和に貢献が出来る筈である。大平が献身的に創りあげようとした日本は、現在の金太りの巨人よりも遥かに尊敬されるゆるぎない国になっていたことだろうに——それを思う時、彼を失った損失は実にはかり知れないものがある。現在の世界的危機の情勢下、私の痛恨の思いは益々募るばかりである。

エドウィン・O・ライシャワー
カリフォルニア州　ラホーヤにて
一九九〇年一月十日

第四章　現代政治は大平思想から何を学ぶか

お釈迦様のような人

外務大臣　林 芳正

為政者のための古典

私は一九六一年一月の生まれですから、大平先生が亡くなった一九八〇年六月には十九歳でした。残念ながら謦咳《けいがい》に接する機会はありませんでしたが、政治家になってから折に触れて、書き遺されたものや演説などの記録を読むようになり、多くの教えをいただいています。

大平先生は私にとって、お釈迦《しやか》様のような存在です。

林 芳正議員

どういうことかと言うと、「楕円の哲学」「任怨分謗《にんえんぶんぼう》」や「六〇点主義」「政治は文学である」など先生の説かれる政治家としての考え方や心構えを学ぶ際に、文字通りの意味は分かるのですが、最初はどうもピンと来ない教えが多いのです。しかし、こちらが人間として年季を積み、政治家として経験を重ねてくると、「ああ、なるほど」と実感的に分かってくる。そのまま学ぶ者の血肉となる、非常に価値ある教えなのです。だから、お釈迦様なのです。政治家人生の機微を描く「大平文学」

は、その後に続く為政者にとって必読の古典だと思います。

「楕円の哲学」の本質

その中でも「楕円の哲学」については、これまで多くの方々が解釈し、意見を述べられていますが、私は辻井喬《つじいたかし》さんの『茜色の空』（文春文庫）を読んでいるときに、その本質にはたと思い当たりました。『茜色の空』は大平先生の生涯を描いた伝記小説ですが、よくある英雄伝に堕《だ》さず、人間としての紆余曲折や試行錯誤を淡々と描いて、政治家・大平正芳の姿を後世に伝える名作だと思います。

この作品のなかでの大平先生は、「問題解決とは、落としどころの発見である」という、政治家として本当に大切な意識の在り方を教えてくれます。

政治学のような学問的探究の場では、立場を明確にして論じないと説得力を持ちませんが、政治家はそうはいきません。人間社会につきものの利害を包み込んで、意見の違う人々の納得を求めていかねばならない政治家は、さまざまな意見を総括して最善の選択をしなければなりません。常に旗幟鮮明《きしせんめい》な格好いい存在でありたいのはやまやまですが、それがいい政治家かというと私はそうは思いません。外務大臣として外交の現場にあっても、やはり国と国との利害の調整になることが多く、必ずしも学説通りの世界ではないと実感する毎日です。

ですから、「楕円の哲学」を研究し、それに当てはめて考えると、その落としどころを見つける要領が次第に分かってくるのです。

「任怨分謗」は身の引き締まる言葉

そしてその意識の上で、「任怨分謗」が大事だということになります。

「任怨」とは、「斬新な仕事には、誰かの怨みがつきものであるが、その怨み中傷を恐れず敢えてそれを受けよ」。「分謗」とは、「仲間はその怨みを、一心同体となり分かち合って引き受けよ」という意味で、大平先生がよく揮毫《きごう》されていました。政党に属する一政治家として本当に身の引き締まる言葉です。

私の父の林義郎も、一筆頼まれるとよく「遠慮と任怨」と認《したた》めていました。「任怨」については今申し上げた通りで、ではもう一つの「遠慮」とは何かと言うと、「深謀《しんぼう》遠慮」のことになります。現代の言葉ですと、「遠慮」はExcuse Meの意味にとらえられがちですが、元々は、「遠き慮《おもんぱか》りなければ必ず近き憂いあり（『論語』衛霊公）」ということです。「深謀遠慮」は、遠くを慮って深く考えるということになります。

大平先生は現代につながる長期展望を数多く遺した方ですが、そこに父も共感していたのかもしれません。

大平先生はこの「任怨分謗」を地で行くが如く、一般消費税導入を遂行しようとしました。財政健全化と将来の有力な財源の獲得に不可欠として、野党はもちろん自民党内からも反論を受けつつ、自らの政権でやろうとしたわけです。

同様に林義郎も、医療保険の自己負担導入を最初に言い出したことから、選挙で苦労したことがありました。

どちらにしても国民としては、それまでなかった負担を課せられるのですから、「なぜそうするのか」という怨みの声が出ます。その時に、いいことなのだから反対があってもやるべきことなのだとしても、時間をかけてきちんとわかってもらう努力をする、そこにこそ、政治家という仕事のかけがえなさがあるのではないかと思います。

大平先生は多くの長期ビジョンを立てて、高度経済成長以後のわが国の未来の可能性を、国民から引き出そうと考えていたのだと思います。

私は文科大臣時代に何かで読んだのですが、education という英単語の語源には「耕す、引き出す」という意味があるそうです。だから、上から知識を下げ渡すだけの、いわゆる「詰め込み教育」が本意なのではなくて、それぞれの人が持っている特性を引き出すことが、本来の education なのだとわかったのですが、大平先生はすでにそういうことも言っておられました。

現実となった「文化の時代」

先ほど大平先生や林義郎の揮毫に絡めての話をしましたが、私自身は字を書くのはあまり得意ではないので、頼まれた時にはシンプルに、「心」と書いてきました。

大平先生は「経済中心の時代から文化重視の時代へ」というスローガンとともに、高度経済成長以後の日本社会のベクトルを示しましたが、私もずっとそれに共感してきました。ですので、これからの日本人が大切にしたいものという意味で「心」と認めてきたのです。

文科大臣になる前、GDPなど、国の指標となる統計の取り方の見直しを検討していたことがありました。

従来のGDPで示すだけでは、現在の日本という国の実相は測りがたくなっているのではないか、経済統計として示すことが可能な数値だけでなく、もう少し主観的な尺度、例えば治安や環境に対する感覚的変化などにも目配りをして、国を見る基準を多様化しなければならないのではないかと考えていたのです。

実際多くのOECD加盟国では、今言ったような主観的・情緒的側面も含めた形での統計に変えてきています。この要素となる数値のメニューが並んだ形を、彼らは「ダッシュボード」と呼んでいます。自動車のダッシュボードには速度計だけでなく、エンジンの回転数もあれば、外気温、車内温度などまで安全に運転するための要素がぎっしり並んでいます。これからの政治は、そのような丁寧な目配りをしながらやっていかねばならないと思います。なぜなら、大平先生が提唱された通り、「文化の時代」は現実となったからです。

私は音楽が好きで、今でも議員仲間とバンド演奏をするのですが、この音楽のマーケットの例がわかりやすいと思います。

現在多くの人は、好きな音楽をサブスクリプションでダウンロードして聴いています。月にだいたい九八〇円で聴き放題です。四十年ほど前の私の青春時代は、ＬＰレコード一枚が二五〇〇円でした。毎月の小遣いでは、ＬＰ二枚が限界でした。つまり今の人は九八〇円で昔の五〇〇〇円以上の効用を、音楽マーケットから得ているのです。

このような状況を、経済学的には「消費者余剰の拡大」と言うそうです。ＩＴの普及によって、優れた文化に触れるためのコストが下がり、誰もが私の青春時代よりも何倍も多くの曲を聴くことが可能になっているのです。これが幸せでないとしたら何でしょうか。

ここでさらに言いますと、現在の九八〇円が例えば二〇〇円に値下げされたとしても、新たな需要の掘り起こしにはつながらない時代になっています。昔であれば、ＬＰ一枚が一〇〇〇円になったら、私たちは喜んで月に五枚買ったでしょう。しかし今の人々にとって二〇〇円になることに大きな意味はない。なっても、「ああ、値下げですか」というくらいで安くなった分多く聴くわけではなく、値下げ前と同じ使い方をしていくでしょう。ユーザーが大量に増えるということもないでしょう。

もはや国民は、文化というモノを欲しがる段階から、文化というツールを使いこなす段階に入ったのです。大平先生はこのような「心の進化」を予測されて、「文化の時代」というキーワードを掲げていたのだと思います。

六〇点主義の政治には救いがある

「六〇点主義の政治」を慫慂《しょうよう》したことも、大平先生の慧眼だと思います。

学者や官僚になる人は、おおむね受験社会の勝者でしょう。そういう人たちは、何でも一〇〇点でなければ気が済まないところがあります。八〇点でも不出来だと思いがちです。ましてや六〇点など取ったことがないと思います。

大平先生はそれをあえて「六〇点でよい」と言って、基準に据えました。確かに、「間違えてはいけない」と言われるより、「六〇点で合格」と言われるほうが、心に余裕が持てます。そうすると、少し丁寧にやろうという気持ちも生まれる。

成功のハードルを高くして、「今回もまだまだ足りなかった」と後ろ向きの姿勢になるよりは、一つひとつの政治過程に対して五〇点以上の達成をキープしながら、「できたこと」「次にやること」を確認しつつ漸次《ぜんじ》進もうということだったのではないでしょうか。

何事も急変するのをあまりよしとしなかった、大平先生らしい仕事への姿勢だなと思います。

政治には文学が大切である

私は日頃から、「政治家は国民の半歩先を歩かなければならない」と考えてきました。議員になって間もなくの頃は「一歩先」と言っていましたが、先輩からのアドバイスを受けて、「半歩

先」と改めたのです
「一歩先」と「半歩先」、どちらも「ほんの少し先」ですが、表現としては「半歩先」のほうには、「一歩まで先に入っていない」という物語を感じます。

とかく我々は、政策などを訴えるときに、理屈で言いたがります。しかし、それでは、同じ土俵に乗っている人にしか伝わりません。国民にわかりやすく、想像しやすく伝えるための話術が、やはり政治家には必要でしょう。論文を読み聞かせるのではなく、物語として語るほうが、興味を持ってもらえるでしょう。

このようなことも、大平先生がチャーチルの事例を引いて言われていたことで学びました。政治にも文学が大切なのだと教えていただきました。

普遍的価値を守り抜く覚悟

東西冷戦が終わってしばらく経ちました。日米関係を主軸として自由主義圏と連携するという日本外交の一貫した姿勢も、国際情勢の変化とともにアメリカの衰退が言われたり、「環太平洋」という表現が目立ってくるなど、以前ほどの徹底が求められなくなっている感がありました。

しかし、ロシアによるウクライナ侵攻の勃発は、日本にとって一番大事なものを再確認する重い機会になったと思います。

自由、法治主義、人権、民主主義のような普遍的価値を守り抜くことが、政治家の使命です。そして、普遍的価値を共有する国々との絆をさらに深めていかなければなりません。岸田政権も「普遍的価値を守り抜く」ということを、外交の覚悟の第一に掲げています。

大平先生はイラン革命やアフガン侵攻といった世界的大事件の際に、西側陣営の一国であることを旗幟鮮明にしました。日本は中国の隣国という欧米諸国とは異なった条件がありますから、現代においては非常に難しい選択を迫られています。是々非々で賢明な言動が求められますが、その時の尺度として、普遍的価値の大切さを心に刻んでおかなければならないと思います。

宏池会の若手指導に残る大平研究会の影響

今でも、「大平研究会」と言えば何のことか通じますが、あのインパクトは脈々と宏池会に生きています。

私が新人議員の頃、大平政権の官房副長官だった加藤紘一先生が宏池会会長で、若手指導のためにアクショングループを作って直接指導してくれました。岸田文雄、根本匠《たくみ》、塩崎恭久《やすひさ》、私のような面々がメンバーでした。

加藤会長の命令一下、私たちは、「なぜできていないのか疑問に思う案件」を集め、それについて所管の官庁とやり取りをしました。加藤会長はその様子を無言で見ておられました。障害になる法律があってできないのか、政令や省令などの障壁があるのかなどを聞き、どうすればできるかを話し合い、実現に持っていくという、建設的な政治手法をそこで学びました。このように実践的に若手を鍛えるのが宏池会の伝統だと思います。

大平先生の政策研究会では、若手の官僚も知識人も解決策を求めて大いに議論を重ねたそうですが、私も早くから、政治家としていい習慣をつけていただいて、非常にありがたかったと思っています。

財政再建への道は捨てない

大平先生は、大蔵大臣時代に赤字国債を出したという責任を一身に背負っていました。高度経済成長という、いわゆる拡大志向の時代のツケが、大平先生の頃に表に出てきたという非常に不幸なめぐりあわせだったと思います。そして、さらなる悪化を防ぐために一般消費税導入による財政再建を構想し、その戦いに敗れてしまいました。大平先生の死は、財政再建に命を懸けた政治家の殉職だと思います。

また、長年、自民党の税調の中心だった山中貞則先生も、竹下政権が消費税を初めて導入した翌年、一九九〇年二月の衆議院議員選挙で、消費税をあとおししたことが原因でまさかの敗北を喫しています。それでも「消費税は必要だ」と断言されていました。

私自身これからの政治家人生を考えると、やはり大平先生や山中先生のような熱意と覚悟を持って、財政再建に邁進しなければならないと思います。

財政がよくないというのは、人間の体に例えれば危険な心臓病だと思います。財政赤字の累積が一二〇〇兆円もある日本は、もうかなり重い症状だと言うしかないでしょう。それを少しずつでも快方に向かわせようとするのは当然のことで、政治家として必死になって当たり前のことなのだと思います。

支出の見直しや新たな財源の模索などのような面倒なことよりも、公共事業を促進すれば景気がよくなって財政も改善するだろうという論もありましたが、今はあまり聞かれなくなりました。代わって、ＭＭＴ理論などが出てきていますが、世界に先駆けてこの理論を採用して国家経済を塗り替えようというのは、いささか危険な賭けに出るようなものでしょう。

大平先生のような自覚と覚悟で、漸進的に淡々と成すべきを成していける政治家が、今こそ必要なのではないでしょうか。

大平先生は、外交面においては日米関係最重視を徹底されました。「日米同盟」という強い言葉を、公の場で初めて使ったのは大平先生です。同盟を結ぶということは、照る日も曇る日も降る日も互いに味方であり続けるということです。大平先生はカーター大統領との関係強化によって、日本にとって片務的《へんむ》のようにとらえられがちだった日米関係を、双務的な関係に近づけることに成功していたと思います。そのような活動への想いから、「日米関係は共存共苦」という言葉も生まれたのではないでしょうか。ウクライナ戦争が継続中の現在、そのような想いをかみしめる日々が続いています。

私にとってのお釈迦様である大平先生の教えを繙《ひもと》く毎日ですが、その度にさまざまな気づきをいただいています。孫悟空《そんごくう》のように叱られ、教えられながら、これからも自分を磨いていかなければと思っています。

政治が未来を創る

内閣官房副長官　木原誠二

財務省出身議員は宏池会だった

宏池会に入った理由は、三つあります。

一つは、私が財務省の出身であることです。私の選挙区は東京二〇区で、二〇〇五年に初めて国政に出していただきました。その頃は、財務省出身の議員は宏池会に入るものだ、という不文律がまだありました。それに疑問も持ちませんでしたので、入れていただいた次第です。今ではその不文律はほぼなくなって、財務省出身議員もいろいろな派閥に分散しています。

木原誠二議員

二つめは、政治信条的な親近感です。宏池会の、軽武装、経済重視を基軸に、平和主義と国際協調を信奉するリベラルな現実主義という政治姿勢は、私の考えに非常にフィットするものでした。

三つめは、先の一つめの理由と関連しますが、私自身の人間関係の上で、宏池会の先輩とのご縁が濃かったということです。主計局におりました頃から、古賀誠先生にはいろいろご指導いただいていましたし、入省する時の身元引受人に宮澤喜一先生がなってくださったということもありました。宮澤先生は、武蔵中学・高校、東大法学部の先輩なのです。当時は身元引受人が二人必要でして、もう一人は東京大学の佐々木毅先生にお願いしました。

このようにお話ししますと、やはり我ながら、宏池会との縁がもともと深かったなという気がいたします。

私は財務省にいた頃から、宏池会は経済に強いなと思っていました。池田勇人先生の所得倍増論という金字塔がありますし、宮澤喜一先生も財務大臣としてご活躍されるなど、数ある派閥のなかでも経済については頭抜《ずぬ》けている印象でした。私は政治家としての自分の力は、経済というフィールドでこそ発揮できると思っていましたので、非常に魅力的に見えました。

外交面においても、大平先生以来の「アジアの中の日本」という前提の下に、日本の行き方を考えていくという姿勢に共感しました。中国、韓国との交渉など、課題はますます増えてきていますが、この度のウクライナでの戦争を見るにつけても、近隣諸国との相互理解こそ安全と繁栄の基盤だと改めて思いますので、宏池会が理念とする、この「アジアの中の日本」という意識をさらに普及していくことが今後ますます大切になると思っています。

イラン革命の時に見た大平の姿

大平先生は宏池会のファウンダーの一人ですから、私もいろいろとご著作などで勉強していますが、私にとっての大平先生は、やはり「アーウー」の人なのです。

私は小学生の頃、田中角栄首相など政治家の物まねをして、大人を笑わせていました。大平先生の「アーウー」もその恰好のネタでして、誠に申し訳ないことですが、十八番《おはこ》の一つでした。

そんな子供だった私は、一九七九年にテヘランにおりました。東京銀行に勤めていた父の赴任先だったのです。そこでイラン革命が進行していく空気を、現地で体験しました。イランアメリカ大使館人質事件以前に、もう危ないということで日本に戻りましたが、その時の首相が大平先生でした。それまでの私には、総理大臣の姿は物まねのネタに過ぎなかったわけですが、この時から政治課題にも興味を持つようになりました。テレビでイラン情勢を説明する大平首相の姿は、私にとっての政治意識のスタートだったと言えると思います。その後、ソ連のアフガン侵攻に伴ってのモスクワ五輪ボイコットもあり、その印象はさらに鮮明なものになりました。

大学で政治学を学び始めてから、一九七九年当時の国際情勢下で、大平首相が国の舵取りの機軸としていたのは、日米関係最重視という揺るがぬ前提だったことを知りました。日米関係最重視は、今では当たり前すぎるほどのことになっていますが、まだ当時はそこまで腰が据わっていなかった。中曾根康弘首相が「ロン・ヤス関係」によってそれを強化したように見られていますが、実はその前に、カーター大統領との固い信頼関係を築いた大平先生の貢献のほうが大きかったのだと思います。あの風雲急を告げる時代に、国として旗幟鮮明な態度を示し得たことで、西側社会における日本の地位を大いに引き上げることになったと思います。

大平先生は、国際戦略として総合安全保障という大きな政策テーマを提唱されました。現在、岸田政権では、国家安全保障戦略の見直しを行っており、経済安全保障という概念を本格的に導入しようとしています。ウクライナ戦争が示していますように、ひとたび事が起これば、途端にエネルギー問題が生起し、続いて食糧問題にも広がっていきます。非常に危険で不安定な時に総理の地位にあるということで、大平先生と岸田先生は似た境遇だと思いますが、今回も、今の日本にとってベストな選択ができるよう、国家安全保障戦略の道をつけなければならないと思っています。

「楕円の哲学」と「新しい資本主義」

大平先生の話となると、必ず出てくるのが「楕円の哲学」です。宏池会に入ってから、常に考え方の基盤に置けと言われながら、私などは育てられました。これは今、岸田政権が「新しい資本主義」として提唱している政治理念の核となっています。

とかく経済政策の論議は、「官か民か」とか、「国か市場か」などという対立軸になりがちですが、その時々で主役を交代させているだけでは、ブレイクスルーは見つからないだろうと思います。もはや物事の解決は、「AかBか」ということではコンセンサスが取れない社会になりました。岸田総理の下で、宏池会として構築していこうとしている「新しい資本主義」は、「官も民も」「国も市場も」というような、まさに「楕円の哲学」の論理で、多様な思想を活かせるような調和を求めていこうというものです。これから、実際の場において丁寧に説明していく必要がありますが、この宏池会のＤＮＡを現代に活かす絶好の機会だと考えています。

大平の政策に、時代がまだついていけなかった

このようなことで、大平政治を学び直す機会も多いのですが、思うに、大平先生の政策はもったいないことですが、いつもちょっと早すぎたのです。

「文化の時代」の提唱は、高度経済成長期が終わってその後の社会の在り方を展望したのですが、時はまさにオイルショックから立ち上がろうというところでしたから、国民は経済的豊かさの追求から脱しきれなかった。

また、一般消費税にしても同じことで、赤字国債の重みが大平先生ほどには政治家も分かっていなかったし、ましてや国民にはまだそれを負担する準備ができていなかった。ただ、あの時に大平先生が国民に一般消費税という概念を伝えていたからこそ、竹下政権での導入があり、そして現在の税制があります。消費税は現代日本では財政の、いわば安全弁となっていますから、真に有用な政策提案だったことは間違いありません。

財政の使命は国民に未来を見せること

国の財政を考えるときに最も重視すべきなのは、対応力や余力というものを持っているかどう

かだと思います。危機の時に、迅速に対応する力がある国家経済にしておかなければならないということです。私は大平先生もそう考えていたのではないかと思います。今の財務省は、とにかく財政赤字はダメなのだと言い、プライマリーバランスを求めますけれども、それは原理主義的過ぎるのです。

競争力を欠いた日本を横目で見ながら、中国は「一帯一路」をスローガンに、国ぐるみで経済戦略を推進しています。それに対抗するのは非常に困難ではありますが、局面局面での積極財政が必要な時もあります。今の財務省のように、とにかく締める一辺倒では、国民の理解を得るどころか、先行きに不安を持たせてしまうだけです。

国の財政には民間と違って、リスクを取れるという優位性があります。思い切った政策で国民に未来図を見せるのは、財政の使命でもあるのです。現政権では、この部分に力点を置いて、財政運営を考えていかなければならないと思っています。

国の行き先を国民に見せよ

私が今、一番大きな政治テーマだと考えているのは、国連改革です。相変わらず国連の意思決定は西欧中心ですが、早急にアジア、アフリカの発言権を広げていかなければなりません。国連は第二次世界大戦の戦勝国によってできた機関で、そろそろ八十周年ですから、安全保障理事会の構成を見ても、いささかリフォームが必要な状況にある気がします。岸田政権でリーダーシップを取って、日本が国連に物申していく、そして、もっと現代世界の平和維持に役に立つ機関に進化させていく、ということをやりたいと思っているのです。大平先生が当時、「環太平洋連帯」や「総合安全保障」というキーワードを掲げて提唱されたように、新たな国際社会の中心に日本を位置づけなければいけないと思っています。

経済面では、今の日本に問われることは、民の力をどう引き出すかということです。今、国民全体の個人資産は約二〇〇〇兆円という、未曽有の力が貯まっているわけです。こんなにもなぜ貯まっているのか、その理由は、特にこの二十年間、国が国民に未来のビジョンを見せてこなかったため、動かし方がわからなかったのです。これからこの国はどの方向に向かうのか。どの産業、技術がエンジンになるのか。そういうことが、大平先生の九つの政策研究会には明示されていました。こういう、先の時代に希望を抱かせる政策こそ、今の日本に必要なのです。

もう一つは、中国との間に共通利益をきちんと構築しておくことが、焦眉の政治課題だと思います。競争相手だと言って対抗意識だけで見ていては、やはり建設的関係にはなれないでしょう。お互いの共通利益を守り、それを拡大していく関係というのが理想です。ではそれは何か。それは、アジアの安定であり、アジアにおける地球環境の良化であり、また文化的なつながりの強化でありましょう。隣国としての善き関係を現代に打ち立てていくことは、今後の世界にとっても有意義であることを疑いません。大平先生が提唱した「アジアの中の日本」という理念を、再徹底すべき時だと思います。

心に刻みたい「楕円の哲学」

國場幸之助

沖縄を思う二人の政治家を慕って宏池会へ

私が宏池会に入った理由は二つあります。

一つは、平和国家への道を追求する古賀誠先生の姿勢です。古賀先生は、二〇〇二年から一二年までの長きにわたり、日本遺族会の会長を務めていました。先の大戦の遺族に対する思いが深く、遺族会会長就任前、私がまだ県会議員だった頃から、毎年六月二十三日の慰霊の日には沖縄に見えられていましたし、一二年に国会議員を引退されてからも、変わらず足を運ばれていました。そのような政治家としての在り方を学ばせていただきたいと考えました。

國場幸之助議員

二つ目は、岸田文雄先生の沖縄に対する熱意です。岸田先生は第一次安倍内閣で沖縄担当大臣を務めましたが、その時に離島まで小まめに視察してくださいました。当時、南大東島《みなみだいとうじま》、北大東島の空港には照明がなく、夜間の緊急の患者を搬送出来ない医療体制だったのですが、岸田先生の尽力で照明が設備されたことは、今でも胸が熱くなるエピソードです。

そのような、お二人の沖縄に対する心に動かされて、私は宏池会を意識するようになりました。宏池会については当初から、池田勇人先生に始まる自民党最古の派閥で、理念の集団というイメージを持っていました。

一七年に宏池会は六十周年を迎えました。その時に、歴代会長について勉強しようという企画があり、私は大平先生の担当になりました。先生の書かれた物を読み、当時の資料に当たり、いろいろな方のお話を伺ったりしました。

政治家・大平正芳の揺るぎない人間観に共感

大平先生には、政治的にも人間的にも温かさを感じます。温暖な香川県の出身で、その風貌やクリスチャンであるという思想性の影響もあると思いますが、それ以上に、「人間は完全なものではなく弱いものだ」という人間観に共感を覚えます。

大蔵省時代の一九四四年、東京財務局関税部長の時に、大平先生は「国民酒場」を創設しました。東條英機内閣が決戦非常措置要綱を決定して、民間の酒場が休業に追い込まれてしまった時に、公営の国民酒場を作ったのです。夕刻だけの開業で、一人当たりビール一本もしくは酒一合の立ち飲みでしたが、勤め帰りの人たちの長い行列ができたというのは、私の好きなエピソードです。

九つの研究会にしても、田園都市構想は岸田内閣の政策につながっていますし、総合安全保障は、経済安全保障の推進という形で現在の政策の軸になっている。大平先生のビジョンが、高度経済成長以後の日本の政治に必要な骨格を形成したと言えるのではないかと思います。

福田赳夫先生との激しい派閥抗争など、現実の政治での権力闘争を戦い抜く闘争心があり、しかしながら、田中角栄総理や伊東正義先生などまで引き付ける求心力も持っている。そして、読書や学問に裏付けられた知性と、人間に対する優しいまなざしを併せ持つ。大いに見習いたい政治家です。

大平先生が、恐らく本人としては本意ではない権力闘争を戦い続けたのは、その先に、あるべき国のかたちや、目指すべき社会の姿を描いていたからだと思います。目立たない、控え目な姿勢でありながら、リーダーシップは見事だったと、アメリカのライシャワー大使がたたえている言葉を読んだことがあります。

もう一つ、一般消費税導入を掲げて衆院選に敗れたわけですが、その時に大平先生は、自分の説明が足りなかったから分かってもらえなかったのだと言って、国民への信頼は揺るぎなく持っている。こういう精神が民主主義の根本だと思うのです。有権者を信じる、そして恐れるという基本的なことを決して忘れなかった政治家なのだと思います。

「楕円の哲学」を継承したい

大平先生が遺した政策や政治理念で、私が最も受け継ぎたいことを一つ選ぶとすれば、「楕円の哲学」になります。大平先生が横浜税務署長時代、二十七歳の時に年頭の挨拶で言われたのが最初と聞いています。これが大平政治の根底にあるものだと思います。

「楕円の二つの中心のようにバランスを取って」ということを言う人がいますが、そうではないのだと思っています。二つの対立軸があるとしたら、その二つがせめぎ合っていく中で、各々が支持を集める求心力の核心は何なのかを見定め、それをもとに考えるという、そういう思考基盤のことだと思います。

例えば、大平先生は「日米同盟」という言葉を、公の場で初めて使いました。吉田ドクトリンの継承者としては、強すぎる言葉という感がありますが、当時の国内情勢、国際情勢を踏まえて「楕円の哲学」で考えてみると、やはり「日米同盟」という言葉で表現することが、最も自然なことだった。是非論をたして二で割って、いわゆる玉虫色の結論を出すのではなくて、大局的な意思決定をするためのプロセスであるわけです。これは政治家として必須の概念なのではないかと思います。

私は沖縄一区から国会に出していただいています。沖縄というとまず米軍問題があります。難しい地域です。台湾海峡問題や尖閣問題など、抑止力を強化しなければならない状況もあります。米軍が整理縮小されれば、自ずと抑止力は弱くなります。私としてはこの問題の最適解を、「楕円の哲学」で求めていきたいのです。

二〇二二年は、沖縄にとって「本土復帰五十年」に当たり、衆議院は四月二十八日に、「強い沖縄経済と平和創造の拠点としての沖縄をつくる本土復帰五十周年に関する決議」を出しました。私ももちろん関わりました。この中の「平和創造」という言葉は、私の発案で盛り込まれたものです。元々はこれも、大平先生の遺産なのです。大平先生は一九七二年に「平和国家の行動原理」という講演をしているのですが、その中で「平和の創造」ということを言っておられます。主体的に「平和を創り出す」という姿勢を求めようということですが、私も同じ想いです。「平和創造」というのは大平先生の話をもとにした私の造語ですが、それを今回の決議に盛り込めたことは、大平先生のＤＮＡの継承ということになるのではないかと思っています。

中国・アジア問題には「人付き合いの政治」が必要

最近は中国包囲網に多くの人の神経が集中していて、インド太平洋とか、アジア全体という意識が疎《おろそ》かになっている気がしています。

私は大平先生の文章を読みつつ、そういう意識を失わないようにしています。大平先生は、一九三九年から数年間、当時の興亜院で大陸経営に携わっていました。その頃の書き物に、対中国、対アジアに対する考え方が出てくるのですが、実に参考になります。

田中内閣の外務大臣として、大平先生は日中国交正常化を実現したわけですが、帰りの機中で、「今はいいけど、これから後は中国との付き合い方が大変だな」という旨の言葉を残されたのを知って、やはり将来を予測していたのだなと思いました。中国を封じ込めようという発想だけでアジアの平和創造はとても実現できないと、改めて思いました。興亜院時代から、現代中国の形成過程をつぶさに見てこられた大平先生の目線を辿っていくと、教えられるものが多いと思っています。「中華人民共和国」という抽象的な概念を通して見る景色ではなく、国や地域を束ねる人や、そこに住む人々の在り方から、大平先生は中国の将来を見通していました。

民主主義国家の政治家として

民主主義の主権者は、言うまでもなく国民です。政治家は選挙で国民から選ばれる存在ですから、国民の信頼に足るものでなければなりません。大平先生はこの面で面白いことを言っています。「国民は必ずしも政治に対する知識や情報を持っているわけではない。しかし、政治家の良し悪しはきちんと判断できる」という趣旨です。私はこれを目にして、民本主義を唱えた大正時代の政治学者、吉野作造の言葉を思い出しました。吉野作造は大正デモクラシー期に普通選挙の実現などに力を尽くした人ですが、「知識とか教養とか政治的関心がなくても、立候補した人間を見れば、その人が嘘をついているか、信用に足るか、そういうことは誰でも感じることができる」と言っています。民間に任せる、民意を尊重するということは、大平政治の通奏低音《つうそうていおん》ですが、背景には、政治システムとしての民主主義と、その主役である民意に対する強固な信頼があるのだと思います。

そうなってはじめて、公の精神を持つことができるのではないでしょうか。政治とはすなわちFor the Public であるという、外してはいけない一箇条を心に持っている人であってこそ、国民に選ばれて政治権力を行使できる。そしてそれを活用して国づくりに励む。それこそまさに大平先生の根本姿勢で、それを貫かれた生涯にこれからも大いに学びたいと思います。

保守本流を成す者のあり方

外務副大臣　武井俊輔

日本の保守本流を学ぶために宏池会へ

政治家の道を志す前、私は長く観光業に従事していました。当時、二〇〇二年の日韓ワールドカップ、〇三年の『冬のソナタ』ブームなどの影響で、良好な日韓関係の下《もと》、私は多くの方々にお会いしました。日本と韓国という、明治以来の不幸な歴史をもちろん意識はしていましたが、韓国の人たちと実際に会って、向き合って話すということを経て、お互いに信頼が生まれていきました。こうした経験から国と国の関係も、会って向き合って話すことが、非常に大事なのではないかと考えるようになりました。

武井俊輔議員

そのような思いから政治を志し、二〇〇六年に宮崎県議会議員となり、一二年の衆議院議員選挙で宮崎一区から国政に送っていただきました。

国会議員になった頃にはすでに、日韓関係は悪化していました。いわゆるネトウヨ的な言論が目立っていましたし、両国間の歴史問題を見直して修正する必要があるとする風潮も勢いを増していました。

そのような人々は、自分たちが保守の立場だと考えていたようですが、私は違うと思っていました。保守政治というものは、社会の多様な考え方を包み込んで社会を安定に導く方法でなければならない。大きな声に引きずられる社会であってはならないと思っていました。ですから、自民党の議員となったからには、保守の本流とは何かを勉強できる立場に身を置きたいと考えました。

宮崎県選出の衆議院議員の先輩である小山長規《こやまおさのり》先生、持永和見《もちながかずみ》先生が宏池会におられたことと、国政進出にあたり、大変お世話になった古賀誠先生にも相談し、自分からお願いして宏池会に入れていただきました。

実際に入ってみて感じたのは、他の派閥と違って属人的な要素が少ないということです。多くの派閥がありますが、そちらの同期の議員と話をすると、「○○さんにお世話になっている」というような言い方をしています。そのほうが派閥らしいとは言えますが、私が思う政治のスタイルとは少し違う気がします。

宏池会はすなわち岸田派であり、確かに岸田文雄会長にご指導いただいておりますが、加えて、自民党最古の伝統派閥の一員として、その理念のもとに集ったのだという自負がわれわれにはある。だから、岸田会長自身を含め皆が、「宏池会です」と言うのではないかと私は思います。

謙虚で現実的で漸進的な大平政治への想い

私は一九七五年生まれですから、大平正芳先生が亡くなられた時は五歳でした。直接の記憶はもちろんありませんが、もし時代を共有していたならば、ぜひ教えにあずかりたかった政治家です。

大平先生は、日本とアメリカの関係について、公的な場で「同盟国」という言葉で表現した最初の方でした。こう言うと今の風潮では右寄りの政治家のように聞こえてしまいますが、宏池会の理念は日米関係最重視ですから、特に際立ったことを言われたわけではありません。アメリカの前で日本の態度をより旗幟鮮明にすることで、日本の国益として結果を出そうとしたのだと思います。

大平先生は、権力に対して非常に抑制的な方で、中央集権的な政治ではなく、「小さな政府」を目指した方であり、右とか左とかのイデオロギーで動くのではなく、宏池会の特徴である徹底したリアリズムを体現する政治家だと思います。

有名な「楕円の哲学」にもそれは表れています。一つの中心を持つ円を拡大するのではなく、二つの中心を持つ楕円を、その二つの軸同士が共生する形でバランスを取っていくのが政治だという。この謙虚で現実的で漸進的な姿勢は、リーダーのあるべき姿ではないかと思っています。

辻井喬さんの小説『茜色の空』は大平先生の生涯を描いた有名な作品ですが、中に印象深いシーンがあります。

大平先生の生家のある観音寺市に、琴弾《ことひき》公園があります。公園入り口近くには大平正芳記念館がありますが、その公園内の山に大平先生はよくのぼって海を望見したそうです。私も行った際にのぼってみたのですが、本当に時間を忘れ、いつまでも見ていたい景色でした。あの悠久の時を感じさせる故郷の風光が、優れたロングスパンの政策をいくつも遺した政治家・大平正芳を育てたのだと思いました。

日中国交正常化はなぜ台湾を不安に陥れなかったか

そのロングスパンの政策の一つに、「環太平洋連帯構想」があります。私は、党の青年局で台湾関係の仕事を長くやってきました。大平先生は田中角栄内閣の外相として、日中国交正常化を成し遂げましたが、その時に台湾とは非常に難しい関係になりました。それまで日本においては、「中国＝台湾（中華民国）」だったのが、国交正常化で「中国＝中華人民共和国」となってしまった。こういういきさつがあるので私は、台湾の方々は大平先生についてはネガティブな評価をしているのだろうなと思い込んでいました。

しかし、大平先生の話になった時に聞いてみますと、あくまでも日米関係第一を鮮明にしていた安心感からか、「バランス感覚のある政治家」というポジティブな評価だったのです。大平先生がその後、首相となって「環太平洋連帯構想」を打ち出すなど、アジアの中の日本になる、という理念を訴えたことからの信頼もあったのだと思います。

一般消費税導入問題に見る国民への誠意

竹下登内閣が消費税を導入したときの大騒ぎは、私も記憶しています。「子どもが駄菓子屋で、昨日まで十円で買えたお菓子が買えなくなってしまう」云々といった反対論が飛び交っていました。

その時は、大平内閣の頃より、財政状況は目に見える形で悪くなっていました。今では、政府の借金は一二〇〇兆円もあると多くの国民が知っていますが、それでも消費税率を上げようとすると、われわれは大変な思いをします。それなのに、まだ国民に財政状況悪化が身に染みていなかった大平内閣の頃は、どのぐらいの覚悟を持って打った政策だったのだろうかと、その勇気に感服します。

大平先生は、国民にきちんと向き合って、将来のための政策を誠実に訴えたのだと思います。大平先生の姿には、国民への誠意が強く感じられ、政治家はかくの如くあらねばならないと改めて感じます。

現在は、コロナ禍もあって、財政的にはさらに悪化の速度が増しています。けれども、大平先生があの頃の赤字国債を非常に重く見たように、われわれも、「財政健全化はできなくてもいい」とは決して考えてはならず、国民に一時的には不評判になる政策であっても、将来のために重要な政策は、先送りせずに打っていかなければならないと思います。

中国・韓国の人々に対する想像力

長い目で見ての政策という点では、中国・韓国などとの歴史問題の解決についても言えると思います。今のわれわれの世代の考え方からすれば、南京事件や慰安婦問題をはじめ、中国、韓国の言い立てる歴史問題は、日本人として非常に面白くないことです。しかし、なぜそう言ってくるのかを、冷静に考えなければならない。相手の国の歴史、その国の人々の喜びと哀しみという価値観の軸となるものを知る努力をすべきです。

その点でも大平先生は、戦前の興亜院勤務などもしていて、現地の人と向き合った経験がある。だから中国や韓国の人々の日本に対する気持ちを、共感的に想像できたのでしょう。先ほどの台湾でのイメージも同じですが、「この人が言うのなら仕方がない」というふうに思ってもらえるようにできるのが、優れた政治家なのだと思います。

大平先生の言葉に、「(政治とは) 明日枯れる花にも水をやることだ」というものがあります。まさに、ダメだとわかっていることにも誠意を尽くすような言動を、人は見ているのだと改めて確信しています。

保守政治が目指すべきもの

ネット社会になり、情報環境の拡大が続いていますが、中国や韓国に妥協的な意見を言うと、ネットでたちまち炎上したりし、厳しい姿勢を取ることが愛国だというほんの一部の意見が、あたかも勢力を持っているように錯覚されています。

政治家に限らず、国民の大部分は日本という国を愛しているのだと思います。その「愛し方」の部分に千差万別があるのだということを理解し合っていかないといけない。それぞれの人が大事にしているものを認め合っていかなければいけない。それを可能にしていくのが保守政治なのです。

大平先生を始め宏池会に連なる人々が、リアリズムに徹して考えてきた伝統を、今こそ発揮すべきであり、時代の流れとともに変わっていく状況に対して、いかにしなやかに対応できるかが、保守政治に問われていると思います。

政治哲学に裏付けられたリアリズムの政治

辻 清人

『小説吉田学校』の影響で宏池会へ

二〇一二年の衆議院議員選挙で初当選したとき、「うちの派閥に来ないか」というお誘いを、いろいろな方からいただきました。

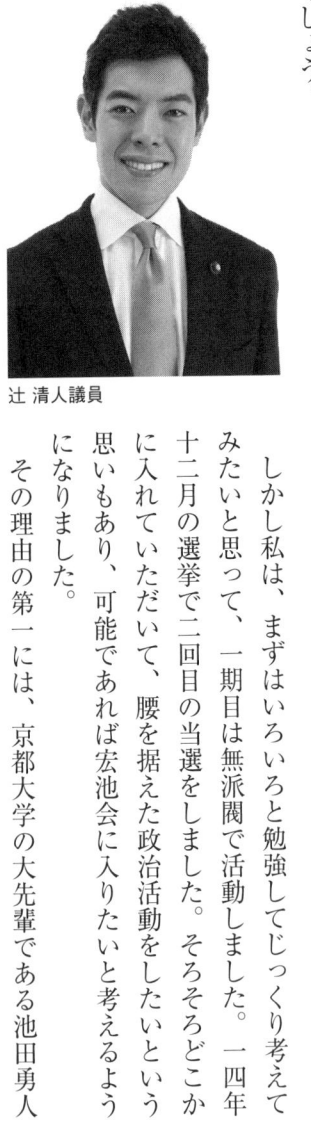

私の選挙区は東京二区で、引退した深谷隆司《ふかやたかし》先生の後継者として選挙に出たので、すぐに派閥に入るなら中曾根派から分かれた近未来政治研究会、当時の石原（伸晃）派に入るのが筋だったでしょう。

辻 清人議員

しかし私は、まずはいろいろと勉強してじっくり考えてみたいと思って、一期目は無派閥で活動しました。一四年十二月の選挙で二回目の当選をしました。そろそろどこかに入れていただいて、腰を据えた政治活動をしたいという思いもあり、可能であれば宏池会に入りたいと考えるようになりました。

その理由の第一には、京都大学の大先輩である池田勇人先生への思いがありました。所得倍増計画に代表される政策で、日本を経済国家に導いた手腕はもちろんですが、大蔵省の役人としても京大卒という傍流から次官に上り、政治家として地盤のないところから総理にまでなったプロフィールへの共感がありました。

二つには、学生時代に読んだ『小説吉田学校』（戸川猪佐武著）の影響がありました。小説と銘打った作品ではありますが、政治とは何かを本当に考えさせられました。

私は四歳で移住して十七歳まで、カナダのバンクーバーで育ちました。離別した父は日系カナダ人、母は今もカナダ在住です。弟はオーストラリアに永住していて、一家で私だけが日本に戻ってきました。日本が好きだから、日本で生きたかったのです。そして、日本に貢献したいと思い、政治学者になるのか政治家になるのかと本当に悩みました。

その辺から三つ目の理由になるのですが、私は性格的に、いわゆる「切った張った」があまり得意ではありません。おまけに酒も飲めませんし、歌もうまいとは言えません。「政治家渡世《とせい》は生き馬の目を抜く世界」などと言われますが、今でもとんでもない世界に入ってしまったと思うこともあります。

そんな私には、池田先生や大平先生に始まり、今では岸田総理が継承している宏池会は、政策本位のイメージがあって、自分に向いているかなと思えたのです。岸田先生を始め何人かの方々に実際に会って話を聞き、お世話になった深谷先生にはきちんとお話ししてご理解いただき、一六年に宏池会に入会しました。

大平首相の「九つの政策研究会」に共感

大平先生の政策の中で、まず印象的なのは田園都市構想です。大平先生が作った九つの政策研究会は、いずれも現在に通用する内容となっています。われわれが岸田ビジョンを検討するプロセスで本当に参考になりました。

大平先生が亡くなったとき、私はまだ生まれて間もない頃でしたから直接の記憶はありません。今、宏池会の一員として政治に携わり、岸田政権の政策を推進する立場にありますと、大平政権の時のやり方を知りたいと思いますし、教えてくれる人がいればいいなと思います。当時の石油ショックの時に赤字国債を出したことについて、大平先生は心を痛め、一般消費税導入による財政健全化を目指しました。そのような自己規律ある考え方をぜひ学びたいと思っています。

世界に貢献するための哲学が日本には必要

政治家には哲学が必要だという信念を、私は持っています。それは何が最善の選択かを問う時の考え方の基軸です。これがないと政治はできないと思います。

その意味で、大平先生が行った当時のソ連のアフガニスタン侵攻への対応や、環太平洋連帯の推進などについてのリーダーシップを見ると、やはり毅然としています。日頃からしっかり考えている人の強さを感じると言ってもいいです。有名な「楕円の哲学」にしてもその所産でしょう。たくさんの本に触れながらじっくりと考えるような生活のない人には、いざという時に腹の据わった対応は難しいと思います。

外交・安全保障に力を入れて活動している私にとっては、日米関係、日中関係の中で、どうすればよいバランスが保てるのか、いろいろと悩んでいます。政治的見地からは是々非々の姿勢が必要です。そこを議論して、両方ともうまくやる最善手を求めていこうというのが宏池会の姿勢ですし、それを見出すのが政治家の仕事だと思います。

バブル時代、「Made in Japan」が世界を席巻した頃、同時に、「日本人は勤勉に働くのに、ウサギ小屋に住んでいる」などと言われていました。大平先生はそのずっと前に、それに気づいていました。戦後復興、高度経済成長を経ても、心の豊かさまでは行っていないということで、田園都市構想を打ち立てました。生活のゆとり、娯楽、知的好奇心の充足などを重視した日本の政治家は、大平先生が最初だったのではないでしょうか。こういった新基軸というものは、やはりその政治家の哲学の所産だと思います。

今、私は「自由で開かれたインド太平洋」というビジョン実現に向けて、さまざまな政策を推進中なのですが、考え方としては大平先生と一緒です。経済面でも安全保障面でも一国ごとではなく、複数の国や地域で担っていこうという大平政策の現代版です。

大平先生の環太平洋連帯構想によって、ＡＰＥＣのような国家の連合体ができました。ＴＰＰもその流れから来たものです。これらの淵源は、大平先生が練った構想にあったのだということはもっと評価されるべきでしょう。

大平先生の時代とは違うものになっている日米、日中関係をどうするのかも問われます。日米関係は、日米同盟となり、二国間を超えて対中国も含め国際問題に広く対処するものへと発展しています。

日中関係は、一九七二年の日中国交正常化から五十年となり、中国は今や世界の脅威となるまでになりました。大平先生と現代の政府の考え方が異なるのは、この中国という国をどう見るかということでしょう。

この二国とどういうスタンスで向き合うのがよいのか、今、その明確な答えを日本は持っていない状況です。今後、いかなる哲学でどのように世界に貢献していくのか。また、これから何をもって国民を幸せにしていくのか。原点から考え直して、その答えをあの頃の大平先生のように、導き出さなければいけないのだと思います。

これからの安全保障政策はリアリズムに徹するべき

大平先生の時代は、日本がだんだん力を付けて、国際的地位が上昇していた時代でした。今の日本は、その逆の状態にあります。経済的影響力も情報発信力も、その他いろいろと低下している。バブル崩壊後の三十年間、私たちの世代がリアルに見てきた日本は、その前の世代の人たちが見ていた日本とは違います。私を含め、ポストバブル世代の政治家が最前線に立ち始めた今、作りたい国のビジョンは変わってきています。そして、その新しい国づくりにおいては、中長期的に見れば明確な敵国もなく、やはり問題は対中国ということに収斂《しゅうれん》します。

日本の人口は中国の一〇分の一以下で、マンパワーではもとより勝負にならない。日本は既に人口減少に入っていて、国力差はどんどん開いていっています。中国は社会や文化も魅力を増し、情報発信力もつけています。今後技術力が伴ってくるとさらに恐ろしい国になるでしょう。

この状況は、世界の国々に同じように恐れられていますから、日米でそれに対抗していこうという、これが日本の一応の立ち位置になります。

今の時代は、親米保守と親中リベラルの対立という枠組みで考えていると、もはや対応できません。ではどうするかというと、宏池会が結成以来掲げてきた保守本流としての現実主義で行けばいいと思います。リアリズムの政治です。

最近は、安全保障面などで年配の方々から、「宏池会らしくない」と言われます。われわれの政策に対して伝統的には疑問があるのでしょう。しかし、「宏池会らしくなくしよう」としているのでは全くありません。リアリズムに徹しているだけです。時代時代で、国にとって必要であれば右にも左にもいく。戦前の大日本帝国時代のように、イデオロギーや思想に凝り固まって、追い詰められたときに一方向にしか行く道がないというようにはしたくない。これからの外交・安全保障のために、選択肢が一つでも多く増えるような方向づけをしていきたいのです。

百五十年前の幕末の人々は、黒船の来航に対して、明治維新という解を出してその後につなげました。

今また襲来した黒船的な状況に対して、私としては冷静に、極論に走らず、日本にとってのいい形をどう作るか、困難な状況ではありますが、大平先生のような先人の知に教えを乞いつつ、働かねばならないと思っています。

第五章　大平総理の政策研究グループの活動と提言

第一節　大平政策研究会の九つのグループにおける発言（要旨）

『大平総理の政策研究会報告書』（自民党出版局・昭和五十五年）に所載。『永遠の今』、『大平正芳全著作集』五巻（講談社）に収録。「大平政策研究会」は、総理就任後、二十一世紀を展望する九つの政策研究グループで発足した。

(1)田園都市構想

①都市・農村が融和した田園都市国家構想を提唱。地域の独自性を尊重した町づくりをめざす。現行の圏域行政の経験と調整のなかから三十〜五十年後には、全国で二〇〇〜三〇〇前後の「田園都市圏」のネットワークの形成を展望

②○地域における文化活動の振興　○持ち回りの国民文化祭

○アイデアを競う「コンクール方式」による予算配分　○子どものための町づくり

○多彩な地域産業の新展開　○太陽と水と緑のくにづくり

○大都市の高層化、緑化、オープンスペースの確保

田園都市構想研究グループにおいての大平首相の発言

（昭和五十四年一月十七日）

㈠　田園都市構想というのは、今後、相当長期間にわたって、国づくり、社会づくりの道標となるべき理念である。人と自然、都市と農村に、ひとつの視点から新しい光をあてようとするものである。

これまでの政策と並列して付け加えられる政策ではなく、ましてや、特定の指定された都市だけを対象とするものではない。

既に実施されている政策も含め、公共事業計画も、住宅政策、福祉政策、文教政策も、個々の政策は、すべて、この理念に照らして吟味され、その配列が決められていく――そういうものである。

㈡　田園都市構想というのは、地域の個性を生かして、みずみずしい住民生活を築いていこうとするものであり、基礎自治体の自主性を極力尊重していこうとするものである。

したがって、画一的な都市計画とか都市モデルをつくるとかいったように、パターンとして考えるものではない。

田園都市構想というのは、今日における地域主義の思想に沿ったものである。しかし、いかなる意味においても、かつてのような自給自足的地域主義ではない。

それは、あくまでも開かれたものであり、都市と都市、都市と農村とのかかわり合いを重視する、相互に補完的なものである。

田園都市構想は、特定の地方都市だけを対象とするものではなく、大都市も含めて、全体としてみてゆくものである。

㈢ 田園都市構想は、われわれの生活圏の形成に当たって、教育、文化なども含めて、人間の営みを広くとらえていこうとするものである。

子どもの育つ環境、生涯教育、それぞれの地域の中での教育、高齢化社会への対応、地域医療、地域福祉、それぞれの地域の文化、産業、すべての人間の営みが包摂される。

緑と自然に包まれ、安らぎに満ち、帰属意識の強い、そしてみずみずしい人間関係が脈打つ地域生活圏が全国的に展開されることが求められている。

大都市の過密の解消と生活環境の改善、そして大都市もふるさと社会と感じられることが求められている。

したがって、定住圏構想よりも、より広い理念的なものであり、教育、文化など人間の内面的なものに関心をもっていこうという質的色彩のより濃いものである。

㈣ こうした田園都市構想の進め方については、党においても、政府部内においても、いろいろご意見があることであろう。

これについて、できるだけコンセンサスが得られていくよう、その指針となる方向づけができるよう、ご検討いただきたい。

(2) 対外経済政策

①欧米諸国と連帯し、自由と互恵の原則を中心に国際経済体制の発展に必要なコストを分担することを基本姿勢とすべし

②○通貨　○貿易・通商政策・産業政策　○経済安全保障　○資本移動と投資

○経済援助の各分野での国際協調をうたう

対外経済政策研究グループにおいての大平首相の発言

（昭和五十四年二月六日）

㈠　わが国をはじめ世界各国は、今日、相互依存の度を高め、地球上に生起するどのような問題も、相互に鋭敏に影響し、地球全体を前提に考えなければ、有効な対応ができなくなっている。世界に対する甘い認識や安易な対応は、もはや許されない。

㈡　今日の世界情勢およびわが国の置かれた立場からみて、対外経済政策をどのように推進していくかということは、極めて重大な課題となっている。わが国は、対外経済問題について十分の注意を払い、今後とも率先して国際社会に受け入れられる経済運営に努め、世界の期待に応えて

まいる必要がある。

㈢　現在、日米間の経済調整は、なお焦眉《しょうび》の問題であり、また、六月には東京サミットも開かれることとなっている。現在わが国が抱えている個々の問題に対応する場合においても、全体としてどういうふうに考えていくべきかについて、基本とすべき考え方をご検討の上、ご提言いただきたい。

㈣　当研究会は、議長にもお願いしてあるように、あくまでも先生方の自主的な研究の場として運営していただきたい。自由な立場からご研究願い、世界経済に対応するわが国の経済運営について、システム思考というか、基本的な物の考え方を最終的におとりまとめいただければ幸いである。

⑶多元化社会の生活関心

①生活関心を把握するには世論調査などのマクロ的方法と個別的観察、直観的洞察などのミクロ的方法の結合が必要

②○最近の日本人の生活満足度は高く、また「伝統回帰」の傾向がみられる

○政治意識の分析　○政策志向の分析

多元化社会の生活関心研究グループにおいての大平首相の発言

（昭和五十四年二月二十四日）

㈠　国民がひたすら経済成長を求めていた時代は過ぎ、国民のニーズとか生活関心は、極めて多元化している。このような中において、政治に対する期待とか不満をどのように受けとめ、対応していくべきか。

現在行っている施策なり、これから行っていく施策なりが、こうした国民の願望とかニーズとか期待とかいうものと、どの程度まで一致しており、どの程度まで一致していないのか。それをどのように考えるべきか。そうした国民の願望とか期待とかいうものが、どのようにすれば、政治の場におけるコンセンサスにまで高められるのか。

こうした問題についてご研究いただき、お教えいただければ幸いである。

㈡　このような問題を科学的にご解明いただくばかりでなく、現在の国民の心というか、庶民の生活感覚をしっかり把握しておられる方々にもいろいろお教えいただきたいと、広くお願いしたところ、お忙しい中にもかかわらずご参加いただき、心から感謝しています。

いずれの研究グループについても、一政権を越えて長期的視野に立ち、広く国民的立場から、自主的な研究活動をお願いしているところである。

特に、この研究グループにおいては、以上のような問題について、あくまでも中立的、客観的な立場から、理論的、また実際的な研究をお願いしたい。

現在、私どもが行っている政治、あるいはこれから行っていく政治について、国民の立場から民意に基づいてレビューし、ご批判していただくことを期待している。

(4)環太平洋連帯

①地球社会におけるグローバリズムの新たな担い手として太平洋諸国の自由で開かれた相互依存関係の形成をめざす

②○文化・教育等国際交流の促進　○人づくりの協力と技術協力　○資源開発における協力
○交通・通信体系の整備・拡充

環太平洋連帯研究グループにおいての大平首相の発言

（昭和五十四年三月六日）

(一)　今日、われわれが住む地球は一つの共同体として、その相互依存の度を高め、ますます鋭敏に反応し合うようになってきた。このような「地球社会の時代」を迎え、地球上に生起するどのような問題も、地球社会全体を前提に考えなければ有効な対応ができなくなってきている。
このような時代を迎え、世界に対する甘い認識や、安易な対応は、もはや許されない。わが国としては、国際社会において期待されている役割と責任をしっかりとわきまえ、真剣に対応してまいる必要がある。

㈡　近年、太平洋諸国の発展は目覚しいものがあり、また科学技術の進展は、この広い太平洋地域をも、ひとつの地域としての成立を可能にしてきている。二十一世紀は、太平洋の時代ともいわれている。

太平洋に位置するわが国としては、米国、東南アジア諸国、豪州をはじめ、太平洋地域諸国との緊密な関係を積み重ねてきており、グローバリズムの中にも、これら諸国との関係を一層濃密なものとして、発展を図ることが世界から期待されているわが国の役割ではないであろうか。

㈢　しかし、太平洋地域には極めて多くの国が存在している。先進工業国もあれば、発展途上国の中にも資源の豊かな国、かなり工業化の進んだ国など、発展段階もかなりまちまちである。したがって、太平洋諸国間の連帯と協力を考えるに当たっては、ＥＣのような機構を考えることは現実的でない。アプローチも、協力政策の進め方も、個々に慎重な配慮が必要であり、「ゆるやかな連帯」のコミュニティーづくりとなるであろう。参加国の範囲がテーマにより異なることがあってもよいのではないか。

このようなコミュニティーは「開かれた連帯」でなければならない。排他的な地域主義を指向するものではなく、その理念に賛成する者すべての参加が可能な開かれたコミュニティーでなければならない。

㈣　環太平洋連帯のコミュニティーづくりは、単に経済問題のみならず、政治、外交、文化すべての領域を含んだものとなる必要がある。このため、この研究グループには、広く各方面の方々にお集まりいただいている。先生方には、このような環太平洋連帯をどのように進めていったらよいか、わが国としてどのような貢献をなし得るか、またなすべきかなどについて、長期的観点に立って、かつ自主的な立場からご研究いただき、ご提言をいただければ幸いである。

(5)家庭基盤充実

①家庭基盤充実は日本型成熟社会創造の基本との視点から、家庭の自主性、多様性を尊重した施策を強調。各家庭の自立自助努力を基本とし、それと社会的連帯との均衡を重視
②○住宅・居住環境の質の改善　○育児と家庭教育
○婦人の生きがいと生活設計、老人問題など一二の提言

家庭基盤充実研究グループにおいての大平首相の発言

（昭和五十四年三月十九日）

㈠　明治以後百余年の近代化の歴史を経て、わが国は、いま新しい文化の時代を迎えている。経済的、物質的豊かさをかちえた今日、国民の間には、その成果を踏まえ、特に戦後の高度成

長の過程で置き忘れてきた人間性や生きがい、生活の充実感を取り戻そうとの気運が強まっている。それは、新しい国づくり、社会づくりにつながるものである。

㈡　われわれが直面しているこの問題は、先進工業諸国が共通に抱えている近代物質文明の超克という国際的な広がりをもった課題でもある。ただ、その現れ方は、各国によってそれぞれ異なってもいようし、その解決に当たっても日本的な手法が大切であろう。

こうした見地から、今回、田園都市構想と家庭基盤の充実という二つの構想を提唱した次第である。この二つの構想は、基本的には同じ理念でつながっているものであると思う。田園都市構想研究グループと両々相俟って、今後、長期にわたる国づくり、社会づくりの大きな方向をお示しいただきたい。

㈢　家庭は、社会の最も大切な中核である。落ち着きと思いやりに満ち、充実した家庭こそ、国民の安らぎのオアシスであり、日本社会の基礎構造をつくるものである。国破れて家庭ありというか、戦後のわが国の復興、発展を支えてきたものは、家庭であったといえるのではないだろうか。

しかし、その後の高度成長に伴う経済、社会の大きな変化の過程で、家庭をとりまく環境も大きく変貌し、さまざまな問題が出てきているように思える。核家族化の進行、それと外の社会とのかかわり合い、高齢化社会への対応、といった問題をどのように考えていったらいいのだろうか。

(四) 政治が家庭に介入するようなことは、なすべきことではないし、政府が、望ましい家庭像のあり方などを示すことは、適当なことではないであろう。

しかし、現にいろいろな問題に直面している家庭の基盤を充実したものとし、ゆとりと風格のある安定した家庭の実現を図っていくうえで、家庭自らの自主的努力と相俟って、政府が何かお手伝いすることがあるのではないだろうか。

こういったことについて、皆さま方に自主的な立場から自由にご研究いただき、ご提言を賜ることができれば幸いである。

(6)総合安全保障

①安全保障を国際環境の整備、脅威への自助努力、国際的連帯の三つのレベルで総合的に再構成

②○国防会議に代わる国家総合安全保障会議の設立を提唱

○装備の充実を中心に自衛力の強化

○エネルギー、食糧、防災などを含む危機管理体制の確立

総合安全保障研究グループにおいての大平首相の発言

(昭和五十四年四月二日)

㈠　今日、われわれの住む地球社会は、ひとつの共同体として、その相互依存の度を高め、ますます鋭敏に反応し合うようになってきた。このような「地球社会の時代」を迎え、地球上に生起するどのような問題も地球社会全体を前提に考えなければ有効な対応ができなくなってきている。特に資源と市場の多くを海外に求めなければならないわが国にとって、世界のいかなる地域のどのような紛争もその生存を脅かすことになりかねない。まさしく、世界の平和と安定なくしては、わが国の生存はあり得ない。

㈡　ところが、国際政治は、いよいよ多元化の傾向を強めており、世界の経済秩序は、ますます不安定の度合いを高くし、局地的な武力紛争もかえって増加の傾向すらみられるのが世界の現実である。

このような状況の中で、わが国が名誉ある生存を確保するためには、わが国として、国際社会において期待されている役割責任をしっかりと果たしていくとともに、自らの安全保障のため周到かつ総合的な努力を払う必要がある。

すなわち、わが国は、平和戦略を基本とした総合安全保障体制を整備しなければならない。

㈢　このような総合安全保障は、ひとつには、節度ある質の高い防衛力を整備するとともに、これを補完する日米安全保障条約の誠実かつ効果的な運用を図らなければならない。二つには、政治、経済、教育、文化等、内政全般の秩序正しい活力ある展開を図り、また、わが国にとって安定的な国際協力システムを作りあげるための外交努力を強化する等、わが国が保有するすべての力を総合的に結集してはじめて確保されるものと考えている。

㈣　このような意味で、この研究グループの研究課題は、極めて幅広いものになると思われ、ここにお集まりいただいた先生方も広く各方面にわたっている。先生方には総合安全保障のもつ意味、その目的と手段等について自由かつ自主的な立場からご研究いただき、忌憚のないご提言をいただければ幸いである。

⑺文化の時代

①時代の「要請」である文化を教育、行政などのかかわりでとらえ、現行文化行政の抜本的見直しを提唱。「文化の時代」の到来という基本認識に立って、国民生活と行政の全分野における文化重視への発想の転換を促進

②○文化振興法の制定　○文化関係予算の大幅増額　○文化行政への民間人の積極的登用

○各省庁行政の文化的活性化と文化政策の総合調整体制の確立　○国際文化交流の活発化

○地方における文化振興　○民間の文化活動への支援

文化の時代研究グループにおいての大平首相の発言

（昭和五十四年四月九日）

㈠　私は、先の施政方針演説において、「文化の時代の到来」ということを申し上げた。

わが国は、戦後三十余年、経済的豊かさを求めて脇目もふらず邁進し、顕著な成果を収めてきた。それは、殊に明治以降の百余年において、欧米諸国を手本として進めてきた近代化、工業化の偉大な精華でもある。今日、われわれは、物質的豊かさと便利さ、自由と平等、高い教育と福祉の水準、発達した科学技術などを享受するに至っている。

しかし、いまや、近代化、工業化による経済社会の巨大な構造変化を背景に、国民の意識や価値観にも重要な変化が進行してきている。かつてない自由と豊かさは、人々の心に、これまでの工業文明や近代合理主義のもとで、ともすれば見失われがちであった人間性のいくつかの大切な側面への反省を促し、より円熟した、より高い人間的欲求を目覚めさせている。国民は、人間の内面に深く根ざした精神的、文化的な豊かさ、生活の質と多様性、自由と責任の均衡、家庭や地域や職場におけるあたたかい人間関係の回復、人間と人工と自然との調和のとれた共存を求めている。

このことは、近代合理主義に基づく物質文明が飽和点に達し、近代化の時代から近代を超える時代に、経済中心の時代から文化重視の時代に至ったとみるべきではないだろうか。

㈡　四囲を海に取りまかれているわが国は、古来から海外文化の影響を非常に強く受け、これを積極的に吸収し自分のものとすることによって、世界の中に独自の文化圏を形成してきた。歴史的にみてわが国は、閉ざされた社会ではなく、むしろ世界に向けて広く開かれた国であった。

かつて異なった東洋文化の大いなる摂取に努めたわが国は、江戸時代三百年の伝統文化の一つの成熟期を経た後、幕末以来の近代国家づくりの過程で、西洋文化を積極的に取り入れた。この結果、この日本というアジアの一角にある島国のうえで、東方の文化と西方の文化との魂の触れ合いというか、世界史的にみても意義の大きい出合いをすることになった。

いま、わが国では、東方の文化と西方の文化との混淆《こんこう》ともいうべき状況になっている。そして、カオスともいうべきこの混淆が、未来に向けて何ものかを生み出す大きなエネルギーになっているのではないだろうか。

㈢「文化の時代の到来」と申し上げたが、過去から現在に到る歴史を踏まえ、二十一世紀の未来に向けて、どのような文明の時代が開かれようとしているのか、さらに掘り下げて研究し、ご教示いただきたい。

このような文化の時代を迎え、東西両文化の混淆のなかから、二十一世紀の未来に向かって何が、どのような文化が生み出されつつあるのだろうか。わが国は、どのような方向を目指すべきなのか。そのなかで、国は、政治は、何をなすべきなのか、あるいは何をなすべきではないのか。

このような問題について、自主的な立場から、自由かつ活発にご議論いただき、ご提言いただきたい。

(8)文化の時代の経済運営

①「文化の時代」ともいうべき新しい時代の経済運営は、人間性、自主性、創造性、地域性、国際性という五つの基本理念の尊重が必要

②○行財政改革　○経営革新　○金融自由化　○新しい生き方の追求　○国際化
○新しい中小企業、農業の展開　○簡素で効率よい政府の実現

文化の時代の経済運営研究グループにおいての大平首相の発言

（昭和五十四年四月十一日）

(一)　わが国は、戦後三十余年、経済的発展を求めてわき目もふらず邁進し、顕著な成果を収めてきた。それは、殊に明治以降の百余年において、欧米先進諸国を手本として進めてきた近代化、工業化の偉大な精華でもあった。

しかしいまや、近代化、工業化による経済社会の成熟化、大きな構造変化のもとで国民の意識や価値観には重要な変化が起こってきている。人びとは、近代合理主義に基づく物質文明のなかで、ともすれば見失われがちであった人間性の回復に思いをいたし、人間の内面に深く根ざした精神的、文化的な豊かさ、生活の質と多様性、自由と責任の均衡、家庭や地域や職場におけるあ

たたかい人間関係、人間と人工と自然との調和のとれた共存、などを強く求めるようになっている。

このことは、近代化の時代から近代を超える時代に、経済中心の時代から文化重視の時代に至ったことを示している。世界史的にみても、これから二十一世紀へかけて、文明の新しい時代が開かれようとしている。これらのことを私は、「文化の時代の到来」と申し上げた次第である。

㈡　明治維新以降の近代化、工業化のなかで、ともすれば過度に追求されてきた中央集権、中央集中の流れを、経済運営の面でも見直すべき時期にきている。

急速に欧米先進諸国に追いつくためにとられてきた中央指導の殖産興業の政治、その流れを汲む戦後の高度成長政策のなかで、国民生活、なかんずく、経済活動に対しては、かなり直接的な指導・助成が行われてきた。いまや過剰となったこのような介入や政府に対する過大な期待は改めなければならない。

これによって、個性ある地域社会の形成や民間経済の活力ある展開が図られていくのではないだろうか。また、これによって、「安くつく効率のよい政府」の実現が可能となり、政治や行政に対する新たな要請や期待にも十分に対応していくことができるようになるのではないだろうか。

いまや、成長率などマクロの経済目標を掲げてひたすらその量的達成のために邁進するという時代は過ぎ去った。生活の質の向上を目指し、雇用、物価、所得など、経済の個々の問題についてじっくりと足元をみつめ、地道にこれに対応していくべき時代であろう。

このため、田園都市国家の建設、家庭基盤の充実、高齢化社会に対応した活力のある日本型福祉社会の建設を提唱している次第である。その実現のためにも、科学技術の革新、知識集約型産業構造への転換、個性ある多彩な地域産業の発達などを進めながら、環境や資源問題などの制約から比較的自由な生活財を中心に、次の活力ある経済発展を図っていくべきではないだろうか。

世界経済のなかで大きな比重を占めるに至ったわが国経済は、もはや自国にかまけた経済運営を行うことは許されなくなっている。産業調整、経済文化摩擦の解消、国内市場の一層の開放、対外経済協調の一段の拡充、幅広い経済・文化の交流の促進など、国際社会に受けいれられる経済運営に一層努めていかなければならないのではないか。

㈢　新しい文化の時代を迎えて、これからの経済運営については、従来より一層、政治的、社会的、文化的、心理的、工学的等あらゆる視野からの考慮が必要となってくるであろう。

これからの経済運営は、どのようにあるべきか。このような研究を皆さま方にお願いするに当たって、私は、ダニエル・ベル教授の「現在起きている状況を描写する用語を失ってしまった社会は不幸である」（『脱工業化社会の到来』三八五頁）という言葉を想い出す。

過去の発想や慣行にとらわれることなく、自由な立場から、自主的にご研究いただき、中長期的観点に立って、指針となるべきご提言をいただければ幸いである。

⑼科学技術の史的展開

①これからの科学技術は従来のアトミズムの行き方を超えて、個と全体の調和をめざす「ホロニック」な方向をめざすべきである

②○研究機関の多様化と役割分担　○巨大科学研究と小型個人研究の均衡
○基礎科学研究の人材確保　○専門分野の学際的協力

科学技術の史的展開研究グループにおいての大平首相の発言

（昭和五十四年五月三十日）

㈠　今日、人類は歴史上類をみない豊かな社会を築いてきたが、これは、人類の限りない英知によるものであり、まさに、科学技術の進歩の歴史であると言えるであろう。人類の英知は、人類がその過去の歴史において遭遇してきた多くの困難を乗り越え、新しい発明を生んできている。しかしながら、戦後三十余年の目覚しい科学技術の発展のあと、現在は技術革新の低迷期に入っているのではないかとの議論もある。人類社会が二十一世紀に向けて、文明の新しい時代を迎えようとしている今日、これからどういう分野についてフロンティアが開かれているのか、歴史的かつ広汎な視野に立った検討が必要になっているのではないか。

㈡　また、これまで、われわれは、科学技術の進歩を求めるあまり、その長期的ビジョンについて十分な考察を持ち得なかったのではあるまいか。例えば、巨大テクノロジーは、著しい発達をみており、また、生命の科学の進歩は人間そのものを問い直させるまでに至っている。このようななかで、社会科学と自然科学とのバランスのとれた進歩、人類の生存との調和のとれた科学技術の進歩、自然と機械と人間との共存といったものを、どのように図ってまいるべきかも大きな課題であろう。

㈢　科学技術の進展は、太平洋をひとつの地域として成立させるまでに至り、また、田園都市国家構想についても、ファイン・テクノロジーをはじめ科学技術の進歩がその実現の裏づけとなっている。

資源・エネルギーに乏しいわが国が、二十一世紀に向けて、その生存と発展を確保するためには、科学技術の革新が不可欠である。環境問題、都市問題などとってみても、科学技術が当面する問題は多い。ただ、このような場合に、科学技術の水準が世界の第一流に達したわが国としては、従来のように、欧米先進諸国からの科学技術の輸入に依存することはできない。

日本人は、古来から独創性に富んだ民族であり、近代化の過程において、急速に欧米の科学技術を受け入れ、それを自分のものとしてきたことも、わが国の科学技術の蓄積があったからだということはよく指摘されているところである。今後は、日本独自の科学技術を開発するとともに、それを通じて、人類社会の発展に一層貢献を行っていく必要があろう。

㈣　以上のような諸点について、長期的に、かつ広い視野からご研究いただきたい。このため、この研究グループには自然科学の先生方のみならず、広く各方面の方々にご参加いただいた次第である。自主的な立場から、自由闊達《かったつ》にご議論いただき、いろいろお教えいただければ幸いである。

「大平総理の政策研究会」九研究グループおよび事務局メンバー一覧

報告書提出先：伊東正義（内閣総理大臣臨時代理）

文化の時代		
	氏 名	肩書き
議長	山本七平	山本書店主
政策研究員幹事	浅利慶太	演出家
	山崎正和	大阪大学教授
政策研究員	上田 篤	大阪大学教授
	小椋 佳	作詞・作曲家
	日下公人	日本長期信用銀行参与
	公文俊平	東京大学教授
	黒川紀章	建築家
	香山健一	学習院大学教授
	小松左京	作家
	曾野綾子	作家
	高階秀爾	東京大学教授
	竹内 啓	東京大学教授
	竹内靖雄	成蹊大学教授
	團伊玖磨	作曲家
	芳賀 徹	東京大学教授
	真鍋 博	イラストレーター
	八木誠一	東京工業大学教授
	青柳 徹	文部省大学局視学官
	岸田俊輔	国税庁調査査察部長・前大蔵省官房調査企画部長
	齋藤邦彦	労働省職業安定局庶務課長
	佐藤剛男	通商産業省生活産業局紙業課長
	千種秀夫	法務省大臣官房秘書課長
	南原 晃	日本銀行大分支店長
	西山健彦	在フランス日本国大使館公使・ 前外務省経済協力局外務参事官
政策研究員書記	安藤裕康	外務大臣秘書官
	尾原栄夫	大蔵省主税局税制第一課課長補佐

田園都市構想

	氏名	肩書き
議長	梅棹忠夫	国立民族学博物館長
政策研究員幹事	香山健一	学習院大学教授
	山崎正和	大阪大学教授
政策研究員	飽戸弘	東京大学助教授
	浅利慶太	演出家
	石井威望	東京大学教授
	井手久登	東京大学助教授
	植木浩	文部省大臣官房会計課長
	木村仁	自治省行政局振興課長
	黒川紀章	建築家
	小池和男	名古屋大学教授
	小粥正巳	大蔵省大臣官房秘書課長
	小林登	東京大学教授
	下村健	厚生省大臣官房総務課長
	竹内宏	日本長期信用銀行調査部長
	谷野陽	農林水産省水産庁魚政課長
	長澤哲夫	国土庁計画・調査局計画課長
	星野進保	経済企画庁長官官房秘書課長
	松本弘	建設省計画局参事官
政策研究員書記	太田信一郎	通商産業省資源エネルギー庁 公益事業部計画課課長補佐
	田谷廣明	大蔵省主計局主査
	長野厖士	大蔵省主計局主査

家庭基盤充実

	氏名	肩書き
議長	伊藤善市	東京女子大学教授
政策研究員幹事	香山健一	学習院大学教授
	志水速雄	東京外国語大学教授
政策研究員	菊竹清訓	建築家
	桐島洋子	評論家
	小林　登	東京大学教授
	小堀桂一郎	東京大学助教授
	鈴木二郎	東京都精神医学総合研究所神経生理部門主任・副参事研究員
	竹内靖雄	成蹊大学教授
	遠山洋一	バオバブ保育園長
	橋田壽賀子	放送作家
	原ひろ子	お茶の水女子大学助教授
	深谷和子	東京学芸大学助教授
	水野　肇	医事評論家
	米山俊直	京都大学助教授
	菴谷利夫	文部省初等中等教育局幼稚園教育課長
	伊藤茂史	建設省住宅局住宅政策課長
	佐藤欣子	総理府青少年対策本部参事官
	鉄炮塚瑞彦	警察庁長官官房審議官
	久本禮一	福岡県警察本部長
	安原　正	大蔵省主計局主計官(厚生・労働担当)
	横尾和子	厚生省大臣官房統計情報部情報企画課長
	吉岡博之	経済企画庁調査局審議官
	渡邊　尚	国土庁土地局土地政策課長
	太田信一郎	通商産業省貿易局総務課課長補佐
	田谷廣明	大蔵省主計局主査
	長野厖士	大蔵省主計局主査(通産1・2係担当)
政策研究員書記	—	—

総合安全保障

	氏 名	肩書き
議長	猪木正道	(財)平和・安全保障研究所理事長
政策研究員幹事	飯田経夫	名古屋大学教授
	高坂正堯	京都大学教授
政策研究員	飽戸　弘	東京大学助教授
	江藤　淳	東京工業大学教授
	大須敏生	大蔵省国際金融局国際機構課長
	加納時男	東京電力(株)省エネルギーセンター副所長
	木下博生	通商産業省大臣官房秘書課長
	木村　汎	北海道大学教授
	久世公堯	自治省大臣官房審議官
	黒川紀章	建築家
	鴻巣健治	農林水産省大臣官房企画室長
	佐瀬昌盛	防衛大学校教授
	佐々淳行	防衛庁人事教育局長
	曾野綾子	作家
	棚橋　泰	運輸省大臣官房審議官
	豊島　格	日本貿易振興会パリ・ジャパン・トレード・センター所長
	中嶋嶺雄	東京外国語大学教授
	渡辺幸治	外務省大臣官房参事官
	渡部昇一	上智大学教授
政策研究員書記	岡田康彦	大蔵省大臣官房調査企画課課長補佐
	齋藤泰雄	外務省アジア局北東アジア課課長補佐

環太平洋連帯

	氏名	肩書き
議長	飯田経夫（1979年11月9日まで、大来佐武郎外務大臣が当研究グループの議長であった）	名古屋大学教授
政策研究員幹事	佐藤誠三郎	東京大学教授
政策研究員	石井威望	東京大学教授
	高坂正堯	京都大学教授
	小長啓一	通商産業省機械情報産業局次長
	榊原英資	埼玉大学助教授
	高垣　佑	東京銀行取締役人事部長
	堂ノ脇光朗	外務省大臣官房審議官
	中川文雄	筑波大学助教授
	中嶋嶺雄	東京外国語大学教授
	中瀬信三	農林水産省畜産局家畜生産課長
	西原　正	防衛大学校教授
	林　淳司	運輸省大臣官房文書課長
	古橋源六郎	大蔵省関税局総務課長
	本間長世	東京大学教授
	山崎正和	大阪大学教授
	山澤逸平	一橋大学教授
	吉川　淳	経済企画庁長官官房参事官
	渡辺昭夫	東京大学教授
政策研究員書記	鏡味徳房	大蔵省銀行局銀行課課長補佐
	鹿野軍勝	在ニューヨーク日本国総領事館領事・前外務省大臣官房調査部企画課首席事務官
	神原　寧	大蔵省国際金融局調査課企画係長
	西田恒夫	外務省大臣官房調査企画部企画課首席事務官

対外経済政策

	氏　名	肩書き
議長	内田忠夫	東京大学教授
政策研究員幹事	—	—
政策研究員	鬼塚雄丞	横浜国立大学教授
	兼光秀郎	上智大学教授
	茅　陽一	東京大学教授
	公文俊平	東京大学教授
	黒澤　洋	日本興業銀行常務取締役
	高坂正堯	京都大学教授
	小林元常	三菱商事(株)業務部長
	佐々波楊子	慶応義塾大学教授
	関口末夫	(社)日本経済研究センター主任研究員
	西川　潤	早稲田大学教授
	速水佑次郎	東京都立大学教授
	瓜生　瑛	農林水産省構造改善局構造改善事業課長
	行天豊雄	大蔵省大臣官房参事官
	國廣道彦	外務省経済局参事官
	山田勝久	通商産業省大臣官房企画課長
	吉冨　勝	経済企画庁経済研究所主任研究官
	塩田薫範	大蔵省国際金融局国際機構課課長補佐
	宮本恵史	通商産業省産業政策局産業構造課課長補佐
政策研究員書記	—	—

文化の時代の経済運営

	氏名	肩書き
議長	館龍一郎	東京大学教授
政策研究員幹事	公文俊平	東京大学教授
	蠟山昌一	大阪大学助教授
政策研究員	石井幹子	工業デザイナー
	岩田龍子	武蔵大学教授
	大森　彌	東京大学助教授
	河合隼雄	京都大学教授
	木村尚三郎	東京大学教授
	小松左京	作家
	篠塚英子	日本経済研究センター研究員
	中平　立	外務省大臣官房総務課長
	中村　正	労働省労政局労働法規課長
	西川俊作	慶應義塾大学教授
	糠谷眞平	経済企画庁長官官房参事官
	野口悠紀雄	一橋大学助教授
	端田泰三	富士銀行常務取締役
	濱岡平一	通商産業省資源エネルギー庁石油部計画課長
	濱田宏一	東京大学助教授
	速水佑次郎	東京都立大学教授
	平澤貞昭	大蔵省大臣官房文書課長
	福井俊彦	日本銀行高松支店長
	藤竹　曉	ＮＨＫ総合放送文化研究所主任研究員
	米山俊直	京都大学助教授
	若林正俊	農林水産省構造改善局農政課長
政策研究員書記	落合俊雄	在ニューヨーク日本国総領事館領事・ 前通商産業省大臣官房企画室企画主任
	喜田勝治郎	通商産業省大臣官房企画室企画主任
	渡辺裕泰	大蔵省大臣官房調査企画課課長補佐

科学技術の史的展開

	氏名	肩書き
議長	佐々　學	東京大学名誉教授・前国立公害研究所長
政策研究員幹事	石井威望	東京大学教授
	小林　登	東京大学教授
政策研究員	飯田経夫	名古屋大学教授
	江澤　洋	学習院大学教授
	大島栄次	東京工業大学教授
	茅　陽一	東京大学教授
	清水　博	東京大学教授
	杉村　隆	国立がんセンター研究所長
	高橋洋一	東京大学助教授
	富永　健	東京大学教授
	豊田有恒	作家
	原島文雄	東京大学助教授
	槇　文彦	東京大学教授
	村上陽一郎	東京大学助教授
	太田　博	在アメリカ合衆国日本国大使館参事官・前外務省大臣官房調査企画部企画課長
	鎌田吉郎	通商産業省生活産業局原料紡績課長
	川崎正道	環境庁企画調整局企画調整課長
	木戸　脩	厚生省公衆衛生局企画課長
	齋藤諦淳	文部省大学局大学課長・前学術国際局研究機関課長
	島　弘志	科学技術庁計画局科学調査官
	新藤恒男	大蔵省関税局企画課長・前主計局主計官（文部、科学技術・文化担当）
	高秀秀信	建設省大臣官房技術参事官
	富田徹郎	郵政省電波監理局放送部長
政策研究員書記	江川明夫	外務省国際連合局科学課事務官
	黒田東彦	大蔵省主税局税制第二課課長補佐
	神余隆博	外務省大臣官房領事移住部旅券課首席事務官
	西原篤夫	大蔵省主計局主査(労働1・2係)

多元化社会の生活関心

	氏名	肩書き
議長	林知己夫	統計数理研究所長
政策研究員幹事	飽戸弘	東京大学助教授
	佐藤誠三郎	東京大学教授
政策研究員	阿木燿子	作詞家
	安倍寧	音楽評論家
	岩男壽美子	慶応義塾大学教授
	亀井敬之	大蔵省理財局資金第一課長
	児島和人	埼玉大学助教授
	児玉幸治	通商産業省産業政策局産業資金課長
	鈴木二郎	東京都精神医学総合研究所神経生理部門主任・副参事研究員
	田崎篤郎	群馬大学教授
	田中博秀	労働省大臣官房統計情報部情報解析課長
	永岡禄朗	総理府広報室参事官
	西部邁	東京大学助教授
	萩元晴彦	㈱テレビマンユニオン・プロデューサー
	福島章	上智大学教授
	村松岐夫	京都大学教授
	守屋友一	経済企画庁調査局内国調査第一課長
政策研究員書記	日下一正	通商産業省通商政策局米州大洋州課長補佐
	細川興一	大蔵省主計局主査（農林水産3係）

事務局・内閣官房内閣審議室分室・内閣総理大臣補佐室（全研究会に資料提供協力）

	氏　名	肩書き
議長	長富祐一郎	内閣審議官
政策研究員幹事	照山正夫	内閣審議官
	内田勝久	内閣審議官
政策研究員	大塚義治	厚生省から出向
	櫻井正人	厚生省から出向
	澤井義雄	農林水産省から出向
	高橋はるみ	通商産業省から出向
	関口康夫	総理府から出向
	渡部悦子	総理府から出向
政策研究員書記	—	—

※「大平総理の政策研究グループの活動と提言」の詳細については、
大平正芳記念財団のＨＰを参照

【コラム①】

「大平研究会」の思い出

細川興一

「大平研究会」での活動は、長い役人生活を振り返って、私にとって最もエキサイティングなものの一つとして、鮮明に思い出される。私は、当時三十二歳、大蔵省銀行局の課長補佐。先輩の長富祐一郎さん（「研究会」事務局の中心人物）指名により、九つのグループの一つである「多元化社会の生活関心研究グループ」の「書記」として参加する機会を得た。その時の種々の書類や資料は、今でも手元に保持するほどに大切なものである。いくつかのエピソードを紹介したい。

まず、グループの初会合で大平総理が事務局の用意した原稿を離れ、御自分のことばで述べられた、次の挨拶（私のメモに基づく要旨）は、グループの性格やリベラルな総理の構えと会議の雰囲気を象徴しており、私にとって今でも心深く印象的である。まさに岸田首相の「聞く力」の原点かと彷彿《ほうふつ》させられる。やや長いが引用したい。

（要旨）

『私が官邸にきてからは、日々各省からあがってくる、大変なボリュームの書類に埋没しかねない毎日で、放っておくと、ドライな砂をかむようなことになり、世間に疎くなり、「裸の王様」

になりかねない。だから、もう少し瑞々《みずみず》しく世間とお付き合いできないか、とりわけ知的な分野で交流できればと考えた。……、いくつかのテーマを選択して皆様に参加してもらい、大胆に政府に遠慮することなく、……、のびのび御意見を吐露《とろ》いただければと思っている。……、私がそこから汲みとることができるような「珠玉」のようなものができれば幸い、できなくとも議論していただいただけでもよいと思う。……（略）……。

「多元化社会の生活関心」については、まさに世界全体が多元化しており、よくみると家庭の中も多元化しており、一つになかなかまとまらぬ時代になってきた。ある意味で面白い時代ともいえる。これまでは、国は、人々がこんなことを考え、望んでいるにちがいないということを前提に調理し、こんなごちそうを出せばお気に召すのではないかということでやってきたが、そのようなメニューが全然あわなくなってきているかもしれない、あるいは、……、このようなことをやること自体もうごめんだ、やめてくれということかもしれない。……（略）……。このような中で、政治は一つのコンセンサスをまとめていくことが仕事であり、……。……、いくつかの手がかりを教えていただければ幸せと思っている。……。よろしくお願いしたい。』

９つのグループは、そのタイトルをみるだけでも、一九八〇年代の問題意識としては的確で先見性豊かなものである。「田園都市構想」を中心に、例えば、「家庭基盤充実」は、既に家庭の問題の重要性を先取りしており、「環太平洋連帯」は、後のＡＰＥＣの開設につながり、そして

「多元化社会の生活関心」は、今や最も重要な課題となっている多様な価値観——「多様性」（ダイバーシティ）を活かす考え方に通ずるものである。

さて、実際の研究会の会議の一コマ。（グループの第三回の会合で）委員の一人阿木燿子《あきようこ》さんが、当時大ヒット中の「魅せられて」や「あんたのバラード」の曲を流しながら、「高校生の生活意識調査」と題したレポートをされた。その中で、私は、大平総理があの「好きな男の腕の中でも　違う男の夢を見る」との有名な歌詞をどのようにお聞きになったのかと、つい気になってしまったが、会の終わりに総理がいく分照れながら、「今日は〝ニュー・ミュージック〟ということばを覚えました」と話された時の表情は忘れることができない。

各グループの活動は、大平総理の急死を乗り越え、四十九日忌までにすべての報告書をまとめ、総理臨時代理の伊東正義官房長官に提出するまで続いた。我々のグループも最後はホテルに缶詰め、徹夜でとりまとめた。そして有志で深夜打ち上げのカラオケに繰り出し、阿木さんとデュエットで歌ったことは私のなつかしい思い出である。

冒頭で述べた如く、「大平研究会」は私自身の人生に大きな影響を残した。まさに、かつて牛尾治朗氏が『文藝春秋』（二〇一三年九月号）の浅利慶太氏との対談で紹介されたとおり、『（細川は）「あれ（研究会）のおかげで自分はここまでやってこれた」と話し、……行政の縦割り構造を超えて日本全体を考えることができた』と思う。そして、「大平研究会」の最も大きな歴史的意義は、勿論、報告書の内容もさることながら、学者、作家、マスコミ、評論家、そして実業界、さらに中堅若手官僚などなど、グループ毎《ごと》に二十余名を超える人々を集め、一人のリーダー（総理は毎回毎回議論を聞き入る）の下《もと》、真剣な議論が積み重ねられる場ができたということであろう。とかく、政と学、官と民、そして政と官などの垣根のごときものが指摘される。特に私には最近の政と官のあり方に関心をもたざるを得ないが、役人の現役後輩達にも、あの「研究会」のような論じ合いの機会があったら云々、とつい思い巡らしたりしている。

最後に、余話を。私は、後に秘書官として小渕恵三総理にお仕えした。小渕総理は、在任中、二十一世紀を前に「21世紀日本の構想」懇談会（座長、河合隼雄氏。山崎正和、五百旗頭真、御厨貴、翁百合氏らのメンバー計四九名）を立ち上げ、「日本のフロンティアは日本の中にある」と題した報告書を残した。実は、小渕さんは、総理に就任（一九九八年七月）してから、「自分は21世紀を間近に臨むにあたり、かって大平総理がつくられた研究会的なものを設け、各界の英知を集め国民あげての論議を巻き起こしたい」と話して、その準備を指示され（小渕さんは官邸の総理執務室の書棚に「大平研究会」の一連の報告書を掲げていた）、その立ち上げ直前に、かつての大平総理の秘書官で、当時衆議院議員を引き継がれていた森田一氏に、電話（いわゆる〝ブッチホン〟）で事前の了解をとられていたことは思い出深く、書き添えておきたいと思う。

（元財務事務次官、プルデンシャル・ホールディング・オブ・ジャパン株式会社取締役）

【コラム②】

研牛会の思い出――文化の時代の経済運営に参加して

石井幹子

一九七九年の春、官邸で開催された「文化の時代の経済運営研究グループ」の第一回目の会合は、私にとって、今でも鮮明に思い出すことが出来る特別な日である。

大勢のメンバーが居並ぶ大会議室のテーブルの中央には、大平総理が座っておられた。新聞やテレビでは、すでに何度も拝見していたが、生の総理を間近で見たのは、初めてであった。がっしりとした厚みのある体格で、黒に近い濃紺のスーツに、ボルドーワインのような濃い赤に細かな柄の上品なネクタイをお召しになっていた。

総理は、お立ちになって短い言葉で会の主旨を述べられた。お顔は終始にこやかで、窓から射し込む春の陽射しの中で、柔らかな雰囲気だった。

この研究会に私を推選して下さったのは、佐藤誠三郎先生（東大教授・当時）だということは後に知った。佐藤誠三郎先生は欣子《きんこ》夫人と共に、大平総理とは家族ぐるみのお付き合いのある親しい間柄であったという。

司会の言葉に促《うなが》されて、アイウエオ順に自己紹介が始まり、私は最初に指名されていささか戸惑ったものである。デザイナーや建築家など仲間内の会合で話すことはあったが、総理や官界、経済界、学界のトップの方達の前では緊張した。当時、私は四十一歳だった。

会合は毎回刺激に満ち、学ぶことが多かった。それまでデザイン一筋に生きて来た私にとって、政治や経済に関心を持つ契機ともなった。

大平総理の突然の御逝去の後、毎年七月七日に開催された研牛会の会合には、まるでクラス会に出るように、大勢の人が集まった。

八〇年代から九〇年代と、海外の仕事で出張が多かった私は、七月七日は出来るだけ東京にいるようにして、研牛会に参加した。

そこでは、梅棹忠夫先生や山本七平氏のような伝説的な方々にお会い出来たし、長富祐一郎氏、福川伸次氏、安藤裕康氏といった、後に大変お世話になる方々にも出会った。

「文化の時代の経済運営研究グループ報告書」と名付けられた研究会の報告書は、今、改めて読み直してみても、先見性に富んだ優れたレポートであるし、ここに参加したメンバーが、その後各分野で活躍されていることに今さらながら驚かされた。

ただ、残念なことに、日本はいまだに「文化の時代」とはいえない状況にある。文化予算は今世紀に入ってから大分増えたと聞くが、文化の一分野で活動する私には実感がない。

九〇年代にはメセナという言葉で、企業の文化支援もあったが、以前ほど活発な支援がないようである。

大平総理が掲げられた、日本が「文化の時代の経済運営」について、もう一度考えるべきではなかろうか。

その後に続く八〇年代の日本の耀きを、研牛会のメンバーの方々が牽引されたことを今、懐かしく思い出している。

（照明デザイナー）

第二節　評価——現代の政治社会運営への示唆

大平正芳政策研究会にみる長期ビジョンと現状　宇野重規

『學士會会報』№９４４（２０２０－Ⅴ）号所載。

一　はじめに

明治における近代化の開始以来、日本にはつねに目指すべき国家像や社会像が存在した。多くの場合、欧米諸国をモデルとするものであり、その制度や政策をいかに素早く、そして適切に導入するかに多くのエネルギーが投入された。このような目的に合致すべく、旧帝国大学をはじめ、高等教育制度が整備され、優れた人材を輩出してきた。

しかしながら、いつの日か、そのような追い求めるべき国家像や社会像は希薄化していった。とくに高度経済成長を経験した日本では、「もはや欧米に追いついた」「いまや日本こそがフロントランナーだ」という声も聞かれるようになった。もちろん、個別的にみれば、なお参照すべき優れた制度や政策が、欧米諸国を含め、世界の多くの国々に見出せる。とはいえ、包括的な国家像や社会像となると、次第にその存在は自明でなくなった。

かといって、それでは欧米諸国に代わる、新たな長期ビジョンを日本が見出せたかといえば、疑問が残る。日本の国家や社会にとって何がもっとも大切な理念か。政治や経済、文化や暮らしにおいて真に守るべきものは何か、変えていくべきものは何か。これらの問いについて、国民的な合意はおろか、地に足のついた議論すら十分に行われないままに、時間が過ぎてしまったのではないか。結果として、累積する財政赤字、止まるところを知らない少子高齢化、地域社会の衰退という現実に圧倒され、明確な未来像を抱くことができずにいるのが現在の日本ではないのか。

そのように思うとき、参考にすべき一つの事例がある。一九七八年から八〇年にかけて首相の座にあった大平正芳による政策研究会である。大平は首相になる以前から、自らが日本の指導者になる日に備え、政策の構想を準備したいという思いがあった。そのため、大蔵省出身の秘書官であった長富祐一郎、大平の女婿でもある森田一、さらに後述する学者グループなどを中核として、後に「大平総理の政策研究会」として知られるグループの構築に着手していた。結果として、大平が総理に就任することでこの構想が現実化し、延べで、学者・文化人一三〇名、官僚八九名が参加する大研究会が組織されることになった。この研究会は、「田園都市構想」「文化の時代」「環太平洋連帯」などをキーワードに九つの分科会に分かれ、最終的にその報告書をまとめている。一九八〇年の大平の急死により、政治的には大きく実を結ぶことのなかったこの研究会であるが、その内容は今日なお着目すべきアイディアを多く含んでいる。

二　研究会の思想

大平がこの研究会を構想した背景にはいかなる思想や問題意識があったのか。まず指摘すべきは、高度経済成長を終えた日本が転換期にあるという認識であった。日本はキャッチアップ型の近代化を終え、いまや欧米諸国と肩を並べるに至っている。それまでの近代化が経済的発展にもっぱら力を入れたものであったとすれば、これから重要になるのは文化の力である。このような大平の認識は、内閣発足直後の施政方針演説にうかがえる。

戦後三十余年、わが国は、経済的豊かさを求めて、わき目も振らず邁進し、顕著な成果をおさめてまいりました。それは、欧米諸国を手本とする明治以降百余年にわたる近代化の精華でもありました。（中略）しかしながら、われわれは、この過程で、自然と人間との調和、自由と責任の均衡、深く精神の内面に根差した生きがい等に必ずしも十分な配慮を加えてきたとは申せません。いまや、国民の間にこれらに対する反省がとみに高まってまいりました。この事実は、もとより急速な経済の成長のもたらした都市化や近代合理主義に基づく物質文明自体が限界に来たことを示すものであると思います。いわば、近代化の時代から近代を超える時代に、経済中心の時代から文化重視の時代に至ったものと見るべきであります（一九七九年一月二十五日）。

大平の問題意識にあった第二のポイントは、保守政治の危機であった。一九七一年、大平は戦後保守の嫡流たる宏池会を継承した。この間、高度経済成長を成し遂げた日本では、農村から都市への人口移動が続き、それまで農村部に支持基盤を持った自民党は得票率の低下に苦しんでいた。この点については、自民党政治家である石田博英がすでに、一九六三年の論文「保守政党のビジョン」（『中央公論』）で警鐘を鳴らしていたところであった。新たに都市部に保守政治の支持層を見出し、都市と農村の双方においてバランスの取れた基盤を持つ保守政治を実現することは不可能か。大平はこの問題に対する見通しを模索していた。

第三に、大平自身の政治哲学である「楕円の哲学」がある。大平は大蔵省に勤務する時代から、しばしばこの哲学を口にしている。政治や行政における「自由と統制」、あるいは税務における「課税高権と納税者の権利」など、二つの原理が緊張感を持ってバランスを取ることこそが、彼のいう「楕円の哲学」であった。後に、自らの保守の政治哲学を構想するにあたっても、過去を否定して未来にかける革命主義と、ひたすら過去に執着する反動主義とも区別して、「未来と過去が緊張したバランスの中にあるように努めていく」ことこそが、「健全な保守主義」であるとした（大平正芳「橋畔随想　保守の哲学」『在素知贅――大平正芳発言集』、一九九六年）。

その意味で、単に都市と農村を対立させるのではなく、交通ネットワークを充実させることで、都市と農村の利点を人々が共に享受できるという「田園都市」、経済繁栄だけでなく文化の実現を目指す「文化の時代」は、まさに大平の「楕円の哲学」の産物であった。

三　研究会の意義

研究会のメンバーは議長こそ、山本七平、梅棹忠夫《うめさおただお》、大来佐武郎《おおきたさぶろう》、猪木正道《いのきまさみち》などやや上の世代から選ばれたが、それ以外のメンバーは、三十代から四十代にかけての世代が中心であった。これは「二十一世紀にかけて活躍するような連中を選べ」という大平の指示による。政治家を抜きに、若手の学者・文化人と官僚が議論を交わし、その報告書も大平と親しかった香山健一・佐藤誠三郎・公文俊平など、当時まだ若手であった学者が中心になってまとめられている。

九つの分科会は、①「文化の時代」、②「田園都市構想」、③「家庭基盤充実」、④「環太平洋連帯」、⑤「総合安全保障」、⑥「対外経済政策」、⑦「文化の時代の経済運営」、⑧「科学技術の史的展開」、⑨「多元化社会の生活関心」である。このうち、生前の大平に届いたのは三つの分科会の報告書のみであり、それ以外は、大平の急死後にまとめられた。結果として、すでに述べたように、政治的に大きく実ることはなかったといえる。たしかに研究会メンバーの一部は中曾根康弘首相のブレインとなり、第二臨調や行政改革を推進する原動力となったが、あくまで大平研究会とは区別して考えるべきであろう。

大平の研究会の報告書を通じての問題意識はやはり、明治以来の日本の近代化の見直しである。成熟した経済と質の高い文化の両立、民間の文化創造エネルギーの醸成、地域の自主性と文化的多様性の重視、都市の公共空間と地域における新たな「ふるさと」意識の発展、会社中心主義から自由な「新中間層」の育成など、今日的な視点からも、時代を先取りするものであったといえる。個人の生き方や暮らしの質、環境を重視し、人と情報のネットワークやソフト化の活用を強調している点でも注目される。さらに新たな働き方や家族像についても問題提起があり、ある意味でこれらの課題がそのまま世紀を超え、現在の日本にまで「残された宿題」として続いているように思われてならない。

もちろん、大平研究会がすべてを言い当てているわけではない。その文章中には、二度のオイルショックを乗り越えた日本経済への自信がしばしばうかがえる。全体としての楽観主義は否定できず、バブル経済前夜ゆえのある種のバイアスを見て取ることはたやすい。また、新たな「家庭基盤」を検討しつつ、そこで前提とされるのはしばしば男性稼ぎ主と専業主婦モデルである。男女雇用機会均等法時代以前の文書であることは間違いないだろう。とはいえ、ここまで繰り返し述べたように、欧米諸国をモデルに、もっぱら経済成長を追求してきた日本の近代を見直し、「田園都市」や「文化の時代」を新たな理念として掲げ、合わせて「環太平洋」時代の国際秩序構想を提唱した点において、やはりその視野や構想力の大きさが印象に残る。

現代において、あらためてこの研究会の意義を再確認し、二十一世紀版の日本の長期ビジョンを再検討する意義は小さくないはずだ。

（東京大学社会科学研究所教授・ＮＩＲＡ総合研究開発機構理事、東大・法博・法・平３）

今ふたたびの大平研究会――考えよう射程の長い政治　芹川洋一

「日本経済新聞」二〇一九年十一月四日付朝刊のオピニオン面「核心」欄に所載。

読書の秋、灯火親しむの候――。昔読んだ本を探していたら本箱の奥から、一九八〇年六月、衆参同日選の最中に急死した大平をしのんで編さんした『大平正芳回想録』などの数冊が出てきた。

そのなかに『大平総理の政策研究会報告書』があった。二段組みで八〇〇ページにものぼる分厚い本だ。奥付をみたら八〇年八月とあるから亡くなった直後の刊行である。

九つあった大平首相の政策研究グループの報告を一冊にまとめたものだ。それをめくっていて驚いた。四十年近くたっているのに、今につながる内容が数多く盛り込まれているからだ。

大平政策の柱だった「田園都市構想」は地方創生である。経済の時代から「文化の時代」にしても、軍事だけではない「総合安全保障」にしても、当時はしっくり来なかったが、今では当たり前だ。

「環太平洋連帯」はアジア太平洋経済協力会議（ＡＰＥＣ）そのものである。「家庭基盤充実」は女性活躍でありワークライフバランスだ。

首相の私的諮問機関の報告といえば、当面の政治課題への処方せんを示すのが普通だ。それがどうしてこんなに息の長いテーマに取り組んでいたのか。そこから、今後の政治のあり方が浮かんでくるような気がしてならない。

大平内閣がスタートしたのは七八年（昭和五十三年）の十二月。すぐさまつくったのが政策研究会だ。最初にできたグループが田園都市（梅棹忠夫議長）。そのあと環太平洋（大来佐武郎議長）、家庭基盤（伊藤善市議長）、総合安保（猪木正道議長）、文化の時代（山本七平議長）など翌年の春までに九つの研究会がつくられていく。

学者、有識者、経済人に加えて中堅・若手の官僚まで、総勢一七六人にのぼる。中核メンバーは佐藤誠三郎、公文俊平（ともに東大教授）、香山健一（学習院大教授）の三氏だった。

娘婿で首相秘書官をつとめた森田一氏（元運輸相）は「大平が総理になる前から、牛尾治朗さん（ウシオ電機会長）や浅利慶太さん（演出家）が佐藤誠三郎さんらを連れてきて良く話をしていた。もともとそうした人的なつながりがあった」と振りかえる。

そこに大蔵省で森田氏より一年後輩の長富祐一郎氏（昭和三十三年入省）が中心になって開いていた大平を囲む勉強会があり、そこから研究会に発展していったという。

首相になる前の通産相時代から秘書官をつとめ長く大平をみてきた福川伸次氏（元通産次官）

は「大平さんは二十〜三十年先をみる人で、テーマ設定も自らの思想にもとづくものだった。自分の構想を体系的に肉づけし、具体的な政策につなげてほしいという考えだった」と語る。

研究会発足の際の発言に大平の思いが端的にあらわれている（一九七九年二月二十四日）。

「官邸にまいってから……放っておくと世間に疎くなり、裸の王様になりかねない。もう少しみずみずしく世間とお付き合いできないだろうか。とりわけ知的な分野で交流できればありがたい」

「大胆に政府に遠慮されることなく、きわめて客観的にのびのびとご意見を吐露していただければと思う」

二十一世紀を展望し日本に必要なことを、内閣の見解と違っていても、自由に議論してほしいということだった。

研究会は延べ一三四回開かれた。大平は日程の合間をぬって議論に耳を傾けた。報告書の六つがまとまったのは大平の死後になった。

次の政権に引き継がれることもなく、政策的に直接日の目をみることはほとんどなかった。そんな中で八九年にAPECとして具体化した環太平洋連帯は例外だった。

ただこの構想に米国が強い警戒心を抱いたと外務省からの秘書官だった佐藤嘉恭氏（元駐中国大使）は証言する。

「田中角栄さんと近い大平さんがソフトなタッチで、日米同盟関係を薄めようとしてきているのではないかというのが国務省の反応だった。そうではないと躍起になって説明した」

そこで一計を案じ、八〇年一月、オーストラリアを訪問した時、フレーザー首相から声をあげてもらったという。

シンクタンクのＮＩＲＡ総合研究開発機構も大平研究会に着目し「記憶の記録をつくろうとテーマ付きのオーラルヒストリーに取り組んでいる」と理事をつとめる谷口将紀・東大教授は語る。

谷口教授は「大平研究会がユニークだったのは、専門知識を活用しながら自画像を描かせたほかの内閣のブレーンとは違って、もっと大きな絵を描いてくれと求めたところだ。若手官僚も含めたフォーラムをつくり、知を総結集したのは画期的だ」と評する。

課長で「文化の時代の経済運営」研究会のメンバーに加わっていた福井俊彦氏（元日銀総裁）は「経済、政治、社会の専門家が我が道ではなく、総合的に物を考える場があっていい」と指摘する。

課長補佐で研究会の書記役だった細川興一氏（元財務次官）は「国家という広い視野で物を考える素地をつくってくれた」と意義を強調する。

「ポスト安倍」では時間軸・空間軸の長い政治が求められるに違いない。自民党内だけでなく、統一会派を結成した野党が再起を期そうとすればなおさらだ。二〇四〇～五〇年をにらんだ射程の長い政治である。今ふたたびの大平研究会。あらためて光を当ててみる価値がある。

おわりに

二〇二〇年三月、ＮＩＲＡ総合研究開発機構（ＮＩＲＡ総研）の当時の会長、牛尾治朗氏（前日本生産性本部会長、元経済同友会代表幹事）から電話を頂いた。「大平首相は、戦後政治史に大きな足跡を残された。それを総括する書籍を出版したいので、手伝って欲しい」という依頼であった。牛尾氏は、青年会議所代表幹事の頃から瀬田にある大平邸にしばしば現れ、大平首相に種々助言をしておられた方である。牛尾氏は、続けて「大平氏を直接知る人は、もう僕と君しかいなくなった。今のうちに、その業績を正確に書き残したいのだ」と言われた。私は、大平正芳氏が通商産業大臣及び内閣総理大臣の際に秘書官としてご指導頂き、牛尾氏にも長い間親しくさせて頂いた身である。

ＮＩＲＡ総研では、以前より、大平政治の記録を残すため谷口将紀氏などを中心にヒアリングを実施していた。二〇二〇年二月五日には「新たな国際秩序の形成と日本の政策ビジョン」と題するＮＩＲＡフォーラム２０２０を開催し、牛尾氏は「民主主義と自由主義に根ざす世界秩序、そして国家ビジョンを提示していきたい」と挨拶で述べられた。そこには、自ら貢献された大平政治を再評価したいという気持ちが込められていたように私は感じた。現に、フォーラムでは大平内閣当時に展開された政策研究グループの活動や評価などがしばしば引用されていた。

一九八五年、経済界の有志により「大平正芳記念財団」が設立されていた。大平首相の偉業を評価し、かつ、大平首相が提唱した「環太平洋構想」をめぐる学術研究の表彰事業を行なう活動を続けていた。

このたび大平正芳記念財団が、二〇二一年になって中断していた牛尾氏の企画を引き継ぎ、NIRA総研の協力を得て本書を出版する運びとなった。その際、大平首相への取材経験があり、政治分析に詳しい日本経済新聞社の論説フェロー芹川洋一氏の協力を頂くことになった。

ここ数年、内外の諸情勢が大きく変貌を遂げている。そこで、出版にあたっては、単に当時の大平政治を分析評価するよりも、最近の内外情勢に関し、もし大平氏が生きておられたなら、現状をどう評価し、どのような政治選択をしたかに焦点を当てることが有益であろうという方針が固まった。

二十一世紀に入って、内外の政治経済環境は、大きな変動を見せている。

国際政治の側面を見ると、多極化現象から主要国の政治が国内利益志向を高め、国際協調の意識が揺らいでいる。その間、中国が国力を急速に拡大し、政治、経済、技術、軍事などで米中の覇権争いが激しさを増している。同時に、欧州ではNATOとロシアとの間で対立が続き、二〇二二年二月二十四日にはロシアがウクライナに侵攻を開始。これに反対する米国、EU、日本などとロシア、これに同調する中国などとの間で、激しい対立が始まった。

アジア地域においては、北朝鮮の核開発、中国による東シナ海、南シナ海での進出と台湾海峡をめぐる対立、加えてロシアの東アジアでの軍備増強など、不安定な状況にある。さらに、西アジア、中東などで政治不安が拡散している。日本としては、人権尊重、法の支配、国際協調を軸にグローバリズムの再生と維持にいかに貢献するかが問われる事態となっている。

経済の側面では、米国トランプ前大統領の「米国第一主義」に象徴される保護主義的な動きが高まる一方、情報通信技術の革新が5G、6Gの時代を導き、AI、DXの活用を通じて知的価値創出経済が求められている。

平成の三十年間、日本は、「バブル経済」の崩壊によって政治も経済も停滞に陥っていた。二〇一二年、安倍政権発足後、いわゆる「三本の矢」によって景気はやや回復傾向を見せたが、日本経済は平成の三十年の間に世界のイノベーションの波に乗り遅れ、世界のGDPに占める比率が一九九〇年代半ばに一七%から二〇二一年には五・七%まで低下した。

大平正芳氏が首相を務めた時代を振り返ってみると、状況こそ違え、内外に大変革が迫られた時期にあった。米国はベトナム戦争の後遺症から社会意識が停滞し、米国国民は経済不況に苦悩する一方、米ソの軍事対立が激化していた。欧州では、経済が停滞し、いわゆる「ユーロ・ペシミズム」が拡がり、かつ、ソ連の脅威が高まっていた。

加えて、世界は、一九七〇年代には通貨体制が金ドル本位制から変動相場制に移行し、二度の石油危機に見舞われ、厳しい経済不況に襲われていた。こうした環境下にあった日本は、欧米との間で激しい貿易摩擦にさらされていた。

そうした中で、大平政治は、首脳会談などを通じて米国、欧州などとの協調体制を確立し、総合安全保障政策を構想し、環太平洋構想を打ち出した。日本社会の特質を活かして、田園都市国家構想や家庭基盤の充実など提案した。途中で挫折はしたが、財政基盤の充実に取り組んだ。

日本は、二〇二〇年一月から始まった新型コロナウイルス感染症（COVID－19）に苦悩してきたが、ワクチンの普及によってどうにかこの苦境を乗り切ることができそうである。しかし、平成の三十年間に潜在成長力が停滞し、対外発信力も弱体化した。大平政治の理念と手法、その背景にある思想は、我々が政治改革を進めるにあたって再度評価してみる価値のある教訓である。

二〇二一年十月四日には菅内閣を継いで、宏池会の流れを継ぐ岸田内閣が発足した。NATOとロシアの対立や米中摩擦が激化する中、新しい国際関係の形成を図り、「新しい資本主義」を目指して今後の日本の針路を模索している。

大平首相は、「米ソ対立の時代から地球社会の時代へ」、「経済中心の時代から文化重視の時代へ」と時代認識を明らかにした。日本の将来への指針を探るため、九つの政策研究グループを組織した。そのうちの一つに「田園都市構想」がある。岸田首相は、「新しい資本主義」の確立を目指して、革新的な電子情報技術を融合して「デジタル田園都市国家構想」を打ち出している。

本書には、多くの関係者のご協力を頂いて、多様な内容を盛り込むことができた。激動する内外情勢にいかに対処するかの方針について、岸田文雄首相の序文を頂いた。東京大学名誉教授の御厨貴氏からは、戦後政治史における大平政治の位置づけなどに関する論文をお寄せ頂き、林芳正外相から大平政治の真髄と現代への教訓を分析して頂いた。

そして、大平首相の思想、時代認識、政治手法、それに内政、外交、安全保障、財政、経済などに関する政策展開については、谷口将紀、宇野重規、柳川範之、翁百合及び芹川洋一の各氏により、歴史的な評価と現代への示唆を頂いた。

さらに、宏池会に所属する国会議員である木原誠二内閣官房副長官とその紹介で、國場幸之助議員、武井俊輔議員、辻清人議員に、宏池会の伝統、大平政治の評価、それにその現代への活かし方などを論じて頂いた。

そして、内外の識者の大平首相に対する印象や評価などを収録したほか、関心の高い政策研究グループの報告要旨と識者による評価を収録し、これに参加された石井幹子氏、細川興一氏のコラムを掲載することができた。

本書は、このように、多くの関係者のご協力により、出版の運びとなった。日本経済新聞社の芹川洋一氏には企画編集などに多大な御貢献を頂いた。心から謝意を表する次第である。

また、出版に当たって御協力頂いたＮＩＲＡ総合研究開発機構理事・研究調査部長の神田玲子氏、ＰＨＰエディターズ・グループ取締役の岡修平氏、同社副主事の牧野祐子氏及びＰＨＰ研究所出版監査室参事の大久保龍也氏、並びに大平正芳記念財団事務局長・海野哲寿氏及び同次長の福本雅彦氏にも感謝の意を表する次第である。

大平首相が説くように、社会で美しい花を咲かせ、豊かな実をつけるものは、国民であり、企業であり、社会である。政治の役割は、そのために社会の土壌を改良し、環境を整えることにある。

今後、政治が人権尊重と相互信頼に根ざす地球社会の時代を再生するとともに、新しい価値創造に挑戦するダイナミックな経済社会を創成し、風格ある日本を実現していくことを期待したい。

二〇二二年九月

福川伸次

大平正芳略年譜

年号・年齢（満）	月日	大平正芳の事項	年	月	国内・国際
1910年（明治43年）0歳	3月12日	香川県三豊郡和田村（現・観音寺市）に父利吉、母サクの四男四女の三男として生まれる	1910年	8月	韓国併合
			1911年	10月	辛亥革命
			1912年	2月	清朝滅亡
				7月	明治天皇崩御
			1914年	1月	シーメンス事件
				7月	第一次世界大戦勃発
			1915年	1月	対華21カ条要求
1916年（大正5年）6歳	4月	和田村立大正尋常高等小学校（現・観音寺市立豊浜小学校）入学	1917年	11月	ロシア革命
			1918年	11月	第一世界大戦終結
			1922年	12月	ソ連成立
1923年（大正12年）13歳	4月	香川県立三豊中学校（現・香川県立観音寺第一高等学校）入学	1923年	9月	関東大震災発生
			1924年	1月	第一次国共合作
			1925年	5月	普通選挙法公布
			1926年	12月	大正天皇崩御
1928年（昭和3年）18歳	3月	三豊中学校卒業	1928年	2月	第1回普通選挙
	4月	高松高等商業学校（現・香川大学経済学部）に入学		6月	張作霖爆死事件
1929年（昭和4年）19歳	12月	観音寺教会にて受洗	1929年	10月	世界恐慌
				11月	金解禁実施
			1931年	9月	満洲事変勃発
1932年（昭和7年）22歳	3月	高松高等商業学校卒業	1932年	5月	五・一五事件発生
	4月	大阪の桃谷順天館に入社			

1933年（昭和8年）23歳	4月	東京商科大学（現・一橋大学経済学部）入学	1933年	3月	国際連盟脱退
1935年（昭和10年）25歳	10月	高等文官試験行政科に合格、大蔵省入省が内定			
1936年（昭和11年）26歳	3月 4月	東京商科大学卒業 大蔵省入省、預金部勤務	1936年	2月 11月	二・二六事件発生 日独防共協定調印
1937年（昭和12年）27歳	4月 7月	鈴木三樹之助の次女志げ子と結婚 横浜税務署所長に転出	1937年	7月 11月	盧溝橋事件勃発 日独伊防共協定調印
1938年（昭和13年）28歳	6月	仙台税務監督局間税部長を命ぜられる	1938年	4月	国家総動員法成立
1939年（昭和14年）29歳	5月	興亜院蒙疆連絡部経済課主任となり、張家口に着任	1939年	5月 9月	ノモンハン事件 第二次世界大戦勃発
1940年（昭和15年）30歳	10月	帰国。興亜院経済部第2課を命ぜられる	1940年 1941年	9月 12月	日独伊三国軍事同盟条約調印 太平洋戦争勃発（対米英宣戦布告）
1942年（昭和17年）32歳	7月	大蔵事務官に任ぜられ、大蔵省主計局勤務（文部省と南洋庁を担当）、大日本育英会の創設に尽力	1942年	6月	ミッドウェー海戦
1943年（昭和18年）33歳	11月	東京財務局関税部長となる	1943年	2月	ガダルカナル島撤退
1944年（昭和19年）34歳	5月	国民酒場創設に尽力（東京都内104カ所）	1944年	6月	ノルマンディー上陸作戦
1945年（昭和20年）35歳	3月 4月 8月 10月	小磯國昭内閣の津島寿一蔵相秘書官となる 津島の辞任に伴い、大平も秘書官を免ぜられる 東久邇宮稔彦内閣成立。 再度、津島寿一蔵相秘書官となる 幣原喜重郎内閣成立。主計局に復帰	1945年	4月 8月 10月	鈴木貫太郎内閣成立 日本降伏、第二次世界大戦終結 国際連合成立

1946年（昭和21年）36歳	6月	大蔵省の初代給与局第3課長に就任	1946年	5月 11月	吉田茂内閣成立 日本国憲法公布
1948年（昭和23年）38歳	7月	経済安定本部建設局公共事業課長となる	1948年	6月 8月 9月 10月	昭和電工事件 大韓民国成立 朝鮮民主主義人民共和国成立 第2次吉田内閣成立
1949年（昭和24年）39歳	6月	池田勇人蔵相の秘書官となる	1949年	2月 10月 12月	第3次吉田内閣成立、 池田大蔵大臣就任 中華人民共和国成立 蔣介石の国民政府、台湾へ
			1950年	3月 6月	自由党結党 朝鮮戦争勃発
1951年（昭和26年）41歳	8〜10月	アメリカへ出張	1951年	9月	サンフランシスコ講和条約、 日米安全保障条約調印
1952年（昭和27年）42歳	9月 10月	大蔵省を依願退官 第25回総選挙。自由党公認で香川2区から衆議院議員に立候補し初当選	1952年	10月	第4次吉田内閣成立
1953年（昭和28年）43歳	4月 10月	第26回総選挙、次点と1043票差の第3位当選 『財政つれづれ草』刊行	1953年	3月 5月	バカヤロー解散 第5次吉田内閣成立
1955年（昭和30年）45歳	2月 11月	第27回総選挙、当選3回 保守合同の結果、自由民主党員となる	1955年	5月 11月	ワルシャワ条約締結 保守合同により自由民主党結成
1956年（昭和31年）46歳	1月	『素顔の代議士』刊行	1956年	10月 12月	日ソ国交回復共同宣言調印 国際連合加盟

1957年（昭和32年）47歳	8月	自由民主党政務調査会財政部長に就任
1958年（昭和33年）48歳	5月	第28回総選挙、トップ当選（以降、63年総選挙を除き1位で当選）、当選4回
	6月	自由民主党政務調査会副会長に就任
1959年（昭和34年）49歳	6月	衆議院文教委員会委員長に就任
1960年（昭和35年）50歳	7月	第1次池田内閣発足、官房長官に就任
	11月	第29回総選挙で当選5回
	12月	第2次池田内閣成立。官房長官に留任
1962年（昭和37年）52歳	7月	第2次池田再改造内閣発足、外務大臣に就任
	9～10月	米・ヨーロッパ訪問（英、西独、仏、伊、バチカン、ベルギー、オランダなど）
	11月	金鍾泌韓国中央情報部長と会談（対日請求権問題）
1963年（昭和38年）53歳	1月	ライシャワー米駐日大使と原潜の寄港問題で会談
	8～9月	欧州など6カ国歴訪（ノルウェー、スウェーデン、デンマーク、英、仏、イラン）
	11月	第30回総選挙、当選6回
	12月	第3次池田内閣発足。外務大臣に留任
1964年（昭和39年）54歳	7月	自民党総裁選挙で池田三選。 自民党筆頭副幹事長に就任
	8月	長男正樹、ベーチェット病で死去（26歳）

1957年	2月	岸信介内閣成立
1960年	6月	日米新安全保障条約発効
	7月	第1次池田勇人内閣成立
	12月	国民所得倍増計画
1961年	1月	ケネディ米大統領就任
	4月	ライシャワー駐日米大使着任
1962年	10月	キューバ危機
1963年	7月	OECD加盟承認
	11月	ケネディ大統領暗殺
1964年	10月	東海道新幹線開業 東京国際オリンピック大会
	11月	池田内閣総辞職、佐藤栄作内閣成立

1965年（昭和40年）55歳	3月	税務調査会外交国際経済委員会委員長に就任	1965年	2月 6月 8月 11月	米軍、ベトナム北爆を開始 日韓基本条約調印 池田勇人死去（65歳） 戦後初の赤字国債発行を決定
1966年（昭和41年）56歳	10月 11月	『春風秋雨』（非売品）刊行 東京都世田谷区瀬田へ転居	1966年	5月	中国文化大革命始まる
1967年（昭和42年）57歳	1月 11月	第31回総選挙、当選7回 第2次佐藤改造内閣成立、自民党政務調査会長に就任	1967年	10月	吉田茂死去(89歳)、戦後初の国葬
1968年（昭和43年）58歳	11月	第2次佐藤第2次改造内閣発足、通商産業大臣に就任	1968年	4月 12月	小笠原諸島返還協定調印 川端康成ノーベル文学賞受賞
1969年（昭和44年）59歳	12月	第32回総選挙、当選8回	1969年	1月 7月	ニクソン米大統領就任 東大安田講堂の封鎖解除 アポロ11号月面着陸
1970年（昭和45年）60歳	1月 5月 8月	第3次佐藤改造内閣で、通商産業大臣を辞任 自由民主党政務調査会情報産業調査会長に就任 『旦暮芥考』（非売品）刊行	1970年	3月	日本万国博覧会開催 「よど号」事件
1971年（昭和46年）61歳	4月 9月	前尾繁三郎会長を継いで、宏池会第3代会長に就任 宏池会研修会で、「日本の新世紀の開幕―潮の流れを変えよう」を発表	1971年	6月 8月 10月	沖縄返還協定調印 ニクソン、ドル防衛措置を発表、円の変動相場制移行 中華人民共和国、国連復帰。国府は脱退

1972年（昭和47年）62歳	7月	自民党総裁選に初出馬。
		第1次田中内閣で2度目の外務大臣に就任
	8月	日米首脳ハワイ会談。田中首相に随行
	9月	田中首相とともに訪中、国交樹立の日中共同声明
	10月	訪米、訪ソ
	12月	第33回総選挙、当選9回、外務大臣に留任
1973年（昭和48年）63歳	7月	田中首相と日米首脳会談のため訪米
	10月	田中首相と日ソ首脳会談のため訪ソ
	11月	第2次田中内閣成立、外務大臣に留任
1974年（昭和49年）64歳	1月	日中航空協定締結のため訪中
	7月	福田大蔵大臣辞任の後任として大蔵大臣に就任
	12月	三木武夫内閣成立、引き続き大蔵大臣に留任
1975年（昭和50年）65歳	11月	第1回先進国首脳会議（ランブイエ城）に三木首相と出席
1976年（昭和51年）66歳	5月	三木退陣について椎名悦三郎・大平会談
	7月	田中角栄前首相逮捕
	8月	三木退陣について大平・三木会談
	9月	三木改造内閣で、大蔵大臣に留任
	12月	第34回総選挙、当選10回。福田内閣成立。自由民主党幹事長に就任
1977年（昭和52年）67歳	11月	福田改造内閣で、党幹事長に再任
	12月	『風塵雑俎』刊行

1972年	2月	連合赤軍あさま山荘事件
		ニクソン訪中
	5月	沖縄復帰、沖縄県復活
	6月	ウォーターゲート事件
	7月	田中角栄内閣成立
1973年	8月	金大中事件
	10月	第一次オイル・ショック
1974年	8月	ニクソン大統領辞任
	11月	田中首相退陣表明
	12月	椎名裁定
1975年	4月	ベトナム戦争終了
1976年	2月	ロッキード事件発覚
	9月	毛沢東死去
	12月	三木内閣総辞職、福田赳夫内閣発足
1977年	1月	カーター米大統領就任
	9月	ダッカ日航機ハイジャック事件

1978年（昭和53年）68歳	6月	田中洋之助氏との対談集『複合力の時代』刊行	1978年	5月	成田空港開港
	7月	『大平正芳／私の履歴書』刊行		8月	日中平和友好条約調印
	12月	自民党総裁予備選挙で第1位となり、自民党総裁に就任		12月	第2次オイル・ショック
	12月	第1次大平内閣成立			
1979年（昭和54年）69歳	1月	一般消費税導入要望を記者会見で表明	1979年	1月	米中国交回復、台湾と断交
		「田園都市構想」研究グループ初会合			ダグラス・グラマン事件
	2月	鄧小平中国副首相と官邸で会談		3月	エジプト・イスラエル平和条約調印
		「多元化社会の生活関心」研究グループ初会合			イラン、ホメイニ師実権掌握
		「対外経済政策」研究グループ初会合		5月	サッチャー英国首相に就任
	3月	予算案、衆議院予算委員会で否決されるも、本会議で逆転可決		9月	日本鉄道建設公団の乱脈経理等、官公社の不正発覚
		「家庭基盤充実」研究グループ初会合		11月	イランアメリカ大使館人質事件
		「環太平洋連帯」研究グループ初会合		12月	ソ連のアフガニスタン侵攻
	4月	統一地方選挙			
		訪米し、カーター米大統領と首脳会談			
		「文化の時代」研究グループ初会合			
		「総合安全保障」研究グループ初会合			
		「文化の時代の経済運営」研究グループ初会合			
		「科学技術の史的展開」研究グループ初会合			
	5月	東京サミットを主催			
	6月	一般消費税の断念を表明			
	9月	第35回総選挙。過半数割れし、「40日抗争」に突入			
	10月	第2次大平内閣成立			
	11月	訪中、日中文化交流協定			
	12月				

1980年（昭和55年）70歳	1月	オーストラリア、ニュージーランド、パプアニューギニアの3カ国を訪問	1980年	3月	浜田幸一ラスベガス事件
	4～5月	アメリカ、メキシコ、カナダの3カ国訪問。チトー・ユーゴスラビア大統領の国葬に出席		5月	モスクワ・オリンピック不参加決定
	5月	大平内閣不信任案可決		10月	新エネルギー総合開発機構設立
	6月12日	死去			
	6月22日	初の衆参同日選挙			
	8月	『大平総理の政策研究会報告書』刊行			

索引

う

え

お

か

き

く

け

な

に

ぬ

ね

の

は

ひ

ふ

へ

ほ

ま

細川興一（ほそかわ　こういち）
1947年富山県生まれ。1970年東京大学法学部（第３類）卒業後、大蔵省（現・財務省）に入省。後藤田正晴、小渕恵三、塩川正十郎の３代の内閣官房長官の秘書官事務取扱や文書課長、小渕内閣総理大臣の秘書官事務取扱、大臣官房長、主計局長などを経て、2004年財務事務次官に就任。2006年に退官後、防衛大学校客員教授、㈱日本政策金融公庫総裁、矢崎総業㈱顧問（公財 矢崎科学技術振興記念財団理事長）などを務め、現在、プルデンシャル・ホールディング・オブ・ジャパン㈱取締役。

御厨貴（みくりや　たかし）

1951年東京都生まれ。東京大学法学部卒業、東京大学博士（学術）。都立大学法学部教授、東京大学先端研教授、放送大学教授を歴任。ＴＢＳ「時事放談」キャスターを勤める。専攻は、政治史、オーラル・ヒストリー、建築と政治、公共政策。

著書に『明治国家をつくる』『戦後をつくる』『平成風雲録』『日本政治史講義』など。

藤田賞、サントリー学芸賞、吉野作造賞、紫綬褒章。都立大学名誉教授、東京大学名誉教授。

現在、東京大学先端研フェロー、立教大学社会21世紀デザイン研究所特任研究員、サントリーホールディングス取締役、サントリー文化財団理事。

柳川範之（やながわ　のりゆき）
東京大学大学院経済学研究科教授、NIRA総合研究開発機構理事。慶應義塾大学経済学部通信教育課程卒業、東京大学大学院経済学研究科博士課程修了。博士（経済学）。慶應義塾大学経済学部専任講師、東京大学大学院経済学研究科准教授を経て、2011年より東京大学教授。著書に『法と企業行動の経済分析』（日本経済出版社、2006年）で2007年日経・経済図書文化賞を受賞、『東大教授が教える独学勉強法』（草思社、2014年）、『日本成長戦略40歳定年制―経済と雇用の心配がなくなる日』（さくら舎、2013年）など。経済財政諮問会議委員を務めるなど、公職多数。

辻清人（つじ　きよと）

1979年生まれ。京都大学経済学部卒業。米コロンビア大学公共政策大学院修了。米戦略国際問題研究所（CSIS）、株式会社リクルート勤務。

2012年12月第46回衆議院議員総選挙で初当選、以降４選。

2018年10月第４次安倍改造内閣にて外務大臣政務官。

2021年11月自由民主党副幹事長に就任。国防部会長代理、外務委員会理事。

林芳正（はやし　よしまさ）
外務大臣、衆議院議員。1961年生まれ。山口県立下関西高等学校卒業。東京大学法学部卒業。三井物産株式会社入社。94年ハーバード大学ケネディ行政大学院修了。
95年第17回参議院議員選挙（山口県選挙区）で初当選（以来、山口県選挙区より５期連続当選）。
99年大蔵政務次官（小渕第２次改造内閣）、2006年内閣府副大臣（第１次安倍内閣）、08年防衛大臣（福田改造内閣）、09年内閣府経済財政政策特命担当大臣（麻生内閣）。12年自由民主党総裁選挙に出馬，宏池会座長に就任。12年農林水産大臣（第２次安倍内閣）、14年自由民主党税制調査会副会長兼小委員長代理、15年農林水産大臣（再任）（第３次安倍内閣）、17年文部科学大臣（第３次安倍第３次改造内閣）、17年文部科学大臣（第４次安倍内閣）、21年第49回衆議院議員総選挙にて初当選（山口県３区）、21年外務大臣（第２次岸田内閣）。

福川伸次（ふくかわ　しんじ）
1932年生まれ。55年東京大学法学部卒業、通商産業省（現・経済産業省）入省。64年ジェトロ・アムステルダム駐在員、68年大平正芳通商産業大臣秘書官、78年大平正芳内閣総理大臣秘書官。80年資源エネルギー庁石炭部長、82年貿易局長、83年大臣官房長、84年産業政策局長、86年に通商産業省事務次官。退官後、88年通商産業省顧問、地球産業文化研究所顧問（現職）、90年㈱神戸製鋼所代表取締役副社長、94年同代表取締役副会長、㈱電通顧問及び㈱電通総研研究所長、2002年日本産業パートナーズ代表取締役会長（現職）、03年東洋大学理事、05年機械産業記念事業財団会長、12年高度技術社会推進協会顧問、東洋大学理事長、14年KDDI㈱取締役、18年東洋大学総長（現職）などを歴任。
著書に『21世紀・日本の選択』（ＴＢＳブリタニカ）、『美感遊創・プラスサムへの途』（NTT出版）、『日本への警告』（ＰＨＰ研究所）、『緊急提言・日本人の復興力』（徳間書店）、『ジャパナビリティ　世界で生き抜く力　私の履歴書』（日経ＢＰ・日本経済新聞出版社）など。

芹川洋一（せりかわ　よういち）
1950年熊本県生まれ。75年東京大学法学部卒業、76年同新聞研究所修了。同年日本経済新聞社に入り79年より2005年まで政治部に所属し、次長、編集委員、政治部長を務める。大阪編集局長、論説委員長、論説主幹などを経て18年から論説フェロー。日経月曜付朝刊コラム『核心』欄を担当。BSテレ東「NIKKEI 日曜サロン」（日曜朝９時半～10時）キャスター。東海大学客員教授、東京大学大学院法学政治学研究科運営諮問会議委員、日本生産性本部理事。著書に『憲法改革』（日本経済新聞社）、『メディアと政治』（共著、有斐閣）『政治を動かすメディア』（共著、東京大学出版会）、『平成政権史』（日本経済新聞出版社）、『平成の政治』（共編著、日本経済新聞出版社）など多数。19年度日本記者クラブ賞受賞。

武井俊輔（たけい　しゅんすけ）
1975年宮崎県生まれ。中央大学文学部卒業後、宮崎交通㈱入社。同社を退社しシンガポールへ留学後、早稲田大学大学院修了（公共経営修士）。その後、楽天㈱に入社して観光事業等を手がける。2007年宮崎県議会議員に出馬・当選。2012年宮崎１区より衆議院議員初当選（現在当選４回）。宏池会所属。国会対策委員会副委員長、外務大臣政務官などを歴任。2022年外務副大臣就任。

谷口将紀（たにぐち　まさき）
東京大学大学院法学政治学研究科教授、NIRA総合研究開発機構理事長。東京大学法学部卒業。東京大学博士（経済学）。専門は政治学、現代日本政治論。スタンフォード大学客員研究員、東京大学大学院法学政治学研究科准教授等を経て、2009年より東京大学教授。有権者・政治家を対象とした大規模社会調査である「東大谷口研・朝日共同調査」の調査責任者を2003年より務める。著書に『現代日本の代表制民主政治――有権者と政治家』（東京大学出版会、2020年）、『政治とマスメディア』（東京大学出版会、2015年）など。

香山健一（こうやま　けんいち）
1933年東京生まれ、1997年没。政治学者。東京大学経済学部卒業、東京大学大学院経済学研究科修了。学習院大学法学部教授、学習院常務理事。大平正芳政権で政策研究グループ幹事を務める。著書に『英国病の教訓』『歴史が転換する時――二十世紀が語りかけるもの』『自由のための教育改革』（以上、ＰＨＰ研究所）、『日本の自殺』（グループ一九八四年として1975年２月号『文藝春秋』に掲載。後にＰＨＰ研究所から出版）、『未来学入門』（潮出版社）などがあり、『大平正芳――政治的遺産』（共同監修、大平正芳記念財団・1994年）を監修。

國場幸之助（こくば　こうのすけ）
1973年沖縄生まれ。早稲田大学社会科学部卒業後、県内企業に勤務。2000年沖縄県議会議員に当選（27歳・２期）。３度目の挑戦で2012年衆議院議員初当選（現在当選４回）。自由民主党副幹事長、外務大臣政務官等を歴任、2022年自民党総裁特別補佐、自民党国防部会長就任。宏池会所属。「國場幸之助のラジオタックル」にて、沖縄・日本・世界について毎週放送中。著書に『われ、沖縄の架け橋たらん』（ケイアンドケイプレス、2014年）、『「沖縄保守」宣言』（同、2019年）。

佐藤誠三郎（さとう　せいざぶろう）
1932年東京生まれ、1999年没。政治学者。東京大学文学部・法学部卒。立教大学文学部助教授、1977年東京大学教養学部教授、慶応義塾大学総合政策学部教授、埼玉大学教授を経て、1996年政策研究大学院大学副学長。大平正芳政権で政策研究グループ幹事を務める。正四位勲二等瑞宝章。著書に、『「死の跳躍」を越えて――西洋の衝撃と日本』（千倉書房）、共著に『自民党政権』（中央公論社）、『日米同盟と日本の戦略』（ＰＨＰ研究所）、『日本の失敗と成功』（扶桑社）など。

翁百合（おきな　ゆり）

日本総合研究所理事長、NIRA総合研究開発機構理事。慶應義塾大学経済学部卒業、同大学大学院経営管理研究科修士課程修了後、日本銀行に入行。京都大学博士（経済学）。専門は金融システム、社会保障、経済政策。日本総合研究所主席研究員、副理事長等を経て、2018年より理事長。この間、慶應義塾大学特別招聘教授などを兼任。著書に『国民視点の医療改革―超高齢社会に向けた技術革新と制度』（慶応義塾大学出版会、2017年）、『不安定化する国際金融システム』（ＮＴＴ出版、2014年）など。内閣府「選択する未来2.0」懇談会座長、未来投資会議構造改革徹底推進会合「健康・医療・介護」会長等、公職を多数務める。

岸田文雄（きしだ　ふみお）

1957年東京生まれ。早稲田大学卒業後、日本長期信用銀行に入行。1993年衆議院議員に初当選（現在、当選10回）。内閣府特命担当大臣、消費者行政推進担当大臣、宇宙開発担当大臣、外務大臣、防衛大臣、自由民主党国会対策委員長、同政務調査会長などを歴任し、2021年第100代内閣総理大臣就任。2022年第101代内閣総理大臣に就任し、第２次岸田内閣発足。宏池会会長（第９代）。著書に『岸田ビジョン 分断から協調へ』（講談社、2020年）、『核兵器のない世界へ 勇気ある平和国家の志』（日経ＢＰ、2020年）など。

木原誠二（きはら　せいじ）

1970年東京生まれ。東京大学法学部卒業。大蔵省（現・財務省）を経て、2005年衆議院議員初当選（現在当選５回）。外務大臣政務官、外務副大臣、衆議院内閣委員長、衆議院議院運営委員会理事、自民党政調副会長、党情報調査局長、党国会対策副委員長等を歴任、現在内閣官房副長官。宏池会所属（事務局長）。
著書に『英国大蔵省から見た日本』（文春新書、2002年）。

【執筆者・座談会出席者略歴】

石井幹子（いしい　もとこ）
照明デザイナー。東京芸術大学美術学部卒業。フィンランド、ドイツの照明設計事務所勤務後、1968年、石井幹子デザイン事務所設立。都市照明から建築照明、ライトパフォーマンスまでと幅広い光の領域を開拓する。日本のみならず海外でも活躍。主な作品は、東京タワー、レインボーブリッジ、皇居外苑、日本武道館、銀座歌舞伎座、隅田川橋梁群、ベルリン、ローマ、パリでの周年光イベントなど。2000年紫綬褒章受章、2019年文化功労者顕彰、2020年東京都名誉都民顕彰。国内外での受賞多数。
作品集『MOTOKO ∞ LIGHTOPIA 石井幹子 光の軌跡』『光時空』（以上、求龍堂）、『光未来』（六曜社）他。著書『光が照らす未来——照明デザインの仕事』（岩波書店）、『LOVE THE LIGHT, LOVE THE LIFE 時空を超える光を創る』（東京新聞出版局）、『美しい「あかり」を求めて——新・陰翳礼讃』（祥伝社）など。

宇野重規（うの　しげき）
東京大学社会科学研究所教授、NIRA総合研究開発機構理事。東京大学法学部卒業、同大学大学院法学政治学研究科博士課程修了。博士（法学）。専門は西洋政治思想史、政治哲学。千葉大学法経学部助教授、フランス社会科学高等研究院客員研究員等を経て、2011年より東京大学教授。思想家トクヴィルを中心に、米、仏、日本の民主政治について研究を行う。隠岐、釜石、福井県での地域調査に関わる。著書『トクヴィル——平等と不平等の理論家』（講談社学術文庫、2019年増補改訂版）で2007年にサントリー学芸賞、『民主主義とは何か』（講談社現代新書、2020年）で2021年に石橋湛山賞を受賞。

エドウィン・O・ライシャワー
1910年東京生まれ、1990年没。アメリカ合衆国外交官、東洋史研究者、ハーバード大学教授。米オーバーリン大学卒業後、ハーバード大学へ進み東アジア史を専攻。ケネディ政権にて1961年から駐日アメリカ特命全権大使として東京に赴任。アメリカ帰国後はハーバード大学教授、同・日本研究所長を歴任。勲一等旭日大綬章。著書に『ライシャワーの日本史』（講談社学術文庫）、『ライシャワー自伝』（文藝春秋）、『日本の国際化——ライシャワー博士との対話』（共著、文藝春秋）、『ライシャワーの見た日本』（徳間書店）など。

〈編者略歴〉

公益財団法人 大平正芳記念財団

（こうえきざいだんほうじん おおひらまさよしきねんざいだん）

故・大平正芳の偉業を記念するとともに、故・大平元総理が提唱した、日本外交に必要な一環を形成する環太平洋連帯構想に関する学術研究等の奨励を行い、もって同構想の推進と思想の普及に寄与することを目的に、日本経済団体連合会の協力のもと1985年に設立。以来、「大平正芳記念賞」「環太平洋学術研究助成費」の授与を行う。故・大平正芳の著作15冊、全著作集７巻、『21世紀を創る』（ＰＨＰ研究所）など、渡邉昭夫氏編の書籍３冊を発行。

http://www.ohira.org

装幀　本澤博子

写真提供　公益財団法人 大平正芳記念財団

大平正芳とその政治　再論

大平政治が今日の改革に示唆するもの

2022年10月17日　第1版第1刷発行

編　者　公益財団法人 大平正芳記念財団

発　行　株式会社ＰＨＰエディターズ・グループ
〒135-0061　東京都江東区豊洲5-6-52
☎03-6204-2931
http://www.peg.co.jp/

印　刷
製　本　シナノ印刷株式会社

ISBN978-4-910739-12-0